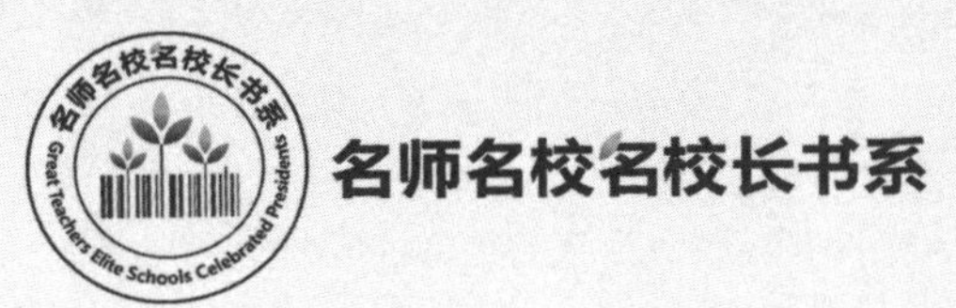

名师名校名校长书系

跟着课本去旅行

小学语文拓展课程探索与实践

张慧　马强国 / 著

东北师范大学出版社
长　春

图书在版编目（CIP）数据

跟着课本去旅行：小学语文拓展课程探索与实践 /张慧，马强国著. —长春：东北师范大学出版社，2017.7
ISBN 978-7-5681-3539-9

Ⅰ. ①跟… Ⅱ. ①张… ②马… Ⅲ. ①小学语文课－教学研究 Ⅳ. ①G623.202

中国版本图书馆CIP数据核字（2017）第185585号

□策划创意：刘　鹏
□责任编辑：王　静　石纯生　□封面设计：姜　龙
□责任校对：马海斯　刘彦妮　□责任印制：张允豪

东北师范大学出版社出版发行
长春净月经济开发区金宝街 118 号（邮政编码：130117）
电话：0431-84568033
网址：http：//www.nenup.com
北京言之凿文化发展有限公司设计部制版
北京市华审彩色印刷厂印装
北京市大兴区西红门镇一村（邮政编码：100162）
2017年7月第1版　2017年7月第1次印刷
幅面尺寸：170mm × 240mm　印张：21.25　字数：340千

定价：36.00元

序言

PREFACE

序一：让理想和信念的光芒照亮你前行的路

马强国

此题、此序、此书，似乎风马牛不相及。而且，“理想和信念”也是热词，一名教育工作者谈此，似有拉大旗作虎皮之嫌。确乎，在教育这个行业工作了一年、五年、十年，乃至于一辈子，又有多少人思考过：我要做一位怎样的教师？我的课堂风格是什么？我将给我的学生们留下些什么？我还要不要学习、阅读和写作？又有多少人思考之并践行着呢？

扪心自问，情何以堪。又是从何时起，“理想和信念”逐渐淡薄甚至缺失，人们开始发出“教育技术走得太快，灵魂不在路上”的叹息；又是从何时起，我们教育工作者不谈或者不愿意谈“理想和信念”，并托辞说那是因为我们的身份低微和生活清贫……倘若没有理想和信念，那就只有低级趣味和行尸走肉，还有平平淡淡才是真的靡靡之音。也许正是因此，才有了“钱学森之问”，才有了大师稀缺的自嘲吧。

今天，就在今天，我们开始唾弃俗不可耐，我们开始追求生活品质了，我们作为教育工作者的理想和信念呢？如何重建并使之屹立？培根说：“若无哲学，我无意生存。”这位先哲的理想和信念已经成为生命的全部。尼采说：“每一个不曾起舞的日子，都是对生命的辜负。”因为理想与信念，霍懋征老师从教六十年，八十岁高龄还能高声背诵《红楼梦》片段，对教过的学生如数家珍；朱永新先生立志“新教育”数十年，“五观点六行动”影响万千教师专业路；薛瑞萍老师坚守“爱学生和爱读书一样重要”，笔耕不辍写下数十万字班级日志。

理想和信念，会成为一种神奇的力量。造就的不仅仅是屈指可数的名人和伟人，还可以是一个群体、一个民族。遥想当年红军长征路，雪山看景，沼泽当路，黑夜如白昼，因为他们信念坚定从不动摇。今天，我们每一个人包括教育工作者，都应该树立自己的教育理想，坚信之并不断前行。

老师们，何不迈步从头越？读书、写作、研课，让学生爱上你的人和你的课。在擦亮学生心灵的时候写自己的诗；在苍老打盹的时候有历久弥新的回忆。就像朱永新教授所说：“享受教育，你就多了一些生活的诗意。”就像汪国真所说：“我们不停地走着 / 不停地走着的我们也成了一处风光。”

从今天起，做一个有理想、有信念的人，读书、写作、研课，擦亮学生心灵的时候写自己的诗。

序二：春风十里不如你

张慧

当代诗人冯唐有首耳熟能详的小诗：“春水初生/春林初盛/春风十里/不如你。”大概的意思是：春天刚涨起来的水，春天刚抽绿叶的树木，以及十里的春风，这一切都不如你。

读到这里，我多么想把这份情愫送给“课程”。正如朱永新老师所说：“课程是生命所系，活力所在。课程的丰富性、深刻性决定着新教育的丰富性、深刻性。教师是一根扁担，一头挑着课程，一头挑着生命。卓越的生命是由卓越的课程润泽起来的。”

早些时候，每每听到谢家湾小学的“小梅花课程”、清华附小的“1+X”课程等，我们无不神往称羡，觉得做“课程”是那么神圣又遥不可及的事情。随着新一轮课程改革，“课程”的春风扑面而来，“情趣课程”“通慧课程”“荷花课程”“芳草地课程”……让“课程”像被揭开红盖头，面容清晰可人地呈现在我们的面前。只要从学生出发，只要多去融合，我们每位教师都可以拥有属于自己的课程。如今，教师的课程开发能力，还成了衡量一个教师是否优秀、与时俱进的新标准。

笔者最先结合地方优势与课程整合，开发了《深圳北站——我所知道的那些事儿》拓展课程。依托深圳北站为教育资源，以感受地域文化为根本目的，采取参观、讲解培训、观摩影像、创作微故事、宣讲团和小导游等形式拓宽学习途径，对学生进行情感熏陶、提高学生的文化品位和热爱自己家园的意识。在这个课程中，孩子们投入了极大的热情，他们乐于参与、富于挑战，每个孩子都展现出前所未有的一面。这个课程给予笔者非常大的感触，带领科组教师一起做课程，让更多的孩子从中遇见最美的自己，成为我坚定的信念。

2015年9月，我们开始鼓励语文科组的其他教师一起学习、了解课程，钟启泉主编的《课程论》、邢至晖的《特色课程开发的7项核心技术》等成了我们炙手可热的读物。我们先由教研组来开发“慧思”课程；继而，“成语故事课程”“童话课程”“古诗文课程”等应运而生。2016年2月，我们根据“社会需求、培养目标、学生兴趣、教师特长”的理念，定位了我们要开发的“基于学科能力素养培养”的学科拓展课程。我们秉承“基于教材，超越教材；立足课堂，超越课堂；尊重教师，超越教师”的理念来开发《跟着课本去旅行》课程。

历时一年多，教师们潜心钻研、课堂实践，“量身定做”的相关课程、别出心裁的课程活动，让孩子们呵护了自己的兴趣、发展了自己的能力。在此，也特别感谢马强国老师工作室的王晓英、李丹枫和严唯娜等老师一起参与讨论、修改和编辑。当你看到孩子们稚嫩的创作，你一定和我们一样满心温暖和悸动。

《跟着课本去旅行》课程，从六个篇章来介绍课程建构：走进浩瀚自然、走访中外名人、走过缤纷童年、走遍神奇世界、走近文化长廊、走向诗情画意。“东方灵韵——中国戏剧”“‘民族魂’鲁迅”“疯狂动物写作城”“‘绘’‘说’慧道”等从各个角度来丰富孩子们的语文学习，给孩子们打开一扇别有洞天的精彩之门。其中详尽的“案例展示”更是教师们智慧的结晶，如果你心仪于它，还可以把它用于你的课堂、你的孩子们身上。

课程小天地，天地大课程。当此书出版面世的这一刻，我们无不骄傲地说：我们一线教师，已经将这些文字化为行动、化为生命本身、化为带领孩子们一起走向更美天地的力量！

跟着课本去旅行，让它把你带进开满鲜花的广阔原野里；

跟着课本去旅行，让它把你带到鲁迅、冰心的世界里；

跟着课本去旅行，让它带你穿越古今，流连在诗情画意里；

…… ……

“课程”，让我们每一位教师的心，都能诗意地栖息于教室中，从而在学生的心灵上穿越、编织、赋予、显现……然后，会心一笑：春风十里不如你！

目录

CONTENTS

第一辑 走进浩瀚自然

第二辑 走访中外名人

第三辑 走过缤纷童年

第四辑　走遍神奇世界

第五辑　走近文化长廊

第六辑　走向诗情画意

第一辑

走进浩瀚自然

春暖花开，草长莺飞；百花争艳，骄阳似火；秋高气爽，丹桂飘香；银装素裹，瑞雪纷飞。大自然，一个梦幻多彩的世界。它有美的景色、美的语言、美的情感。走进大自然，如同聆听一支动听的歌；走进大自然，如同欣赏一幅色彩斑斓的画；走进大自然，如同吟诵一首隽永的诗。让我们走进大自然，细心观察，用心感受，去揭开她神秘的面纱，感受她的神奇。

触摸春天

陶伟群　严唯娜

一、课程开发背景

随着课程改革的推进，校本课程开发已经成为我国当前课程改革的一项重大举措。实施校本课程是实现学校的办学理念和培养目标，发展办学特色的有效途径；实施校本课程能更好地满足学生的兴趣和需要，促进学生的个性发展；校本课程的开发还可以有效提高教师的业务能力和课程开发水平。

一、二年级下册第一单元的课文，都是以“春天”为主题的课文。本内容是对课文的补充，目的是不仅引导学生感受春天，而且激励学生走进春天，发现春天的特点，探索春天的奥秘。

二、课程目标

（1）了解春天的特点以及有关春天节日的文化。

（2）通过细心观察图片，留意生活，搜集和整理信息，朗诵，绘画，儿童剧表演等方式，培养学生的观察能力、信息处理能力、探究能力、口头表达能力、表演能力和实践能力。

（3）培养学生发现美、创造美和欣赏美的审美情趣，培养学生热爱大自然、热爱生活的情感。

三、课程内容

“触摸春天”课程内容的整体设计思路是：以“通过春天感受大自然”为课程开发的切入口，拓宽学生的知识面，提高学生的探究能力和实践能力，培养学生的创新意识、审美情趣、热爱大自然和热爱生活的情感，进而提高学生的语文综合素养。“触摸春天”课程内容的基本框架见表1–1。

表1–1 课程“触摸春天”的基本内容框架

教学板块	课题	主要内容	课时
1	找春天	（1）说说春天在哪里 （2）寻找深圳的春天 （3）寻找家乡的春天	2课时
2	绘春天	（1）描绘春天 （2）展览作品，评价	2课时
3	话春天	（1）春天的节日 春节、路神生日、元宵节、春龙节（龙抬头）、寒食节、清明节 （2）春天的节气 立春、雨水、惊蛰、春分、清明、谷雨	课前准备 3课时
4	赞春天	（1）朗诵以“春”为主题的诗文 （2）以“春”为主题的儿童剧表演	课前准备 3课时

四、课程实施

（1）适合范围：一、二、三年级，可单独使用，也可与一、二年级，三年级下册配合使用。

（2）课时计划：建议9～10课时。

（3）教学准备：多媒体教室。

五、课例展示

第一课　找春天

（建议2课时）

【教学内容】

（1）说说春天在哪里。

（2）寻找深圳的春天。

（3）寻找家乡的春天。

【教学目标】

（1）了解春天的特点。

（2）通过观察图片、留意生活，感受春天的气息。

（3）培养学生的观察能力。

【教学过程】

1. 春天在哪里

（1）播放视频，说说你看到了什么，说说春天在哪里。

（2）教师总结：春在枝头，柳条嫩绿，桃花鲜艳。春在空中，和风送暖，燕子翻飞。春在水里，鱼儿追逐，鸭子戏水。春在田间，麦苗返青，菜花金黄。到处都有春天，春满人间！春天的水是惬意的，是迷人的！

2. 寻找深圳的春天

（1）观察深圳的春天，找出有哪些美景，有哪些趣事，有哪些美食。

（2）教师总结。

3. 寻找家乡的春天

（1）回忆家乡的春天，家乡的春天在哪里？

（2）教师总结。

4. 学唱歌曲

学唱《春天在哪里》。

第二课　绘春天

（建议2课时）

【教学内容】

用图文描绘眼中、心中的春天。

【教学目标】

（1）能细心观察春天的景象，通过文字、图画描绘眼中和心中的春天。

（2）培养学生的观察能力和动手操作能力。

【教学过程】

1. 描绘春天

结合前一节课的教学内容，用文字、图画描绘眼中和心中的春天。

2. 展示作品

学生边展示边解说。

3. 评价

（1）以不记名投票的方式，让学生评选出优秀作品，设一等奖5名、二等奖10名、三等奖15名、优秀奖20名。

（2）颁发奖品，拍照合影。

第三课　话春天

（建议3课时）

【教学内容】

（1）春天的节日。

（2）春天的节气。

【教学目标】

（1）了解春天的节日和节气及其文化内涵。

（2）培养学生对民俗文化的热爱之情。

【教学过程】

1. 春天的节日

（1）课前准备。学生分小组搜集春天节日［春节、路神生日、元宵节、春龙节（龙抬头）、寒食节、清明节］的资料，亲子合作制作PPT。

（2）汇报交流。

（3）学生说说自己家乡春节、路神生日、元宵节、春龙节（龙抬头）、寒食节、清明节的风俗。

（4）教师总结。

春节

春节是指汉字文化圈传统上的农历新年，俗称“年节”，传统名称为新年、大年、新岁，但口头上又称度岁、庆新岁、过年，是中华民族最隆重的传统佳节。起源于公元前两千多年的一天，舜继天子位，带领部下人员，祭拜天地。人们就把这一天当作岁首，后来叫春节。在春节期间，中国的汉族和一些少数民族都要举行各种庆祝活动，以祭祀祖神、祭奠祖先、除旧布新、迎禧接福、祈求丰年为主要内容，风俗有扫尘，守岁，拜年，贴春联，放爆竹，发压岁钱，吃腊八粥、年糕、饺子、春卷等。

元宵节

元宵节，又称上元节、小正月、元夕或灯节，是春节之后的第一个重要节日，是中国亦是汉字文化圈地区和海外华人的传统节日之一。元宵节始于2000多年前的秦朝，汉文帝时下令将正月十五定为元宵节。主要习俗有出门赏月、燃灯放焰、喜猜灯谜、共吃元宵、拉兔子灯等，有的地方还增加了耍龙灯、耍狮子、踩高跷、划旱船、扭秧歌、打太平鼓等传统民俗表演。

清明节

清明节又叫踏青节，在仲春与暮春之交，也就是冬至后的第108天，一般是在公历4月5日前后。中华民族传统的清明节大约始于周代，是最重要的祭祀节日之一，是祭祖和扫墓的日子，距今已有2500多年的历史。

2. 春天的节气

（1）课前准备。学生搜集春天节气（立春、雨水、惊蛰、春分、清明、谷雨）的资料，亲子合作，制作PPT或电子小报。

（2）学生汇报交流。

（3）教师总结。

（4）诵读《二十四节气歌》。

二十四节气歌

春雨惊春清谷天，夏满芒夏暑相连
秋处露秋寒霜降，冬雪雪冬小大寒
每月两节不变更，最多相差一两天
上半年是六廿一，下半年是八廿三

立春

立春，农历二十四节气中的第一个节气。自秦代以来，中国就一直以立春作为孟春时节的开始，中国自官方到民间都极为重视这个节气。立春时，天子亲率三公九卿、诸侯大夫去东郊迎春，祈求丰收。回来之后，要赏赐群臣，布德令以施惠兆民。

雨水

雨水是二十四节气之中的第二个节气，位于每年正月十五前后（公历2月18—20日），通常这天出嫁的女儿要回家探望父母，要给母亲送一段红绸和炖一罐肉。

惊蛰

惊蛰，古称“启蛰”，是农历二十四节气中的第三个节气，标志着仲春时节的开始。此前，动物入冬藏伏土中，不饮不食，称为“蛰”；到了惊蛰节，天上的春雷惊醒蛰居的动物，称为“惊”。故惊蛰时，蛰虫惊醒，天气转暖，渐有春雷，中国大部分地区进入春耕季。

第四课　赞春天

（建议3课时）

【教学内容】

（1）朗诵诗文。

（2）儿童剧表演。

【教学目标】

（1）有感情地朗读诗文，体会诗歌、散文中的春天。

（2）培养学生热爱春天的情感，培养学生的创新思维，提高表演能力。

【教学过程】

1. 朗诵诗文

（1）课前学生在家长的指导之下搜集写春的诗歌、散文。

（2）学生自由组织成立朗诵小队，教师指导朗诵。

（3）分小组朗诵比赛。

（4）评价。邀请语文老师、音乐老师和家长代表、学生代表当评委，评选出一等奖1组，二等奖2组，三等奖3组，优秀奖4组。

春

朱自清

盼望着，盼望着，东风来了，春天的脚步近了。一切都像刚睡醒的样子，欣欣然张开了眼。山朗润起来了，水涨起来了，太阳的脸红起来了。小草偷偷地从土里钻出来，嫩嫩的，绿绿的。园子里，田野里，瞧去，一大片一大片满是的。坐着，躺着，打两个滚，踢几脚球，赛几趟跑，捉几回迷藏。风轻悄悄的，草软绵绵的。桃树、杏树、梨树，你不让我，我不让你，都开满了花赶趟儿。红的像火，粉的像霞，白的像雪。花里带着甜味儿；闭了眼，树上仿佛已经满是桃儿、杏儿、梨儿。花下成千成百的蜜蜂嗡嗡地闹着，大小的蝴蝶飞来飞去。野花遍地是：杂样儿，有名字的，没名字的，散在草丛里，像眼睛，像星星，还眨呀眨的。

渔歌子

张志和

西塞山前白鹭飞，桃花流水鳜鱼肥。
青箬笠，绿蓑衣，斜风细雨不须归。

2. 儿童剧表演

（1）亲子改编课本剧，或自编以“春”为主题的剧本。

（2）组织排练。

（3）表演展示。

（4）评价。评出最佳表演、最佳剧本。

六、课程评价

1. 自我评价

在重视教师与他人对学生学习状况进行评价的同时，更应重视学生的自我评价。让学生正确地了解自己，评价自己。采用建立学生学习档案的方式，让学生通过查资料、阅读欣赏、制作小报等建立阅读资料档案，并让学生每周进行自评（评出优秀、良好、合格），以提高阅读兴趣，促进阅读水平的发展，有效地提高学习效率。教师通过学生的阅读资料档案的评价，了解学生的学习态度和学习特点；了解学生对阅读的积累和阅读的进步状况，发现学生的潜能；了解学生在发展中的真正需求，给予及时的指导。

2. 小组互评

通过互评让学生学习他人的优点，找出自己的不足，提高阅读质量，增强阅读兴趣。可让学生在小组内互相评比，评出最好的阅读资料档案，在全班进行展评。对小组内评出的作品可给予四星级队员的荣誉。

3. 全班展评

把小组内评出的优秀阅读资料档案在全班进行展评，全班学生进行投票，选出阅读五星级队员，树立榜样，激励学生积极进行课外阅读。

4. 教师讲评

教师对评出的好的档案进行讲评，指出优点，给出努力方向，并发奖品进行激励，带动大家共同进步。“触摸春天”课程评价表见表1–2。

表 1–2“触摸春天”的课程评价表

评价项目	评价内容	评价结果（五星——优秀；四星——良好；三星——合格）			
		自评	互评	展评	师评
学习表现	查资料、阅读欣赏、作诗配画、填写书虫卡、制作小报等，建立阅读资料档案				
学习能力	学习他人的优点，找出自身不足，提高阅读效率，增强阅读兴趣				
学习收获	得到文学的熏陶，获得丰富多彩的学习体验				

邱晨茜《春》

朱峻邑《春天来了，我们一起来植树》

跟着课本去旅游

马强国

一、课程开发背景

旅游是当下人们生活的基本需求，是一种积极健康的社会交往方式，是人们探索自然、享受生活、开阔视野的一种综合性的审美实践活动。据《2016年中国旅游发展报告》数据得知，2015年旅游收入为4747.7亿元，中国成为世界上拥有国内游客数量最多的国家。旅游项目逐渐丰富，包括周边自驾游、亲子游、度假游、农家乐等，形式包括滑雪、登山、观鸟、探险、狩猎、垂钓、田园采摘等。因此，旅游和语文、地理、历史等学科有机融合在一起，其中的自然、人文等多元文化，以及在旅行中的生活技能、安全意识和尊重自然等成为当下学生形成正确的资源观、价值观和审美教育的重要契机。这样，旅游也就成为一堂丰富的实践课和审美课，成为学生习得知识与能力，培养高尚情操和综合素养的鲜活的大课堂。

在现行语文课本中，就有不少自然与人文景观，如果把语文学习与生活实践融通起来，不仅可以拓宽学生的知识面，培养学生探究性、自主性的学习技能，还可以在课程的学习与体验中形成正确的自然观、资源观、价值观和社会责任感。基于此，我们开发和设计了“跟着课本去旅游”系列课程，注重知识与能力并重，课本与生活贯通，课内与课外链接，为学生的终生发展输入动力源和培植纯正的社会主义核心价值观。

二、课程目标

（1）了解旅游目的地的自然和人文景观（如钱塘潮的形成、长城的历史、秦兵马俑的雄奇等），熟知祖国的大美河山和丰富的旅游资源。

（2）学会利用信息化技术搜集、阅读和整合各种媒体资源，探究兴趣旅游景点，设计旅游攻略，分享旅游收获。

（3）体验旅游的快乐，感受祖国河山之壮美，在语文学习与景点探究中提升综合素养，养成正确的资源观和价值观。

三、课程内容

“跟着课本去旅游”课程内容的整体设计思路是：“由单一的语文课本到多学科整合，由课内到课外，由课本学习到实践探究与社会体验”的思路进行设计和编排。课程的内容版块主要包括：从文本确定旅游景点（即我要去旅游）、利用信息化技术探究和熟悉旅游景点的自然与人文景观（即景点大探秘），设计旅游攻略和参加实践活动（即我的攻略），旅游攻略设计和分享旅游收获的展示与评价（即行走的快乐）。“跟着课本去旅游”课程内容的基本框架见表1–3。

表1–3 课程“跟着课本去旅游”的基本内容框架

教学板块	课题	主要内容	课时
1	我要去旅游	从课本中筛选和确定景点	1课时
2	景点大探秘	（1）探究景点的自然与人文景观 （2）展示探究结果，模拟“导游证”考证活动	1~2课时
3	我的攻略	（1）自主设计旅游攻略 （2）展示评比旅游攻略，评选“最佳设计”奖	2课时
4	行走的快乐	（1）展示旅游收获 （2）评比“旅游小达人”活动	2课时
5	展示与评价	课程学习总评	1课时

四、课程实施

（1）适合学生：配合四年级上册使用。

（2）课时计划：6 ~ 7课时，也可以随机调整。

（3）其他要求：全员参与，可以邀请家长和导游参加活动或进课堂。

五、课例展示

第一课　我要去旅游

（建议1课时）

【教学内容】

引导学生自主筛选和确定旅游景点。

【教学目标】

（1）学生二次学习课本，自主确定景点。

（2）享受学习的快乐，培养学生解决问题的综合素养。

【教学过程】

1. 点燃学习兴趣

（1）课前交流预热，明晰学习内容。

师：请同学们快速浏览四年级上册课文目录，圈出与旅游景点有关的课题，并写出旅游景点的名称。

生：《观潮》——浙江钱塘江。

《雅鲁藏布大峡谷》——西藏雅鲁藏布大峡谷。

《鸟的天堂》——江门市小鸟的天堂。

《长城》——北京长城。

《颐和园》——北京颐和园。

《秦兵马俑》——西安兵马俑。

《黄鹤楼送孟浩然之广陵》——湖北武汉黄鹤楼。

《延安，我把你追寻》——陕西延安。

（2）熟读课文，依据课文内容，独立填写旅游调查表见表1–4、表1–5。

表 1–4　去过的景点

景点名称	特色简介	收获与感受	还想去的景点和理由
1			
2			
3			

表 1–5　没有去过，想去的景点

景点名称	想去的理由	最想去的景点（打“√”）简述理由
1		
2		
3		

2. 课后探究，确定旅游景点

（1）明确学习内容：第一，利用网络或图书资源，探究和了解景点；第二，了解并摘录“自然景观和人文景观”的意思；第三，和家长商议确定旅游意向景点。

（2）完成探究学习表见表1–6。

表 1–6 旅游意向景点探究表

景点名称	特色简介（图文版）	推荐理由

第二课　景点大探秘

（建议2课时）

【教学内容】

确定景点，探究景点特色景观。

【教学目标】

（1）景点特色探究。

（2）展示探究结果，以模拟“导游证”考试活动为契机培养学生的口语表达能力，感受祖国河山之大美，激发民族自豪感。

【教学过程】

1. 展示探究成果

（1）教师收集学生探究和制作的成果（作品），同桌之间相互介绍探究的过程和收获。

（2）同学推荐，向全班展示。选取优秀代表讲解自己的探究成果和收获。

（3）布置学习任务，让学生通过网络、图书和报刊资料等学习，了解怎样才能成为一名导游。

2.“导游证”考证模拟考试活动

（1）准备模拟“考证”。

① 明确要求：“导游证”考试包括笔试部分和口头表达考试部分，各100分，总分为120分及以上者可以领证。其中口试的评分要素包括：景点讲解50分，语言表达30分，礼仪形象20分。

② 观看模拟导游视频，讨论小结导游讲解的“秘诀”。

③ 教师小结“景点导游”的方法和艺术：亲近游客，自然轻松；赞美游客，友好沟通；笑话故事，幽默适中；服务周到，认真用功；服务流程，不紧不松；注意细节，有始有终；特色服务，超越时空；超常服务，补错立功；尊

老爱幼，优良作风；计划周密，成竹在胸；知识渊博，态度谦恭。

④ 经典导游词赏析。

甜蜜型的自我介绍：别看我长得胖，工作起来有力量；别看我年纪小，工作起来有技巧；旅途当中苦不苦，看看长征二万五；旅途当中累不累，想想革命老前辈。

文采型的开场白：现在大家选择出游，不单单为了是开阔视野，增长见识，更多的是寻找一份快乐，所以我希望您不仅仅是微微一笑，更希望您是开怀大笑，更希望您不再只有一份开心，而是能够找到一百个开心的理由，让我们采拾一路的精彩，留下难忘的美好回忆。所以说一座美丽的城市，一处漂亮的风景，都需要好的心情去体会，有一句广告词说得非常好：人生就像一场旅行，不必在乎目的地，要在乎的是沿途的风景以及看风景的心情，让心灵去旅行！

（2）模拟“考证”活动。

① 组织笔试环节，60分为合格，不满60分的学生需申请第二次考试。

② 布置“口试”考证作业。

要求：分组自选课文景点（全部分成四个大组，1~4组的景点分别为“小鸟的天堂、北京长城、颐和园、西安秦兵马俑”），书写景点导游词，并自主训练，不超过4分钟。

③ 确定口试评价细则。

第一，按照“景点讲解50分，语言表达30分，礼仪形象20分”的要素进行量分。

第二，依据量分评选以下等级的“小导游”：

★★★小导游：笔试合格，全班初赛的小组考级的非最佳选手；

★★★★小导游：笔试合格，全班初赛的小组考级的最佳选手，共产生8名；

★★★★★小导游：笔试合格，是全班初赛的小组考级的8名最佳选手之一，且在全班公开决赛中前4名的选手。

④ 初赛阶段，组织全班分成8个小组参与口试“考级”。

要求：考试者不参与自己的量分。按照成绩决出1名四星级“小导游”，其他成员为三星级“小导游”。

⑤ 决赛阶段。

要求：第一，参加四、五星级决选的“小导游”，自己制作自我介绍的海报张贴；第二，邀请家长进课堂做评委，当场量分，若家长的子女参加决赛则不参与量分，去掉最高分和最低分取总分；第三，五星级“小导游”的考级选拔赛，在班级展示，抽签依次进行；第四，决出五星级“小导游”颁证鼓励，并推荐为学校校园文化介绍的“小导游”。

第三课　我的旅游攻略

（建议2课时）

【教学内容】

学习旅游攻略的设计方法，开始设计创编自己的旅游攻略。

【教学目标】

（1）学习设计旅游攻略。

（2）展示评比旅游攻略，对被评为“A级”旅游攻略的学生的奖励就是教师建议家长带领孩子实现他们的旅游梦想。

【教学过程】

1. 了解和学习旅游攻略

（1）课前自主学习和了解，具体任务包括：什么叫旅游攻略？旅游攻略的要素有哪些？学习网友的旅游攻略。

资料袋

旅游攻略就是为旅游定制的详细的出行计划。流程要素一般包括：时间、地点、出行方式、特色景点、特色美食、住宿安排，以及书写记录整个旅程的感想和拍摄记录照片的整理。简称为“吃、住、玩、行、购、娱”七字诀。

旅游还有五个忌讳：

第一，忌走马观花。忽视增长见识及观察鉴赏当地的风土。

第二，忌不明地理。没有提前熟知景点特色、当地风俗人情和线路规划。

第三，忌行李过多。只需必备衣物和药物，现在崇尚轻装上阵，简单游、穷游。

第四，忌惹是生非。旅游是享受生活，所以文明礼仪和公民素质非常重要。

第五，跟团游忌分散活动，不听指挥。旅游要确保安全第一，遵守集体纪律。

对于网友景点攻略，参考网址：百度旅游、携程旅游等。

（2）学习旅游攻略。

附《苏州一日游攻略》（节选）

线路一：平江路—苏州博物馆—拙政园—狮子林—观前街。上午参观平江路（免费）、苏州博物馆（免费）。之后用午餐，下午参观拙政园及狮子林。晚餐后可参观观前街。

平江路是最能体现苏州味道的街道，你印象中的江南小桥、流水、人家在这里都能看到。现在的平江路上多了很多具有小资情调的咖啡馆、书店和花店，还有苏州特色小吃店，到时候可以一并逛逛。如图1–1所示：

图1–1 平江路

地址：苏州市姑苏区干将东路。

必体验：猫的天空之城、苏妃奶酪、鸡脚旮旯、狐狸家酸奶等。

交通：乘坐301、305路在平江路站下；乘坐游2、游5、50、55、178、202、309、518、529、811路在观前街东下，从大儒巷进入；乘坐轨交1号线在相门站下车。

午餐：平江路。平江路上有很多家苏州风味的餐厅，这里推荐几家，大家可以自己选择。餐厅推荐：鱼食饭稻、上下若、平江园、平江食堂、鱼米。必吃苏州美食：赤豆小圆子、桂花鸡头米、银鱼莼菜羹、清蒸白鱼等。

住宿：苏州特色酒店。来到苏州，当然要尝试一下最具有地方风格的酒店。如书香世家·平江府：一座有300年历史的老宅，闹中取静；平江客栈（如图1–2所示）：仿旧的建筑、中式的家具，古色古香，非常有味道；明堂青年旅舍（平民）：单人间、双人间、多人间（上下铺）一应俱全，非常适合背包一族。

图1–2 平江客栈

（3）布置作业。任选一景点自主设计旅游攻略，可以是小报、打印或者电子网页。

（4）商议和确定评选标准。

第一，确定评价要素为：流程清晰50分（按照七字诀删减，进行自主创编）；书写和版面美观30分；具有个性或特色20分。

第二，A级攻略标准：90分及以上；B级攻略标准：80~89分；C级攻略标准：70~79分。

第三，“最佳设计”奖，针对B级以上，且能按照“小导游”的标准解说介绍。

2. 展示和评选旅游攻略

（1）展示张贴学生制作的旅游攻略。

（2）海选阶段。全班分组按照小组进行，按照标准评选A、B、C级。

（3）评选“最佳设计”奖。全班每个学生都有一个“最佳设计”奖的小红花，可以自主送给A、B级攻略的学生，小红花总数最多的前十名为“最佳设计”奖。颁发证书鼓励。

（4）课后作业。建议家长和小孩共同设计和修改一下“深圳一日游”的旅游攻略，并参与旅游，完成游记。

3. 优秀旅游书籍推荐

《小白城市生活达人丛书：深度旅游达人》，作者：白骨精，出版社：广东教育出版社出版，时间：2013年5月。

《下课后的台湾小旅行》《猫的夏·日小旅行》，作者：猫·果然如是，出版社：山东人民出版社，出版时间：2012年7月。

《环球寻宝记》（系列），作者：（韩）小熊工作室，出版社：二十一世纪出版社，出版时间：2013年6月。如图1–3所示：

图1–3 优秀旅游书籍推荐

《游遍中国5A级旅游景区》，作者：钱浩，出版社：北京联合出版公司，出版时间：2016年4月。

第四课　行走的快乐

（建议2课时）

【教学内容】

学习写游记，分享旅游的快乐。

【教学目标】

（1）展示和分享旅游的快乐。

（2）评比“旅游小达人”活动（“游记小作家”评选活动）。

【教学过程】

1. 初步了解游记

游记，是对旅行进行记录的一种文体，现在也多指记录游览经历的文章。

徐霞客游记

《徐霞客游记》是一则以日记体为主的地理著作。明末地理学家徐霞客经过34年旅行，写有天台山、雁荡山、黄山、庐山等名山游记17篇和《浙游日记》《江右游日记》《楚游日记》《粤西游日记》《黔游日记》《滇游日记》等著作，除佚散者外，遗有60余万字游记资料，死后由他人整理成《徐霞客游记》。世传本有10卷、12卷、20卷等数种，主要按日记述作者1613至1639年间旅行观察所得，对地理、水文、地质、植物等现象，均做了详细记录，在地理学和文学上做出卓有价值的贡献。

大国小城

《大国小城》是作者韩晗亲临云南、广西、江西、上海、江苏、湖南、海南、福建甚至境外进行学术考察时沿途所撰写的大文化散文。

2. 经典游记赏析

（1）经典推荐和背诵。

岳阳楼记

（宋）范仲淹

予观夫巴陵胜状，在洞庭一湖。衔远山，吞长江，浩浩汤汤，横无际涯；朝晖夕阴，气象万千。此则岳阳楼之大观也，前人之述备矣。然则北通巫峡，南极潇湘，迁客骚人，多会于此，览物之情，得无异乎？

…………

嗟夫！予尝求古仁人之心，或异二者之为，何哉？不以物喜，不以己悲；居庙堂之高则忧其民；处江湖之远则忧其君。是进亦忧，退亦忧。然则何时而乐耶？其必曰“先天下之忧而忧，后天下之乐而乐”乎？噫！微斯人，吾谁与归？

（2）现代游记赏析。

①网友游记：《品读西湖》赏析。

夏日的西湖花枝招展，水光潋滟，山岭葱茏，充满诱惑。驻足湖边杨柳岸，看美丽在阶前流淌，听小鸟在枝头欢唱。丝绦曼舞纤腰，锦鳞游戏清波。水莲迎风吐艳，荷盖铺展青霞。掬一捧水盛在手里，轻洒在脸上，让氤氲的水汽从张开的毛孔渗入每一寸肌肤，随血液流遍全身，沁入心脾，让身上的每一个细胞都享受一丝清爽，一份惬意。有船靠岸了。我赶紧抖抖手，随大流挤入船身，爬上顶层。船头水花朵朵，四周波光粼粼，一阵清风吹来，撩起衣襟裙带，感觉真得好爽耶。

②杨朔先生的《香山红叶》。（节选）

早听说香山红叶是北京最浓最浓的秋色，能去看看，自然乐意。我去的那日，天也作美，明净高爽，好得不能再好了。人也凑巧，居然找到一位刘四大爷做向导。刘四大爷就住在西山脚下，早年做过四十年向导，于今已经七十七岁，还是腰板挺直，硬朗得很。

…………

我们上了半山亭，朝东一望，真是一片好景。茫茫苍苍的河北大平原就摆在眼前，烟树深处，正藏着我们的北京城。也妙，本来也算有点气魄的昆明湖，看起来只像一盆清水。万寿山、佛香阁，不过是些点缀的盆景。我们都忘了看红叶。红叶就在高山坡上，满眼都是，半黄半红的，倒还有意思。可惜叶子伤了水，红得又不透。要是红透了，太阳一照，那颜色该有多浓。

杨朔：（1913—1968）现代著名作家。山东蓬莱市人。他的散文，具有浓郁的时代色彩和诗的意境，结构严谨，层次分明，用词精炼，有独特的风格，有许多脍炙人口的名篇。

3. 网络版游记的赏析、制作和评比

（1）制作游记APP推荐：在路上APP，面包旅行APP，去哪儿旅行APP，蝉游记APP，马蜂窝APP，QQ空间，微信，腾讯微博等。

（2）选择一种互联网方式书写游记。

（3）游记评比。具体要求如下：

第一，展示方式自选：手抄报、电子报、游记APP类的电子版；

第二，评价奖项和标准："最佳美编"奖，配图清晰、漂亮、具有摄影艺术的美。"最佳美文"奖，游记具有文采、可读性性强。

第三，评价方式：同桌评价，小组互评，家长+老师评价，最后评选出"最佳美编"奖、"最佳美文"奖。

六、课程评价

（1）评价建议：注重过程评价、项目评价和自评与他评相结合的方式（比如：家长参与评价、邀请专业导游参与评价等）。

（2）评价内容：参与度、合作意识、设计创新思维、书面与口头表达能力、任务完美程度等。

（3）评价量表见表1–7：

表1–7 评价量表

评价项目	评价内容	评价等级	自评	教师评价	其他人评价
参与度	积极参与、兴趣浓	A.优 B.良 C.合格 D.须加油			
团队合作	有组织、守纪律、明事理				
创新思维	有设计感、时代性、针对性				
表达能力	角色有个性、有特点				
学习效果	完成任务、有成就感				

附件：部分考题题样及答案

一、填空题

1.每年____为世界旅游日，每年____为中国旅游日。（9月27日，5月19日）

2.我国最早的诗歌总集是______，我国现存最早的医书是______。（《诗经》《黄帝内经》）

3.皇帝的女婿魏晋以后称为______，清代称为______。（驸马，额驸）

4.我国少数民族中人口最多的是______，人口最少的是______。（壮族，珞巴族）

5.佛教诞生在______，发展在______。（印度，中国）

6.世界第一高峰是西藏境内的______，世界第二高峰是新疆境内的______。（珠穆朗玛峰，乔戈里峰）

7. 香港区花为______，澳门区花为______。（紫荆花，莲花）

二、单项选择题

1.现存的中国古代第一长桥是（　）。（C）

A.洛阳桥　B.安济桥　C.安平桥　D.卢沟桥

2.彝族的主要节日有（　）。（A）

A.火把节　B.泼水节　C.耍海节　D.三朵节

3.我国当代主要的陶器产地是（　）。（B）

A.福建德化　B.江苏宜兴　C.浙江龙泉　D.江西景德镇

4.（　）与国画、京剧并称中国三大国粹。（B）

A.武术　B.中医中药　C.书法　D.《论语》

三、多项选择题

1.我国被列入世界文化景观名录的有（　）。（ABD）

A.五台山　B.庐山　C.三清山　D.杭州西湖

2.旅游业的三大支柱包括（　）。（ABC）

A.旅行社业　B.交通客运业　C.住宿业　D.景区游览业

3.（　）是中国现代著名的教育家。（BD）

A.鲁迅　B.蔡元培　C.孔子　D.陶行知

你好，西北

黎扬成

一、课程开发背景

新课标明确指出：语文课程应拓宽语文学习和运用的领域，注重跨学科的学习和现代化科技手段的运用，使学生在不同内容和方法的相互交叉、渗透和整合中开阔视野，提高学习效率，初步获得现代社会所需要的语文实践能力。

“走进西部”是五年级下册选编的一组专题，从不同角度反映了神奇的西部，反映了西部的昨天和今天。本课程是对教材的拓展和补充，意在加深学生对西部自然风光、地理人文的认识，并通过网络、影视、报刊等方式整合资源，运用地理、历史等学科的知识内化，进一步提升语文素养。

二、课程目标

（1）了解西北的地理环境、自然风光和饮食文化。

（2）通过PPT制作、小导游解说、行程规划、厨艺比拼、定制旅游行程等方式，提高学生的组织策划能力、自主探究能力、口头表达能力和信息整合能力。

（3）在了解西北的过程中，激发学生热爱西北、热爱祖国的情感。

三、课程内容

“你好，西北”课程内容的整体设计思路是：以“西北的美景、美食、人文”为课程开发的总切入口，开拓学生视野，激发学生探索西部的兴趣。通过跨学科的知识渗透以及综合实践活动的开展，提高合作探究能力、口头表达能力、组织策划能力和信息整合能力。同时，注重体会西北的人文情怀，培养学生热爱祖国的情感。本课程内容的基本框架见表1–8。

表 1-8 课程“你好，西北”的基本内容框架

教学板块	课题	主要内容	课时
1	这就是西北	（1）西北概况（行政区划、地理环境、风土人情、历史文化） （2）观看视频（纪录片《走进大西北》）	2课时
2	西北好风光	（1）了解西北的自然地理奇观（视频） （2）欣赏西北的著名旅游景点；PPT制作、小导游解说 （3）人气旅游线路；行程规划师、两日游私人定制	3课时
3	西北美食汇	（1）了解西北的饮食文化 （2）介绍西北风味的地道美食（视频：美食西北） （3）人气美食摊位：美食宣传海报、厨艺大比拼	2课时
4	出发去西北	（1）我最喜爱的旅游城市（旅游宣传大使） （2）小小旅行家：最靠谱的旅游攻略	2课时

四、课程实施

（1）适合范围：五、六年级，既可以独立使用，也可以配合人教版五年级下册使用。

（2）课时计划：9课时。

（3）教学准备：多媒体教室。

五、课例展示

第一课　这就是西北

（建议2课时）

【教学内容】

西北概况、西北纪录片。

【教学目标】

（1）了解西北的行政区划、地理环境、风土人情、历史文化。

（2）观看纪录片，开阔视野，加深学生对西北的认识。

【教学过程】

1. 课前作业

（1）布置任务：你了解西北吗？从“行政区划、地理环境、风土人情、历史文化”中选择一项，查找资料。

（2）学习卡制作：提炼重要信息，填写卡片。

西北初印象 1. 关于西北，你最想了解的是：________（行政区划、地理环境、风土人情、历史文化）。 2. 通过查找资料，你了解到了什么信息？ ________ ________ ________ 3. 用一句话概括你对西北的初印象。 ________ ________ ________

2. 学习卡交流

（1）学生代表发言。

（2）教师提炼主要信息。

①行政区划。

在不同概念下，西北地区有不同的范围。

行政区划概念下，西北地区指陕西、甘肃、青海、宁夏、新疆，简称“西北五省”，是七大地理分区之一，如图1–4所示。

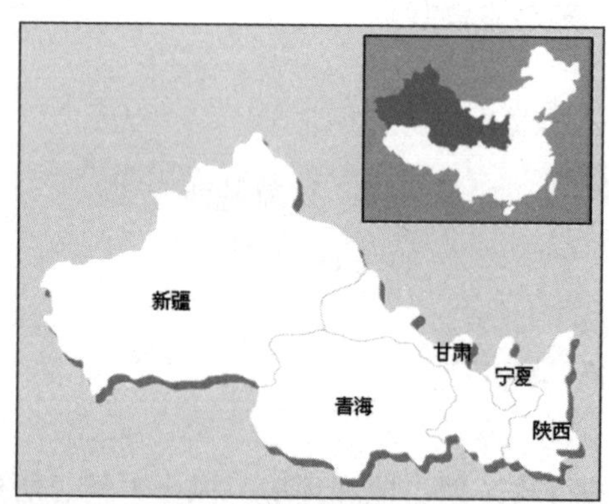

图1–4 西北地区行政区划

自然区划概念下，指大兴安岭以西，昆仑山—阿尔金山、祁连山以北的地区，是四大自然区之一（青藏地区、西北地区、北方地区、南方地区）。大致包括内蒙古中西部、新疆大部、宁夏北部、甘肃中西部。

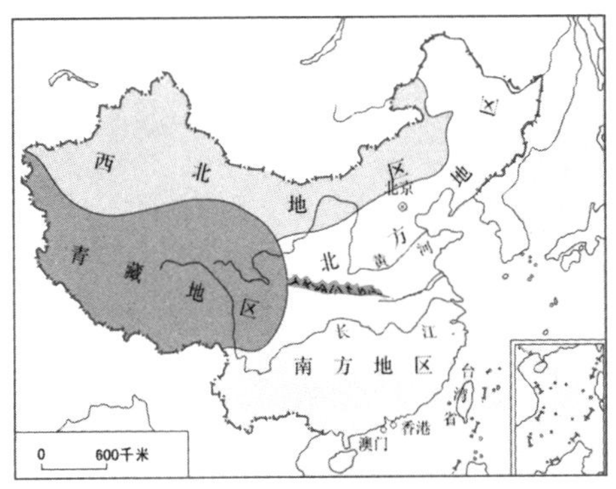

图1–5 西北地区自然区划

② 地理环境。

地形：西北地区的地形以高原、盆地和山地为主。

气候：温带季风气候，温带大陆性气候。冬季严寒而干燥，夏季高温，日温差和年温差较大。

自然景观（从东到西）：森林草原—典型草原—荒漠草原—荒漠。

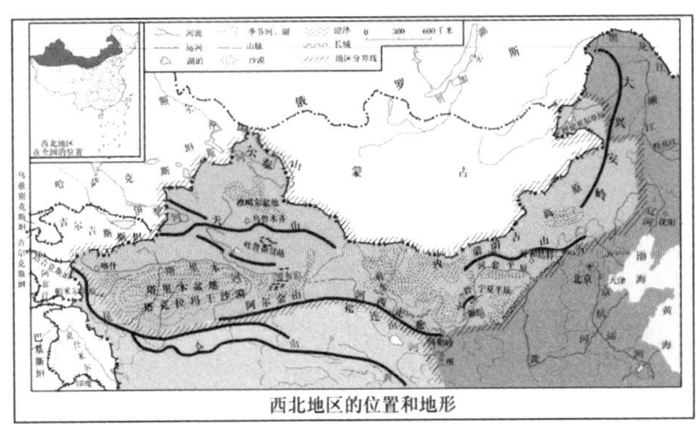

图1–6 西北地区地理环境

③ 风土人情。

新疆：新疆十八怪、和田成人礼、服饰文化、少数民族的礼貌用语。

甘肃：姑娘追、花儿会、晒大佛、陇东皮影、庆阳剪纸。

宁夏：开斋节、古尔邦节、圣纪节。

陕西：陕西秦腔、民歌信天游、陕北窑洞、关中十大怪。

青海：青海花儿、筵席曲、民间体育活动。

④ 历史文化。

新疆：楼兰古城、维吾尔族大小部落的演变、丝绸之路。

甘肃：长城文化、敦煌、丝绸之路。

宁夏：西夏文明、丝绸之路。

陕西：十六朝古都（最著名的秦、汉、唐的都城）、先秦及封建社会早期的黄河流域文明。

3. 观看视频

（1）观看纪录片《走进大西北》。

（2）学生谈感想。

4. 课堂小结

师：世界上很少有一块土地能像中国的大西北一样，让人在困惑之中萌发向往，在悲凉之中孕育希望。大西北的每一座山峰和每一片草原上都刻着质朴、浩茫、威严和凝重。这里，有世界上海拔最高、地域最博大和最充满神秘色彩的青藏高原；有沙风尘海、昼酷夜寒、人迹罕至的塔克拉玛干大沙漠；有沟壑纵横、暴土风烟、雀鸟稀稀的黄土高坡。在青海的雪域峰峦中，格拉丹东雪山孕育了长江和黄河；在陕西黄水的九十九道弯里，发祥了近五千年的华夏文化。下节课，让我们一起领略西北的大好风光。

5. 课后作业

从“风土人情”和“历史文化”中，各挑选一个感兴趣的关键词（课件中出示的关键词），百度搜索，提炼信息，制作书签。

第二课　西北好风光

（建议3课时）

【教学内容】

西北自然地理奇观、著名旅游景点。

【教学目标】

（1）了解西北的自然地理奇观和著名旅游景点。

（2）开展小组合作，通过PPT制作和行程规划，培养学生的综合能力。

【教学过程】

第1课时　西北自然地理奇观

1. 图片导入

雅丹魔鬼城、张掖丹霞地质国家公园、敦煌月牙泉。

2. 解释说明

雅丹地貌：雅丹地貌是一种典型的风蚀性地貌。由于大风不断剥蚀，风蚀沟谷和洼地逐渐分开了孤岛状的平台小山，后者演变为石柱或石墩。

丹霞地貌：丹霞是指红色砂砾岩经长期风化剥离和流水侵蚀，形成的孤立的山峰和陡峭的奇岩怪石。张掖丹霞地貌奇观形成于600万年前，彩色丘陵色彩之缤纷、面积之大冠绝全国。

月牙泉：月牙泉的周围是高高的沙山，中间有一个形似月牙的小湖。千百年来不为流沙而淹没，不因干旱而枯竭。

3. 视频观看

土豆（敦煌—雅丹魔鬼城），时长4分28秒。

爱奇艺（西北行·七彩丹霞），时长6分12秒。

爱奇艺（敦煌—甘肃—月牙泉），时长4分7秒。

4. 课后作业

全班分成5组，分别负责宣传新疆、青海、宁夏、陕西、甘肃5个省份的旅游景点，制作主题为“跟我一起游西北”的PPT。

参考网站：蚂蜂窝、百度旅游、去哪儿旅行、携程旅行。

西北主要景点一览表见表1–9：

表 1–9 西北主要景点

省份	重要景点
陕西省	秦始皇陵及兵马俑、大雁塔、骊山—华清池、法门寺、延安革命遗址、李自成行宫、黄帝陵、华山、天台山、太白山、乾陵、镇北台
甘肃省	伏羲庙、麦积山、崆峒山、拉卜楞寺、炳灵寺石窟、马蹄寺、莫高窟、鸣沙山—月牙泉、嘉峪关、魏晋墓
宁夏回族自治区	沙坡头自然保护区、六盘山、须弥山石窟、一百零八塔、沙湖、贺兰山、西夏王陵
青海省	青海湖、鸟岛、万丈盐桥、吾屯寺、塔尔寺、三江源、日月亭、北禅寺
新疆维吾尔自治区	罗布泊、艾提尕尔清真寺、新疆天山天池、火焰山、博斯腾湖、喀纳斯湖、乌伦古湖、楼兰古城、新疆国际大巴扎、香妃墓

第2课时 西北著名旅游景点

1. 课前准备

（1）分小组制作主题为“跟我一起游西北”的PPT。

（2）每个小组选好“小导游”，每人准备一支笔、一个摘录本。

（3）每人一张评价表。

附评分表见表1–10、表1–11：

表 1–10 金牌导游评分表

姓名：________

评分细则	分值	得分
声音响亮，咬字清晰	4分	
解说有条理，有亲和力	4分	
穿着得体，仪态自然	2分	
总分	10分	

表 1–11 精美 PPT 评分表

组别：________

评分细则	分值	得分
主题明确，思路清晰	2分	
内容丰富，有感染力	3分	
构思新颖，有鲜明特色	2分	
画面、色彩、声音、文本搭配得当	3分	
总分	10分	

2. 介绍旅游景点

（1）分小组上台汇报，其余学生边听边记录。

（2）按评价标准给“导游”和小组制作的PPT打分。

3. 评价小结

（1）每个小组根据组员打分情况，评选出两名金牌导游、两个精美PPT。

（2）教师小结：云海苍茫的巍峨天山，麦浪起伏的关中平原，平沙无垠的腾格里，黄花绿草的金银滩……大西北以其独特的自然魅力，诉说着一个又一个迷人的故事。我们陶醉在西北的苍茫壮阔中，也陶醉在它的温情岁月里。心动不如行动，让我们一起规划属于我们的西北之旅。

4. 课后作业

（1）根据各小组推荐的旅游景点，挑选出最喜欢的地方，合理规划为期两日的旅游线路。

（2）制作“两日游 · 旅游线路”规划书，模板如下：

“两日游 · 旅游线路”规划书

1. 旅游省份：________________

2. 旅游线路：

Day 1________________

Day 2________________

3. 门票说明

Day 1________________

Day 2________________

4. 交通方式

Day 1________________

Day 2________________

参考网站：蚂蜂窝、百度旅游、去哪儿旅行、携程旅行。

第3课时　人气旅游线路

1. 课前准备

（1）挑选最喜欢的景点，私人定制为期两日的旅游线路。

（2）四人小组合作，制作“两日游 · 旅游线路”规划书。

2. 推选代表

（1）师：根据小组的规划书，配上解说词，上台推荐旅游线路。

（2）小组交流：构思解说词，确定“行程规划师”。

3. 上台展示

（1）“行程规划师”上台，解说两日游旅游线路。

（2）其余学生观看聆听，分别对行程规划师和旅游线路进行打分。

附评分表见表1–12、表1–13：

表 1–12 人气旅游线路评分表

组别：________

评分细则	分值	得分
旅游景点有吸引力	3分	
时间规划合理，游玩舒适	4分	
门票、交通考虑周全	3分	
总分	10分	

表 1-13 首席行程规划师评分表

姓名：________

评分细则	分值	得分
解说到位，有条理	4分	
声音响亮，吐字清晰	3分	
仪态自然，落落大方	3分	
总分	10分	

4. 评价小结

（1）根据各小组和各代表的得分情况，评选出两条人气旅游线路、两名首席行程规划师。

（2）教师小结：世界那么大，一定要出去看看。合理的行程规划，是我们旅行迈出的关键一步。孩子们，大西北已经在向我们招手，让我们一起更深入地了解西北，为属于自己的旅程做好准备吧。

第三课　西北美食汇

（建议2课时）

【教学内容】

西北饮食文化和西北美食。

【教学目标】

（1）了解西北的饮食文化和特色美食。

（2）通过制作电子宣传海报、厨艺比拼的方式，提高学生的综合能力。

【教学过程】

第1课时　西北饮食文化和特色美食

1. 课前准备

（1）搜索资料：西北的饮食文化。

（2）制作资料袋。

"西北美食"资料袋

1. 省份：________________

2.饮食习惯：________________

3.特色美食：________________

2. 课堂交流

（1）学生代表分享资料袋。

（2）教师提炼关键信息。

①饮食习惯。

西北一带的食风显得古朴、粗犷、自然、厚实。其主食是玉米与小麦并重，也吃其他杂粮，小米饭香甜，油茶脍炙人口，黑米粥、槐花蒸面与黄桂柿子馍更独具风情，羊肉泡馍闻名全国。家常食馔多为汤面辅以蒸馍、烙饼或是芋豆小吃，农妇们有“一面百样吃”“七十二餐饭食天天新”的本领。

②菜肴风味。

在肴馔风味上，西北地区的肉食以羊、鸡为大宗，间有山珍野菌，淡水鱼和海鲜甚少，果蔬菜式亦不多。其技法多为烤、煮、烧、烩，嗜酸辛，重鲜咸，喜爱酥烂香浓。配菜时突出主料，“吃肉要见肉，吃鱼要见鱼”，强调生熟分开、冷热分开、甜咸分开，尽量互不干扰。

③饮食禁忌。

该地区主要有少数民族，除俄罗斯族、锡伯族、裕固族、土族等4族之外，都严格遵循伊斯兰教的食规，“禁血，忌外荤”，不吃丑恶、可憎的动物的血液，过“斋月”，故而清真风味的菜点占据主导地位。

④特色美食。

新疆：烤羊肉串、抓饭、拿仁、拉条子、馕包肉、烤全羊、羊杂碎、油塔子、皮辣红、大盘鸡、伊犁马肠子。

甘肃：兰州清汤牛肉面、羊肉泡馍、拔丝洋芋、炸羊尾、百花全鸡、高担酿皮、浆水面、酿皮子、臊子面、汪手抓羊肉。

宁夏：烩羊杂碎、锅盔、油香、馓子、盖碗茶、荞面饸饹、粉汤彩饺、燕面揉揉、红瓜子、烩腰柱。

青海：杂碎汤、熬茶、青海尕面片、青海酿皮儿、青海土火锅、干拌、甜醅、手抓羊肉、青海酸奶、熬饭。

陕西：羊肉泡馍，千层油酥饼、黄桂柿子饼、葫芦头（猪大肠）等、凉皮、臊子面、肉夹馍、涮牛肚、𰻞𰻞（Biang biang）面。

3. 观看视频

优酷（美食西北）时长6分23秒。

4. 课后推荐

爱奇艺美食纪录片《丝绸之路上的美食》。

《舌尖上的中国》系列。

第2课时　人气美食摊位

1. 课前准备

（1）每人挑选最感兴趣并且可操作的一道西北美食。

（2）上网查看美食教学视频并下厨烹饪。

（3）6人一组，为自己的美食摊位设计宣传海报。

2. 摆设摊位

（1）划分教室场地，设8个摊位。

（2）6人组成一个小组，摆放桌子，张贴海报，摆好美食。

3. 分工合作

（1）2人负责美食接待区。

（2）2人负责宣传吆喝。

（3）2人去其他摊位品尝美食（轮流去）。

4. 小结评价

（1）学生到各摊位品尝美食后，进行评分。

附：美食摊位评分表见表1–14

表 1–14 人气美食摊位评分表

组别：________

评分细则	分值	得分
食物美味可口	4分	
海报设计有特色	3分	
现场宣传有感染力	3分	
总分	10分	

（2）根据各小组的得分情况，评选出3个“人气美食摊位”。

（3）教师小结：民以食为天！西北人在美食上的创造力着实让人惊叹！独特的烹饪手法，变换花样的食材和调料，大大刺激了我们的味蕾。在了解烹饪美食的过程中，我们对西北又有了自己的理解。想出发去西北，尝尝地道的西北风味吗？心动不如行动，下节课，让我们一起规划吧。

第四课　出发去西北

（建议2课时）

【教学内容】

最受欢迎的旅游城市、旅游攻略。

【教学目标】

（1）在对西北五省了解的基础上，评选出我最喜爱的旅游城市。

（2）制订一个全家出游的旅行计划，为期5天。

（3）通过评选和制订旅游攻略，可以内化课程知识，同时增强学生的自主探究能力、信息整合能力和组织策划能力。

【教学过程】

1. 课前准备

（1）从“吃、住、行”三方面考虑，选出我最喜爱的旅游城市。

（2）以“我最喜爱的旅游城市”为主题，写一篇作文，从“吃、住、行”三方面说明喜爱的原因。

2. 小组交流

（1）小组内四人交换作文，并相互评价。

（2）小组讨论：推选“我最喜爱的旅游城市”，选出代表上台演讲。

3. 作文分享

（1）学生代表上台演讲，主题为“我最喜爱的旅游城市”。

（2）其余学生边听边做记录，并评分。

附评分表见表1–15、表1–16：

表 1–15　我最喜爱的旅游城市评分表

城市：________

评分细则	分值	得分
旅游景点选择多、有特色	4分	
美食小吃品种多、有吸引力	3分	
交通方便、环境舒适	3分	
总分	10分	

表 1–16 旅游宣传大使评分表

姓名：________

评分细则	分值	得分
演讲内容充实，有真情实感	5分	
语言表达流畅，抑扬顿挫	5分	
穿着大方，举止自然得体	5分	
总分	20分	

4. 评价小结

（1）根据评分情况，选出1个我最喜爱的旅游城市和1名旅游宣传大使。

（2）教师小结：每个城市都有独特的魅力和风采，我们喜欢的东西也因人而异。但是一个出色的旅游城市，一定是全面发展的，不仅能让人看到绮丽的风光，尝到可口的佳肴，还让人出行便利，置身其中便身心愉悦。接下来，我们按照自己的喜好，选择最感兴趣的景点，制订一个为期5天的全家游旅行攻略吧。

5. 旅行攻略指导

“旅行攻略”模板

1.旅行时间：
2.目的地：
3.人数：
4.经费预算：
5.前期准备：
6.关于交通：
7.关于酒店：
8.关于行程：
8.美食清单：
9.关于购物：

行程参考网站：蚂蜂窝、百度旅游、去哪儿旅行、携程旅行。

订机（车）票APP：去哪儿网（机票）、铁路12306（火车票）。

订酒店APP：Booking（缤果）、Agoda（安可达）、艺龙。

6. 后期制订攻略

7. 师生交流

挑选出10份最靠谱的旅行攻略。

六、课程评价

1. 评价原则

形成性评价与总结性评价相结合。学习是一个循序渐进的过程，学生在不同的学习阶段呈现出不同的特点，对于不同的学生最终的学习效果也会大相径庭。所以，本课程关注学生每个阶段的学习需要，重视其学习过程及在学习过程中的体验，根据学生学习过程中的表现，适时给予评价，有利于帮助学生有效调控自己的学习过程，从中获得成就感，增强自信心。而在每个教学活动告一段落之后，进行总结性评价，能全面鉴定学生是否达到教学目标的要求，以便教师反思，调整后续教学活动。

自我评价和外来评价相结合。心理学认为，人对自己或他人的思想、动机、行为和个性的评价，直接影响学习和参与社会活动的积极性，也影响与他人的交往关系。本课程采用自我评价（学生自评）和外来评价（互评、师评、家评）相结合的方法，有利于学生正确认识、对待和处理自己的优、缺点，在学习中扬长避短。

2. 评价表，见表1–17

表 1–17 课程“你好，西北”评价表

班级：________　　　　　　姓名：________

评价要素	评价内容	评价等级	自评	互评	师评	家评
情感态度	积极参与活动	优秀★★★ 良好★★ 合格★				
	善于出谋划策					
合作交流	主动和同学配合、相互合作	优秀★★★				
	乐于帮助同学，共享资源	良好★★				
	对小组学习做出贡献	合格★				
学习技能	信息整合能力	优秀★★★ 良好★★ 合格★				
	语言表达能力					
	组织策划能力					
	自主探究能力					
学习成果	丰富了知识，开阔了视野	优秀★★★ 良好★★ 合格★				
	提高了综合能力和语文素养					

1. 两日游旅游线路规划书

本课程围绕“西北”的“美景、美食、人文”带领学生深入了解西北五省——新疆、青海、宁夏、陕西、甘肃，学生通过小组合作和自主探究，选择了最喜爱的城市和人气旅游景点，制作了为期两日的旅游线路规划。规划书包括了对路线、景点、门票和交通的介绍，为出行提供了具体指导作用。

（钟可，陈淑娜）

2. 西北美食资料袋

为了让学生对西北有更深的认识，激发学生探索西北的兴趣，在“西北美食汇”这一课程板块中课前布置作业让学生完成美食资料袋，了解西北饮食文化。内容包括饮食习惯和特色美食介绍。

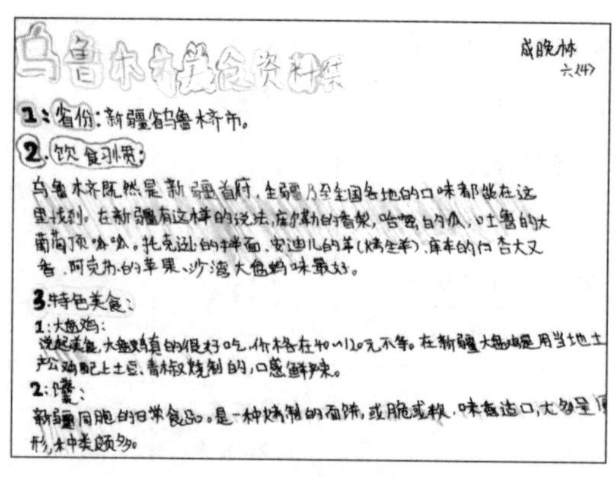

（成晚林）

深圳北站，我所知道的那些事儿

张　慧

一、课程开发背景

《语文课程标准》明确指出：“语文课程资源包括课堂教学资源和课外学习资源。语文教师应当高度重视课程资源的开发与利用，创造性地开展各类活动，增强学生在各种场合学语文、用语文的意识，多方面提高学生的语文能力。”语文教学，要善于挖掘课内外资源，回归真实，回归生活，引领学生与自己的生活经验对话。从而接受生活中的文化熏陶，感受真善美，提升文化素养。

火车站作为城市的第一窗口，其独特的建筑风格往往代表一座城市建筑的浓缩和精华。它们或壮观，或华丽，或古朴，或现代，都具有特色，成为人们借以了解这个城市的独特风景。

近几年，学校积极开展特色课程和拓展课程，探索构建富有校本特色、充满智慧的新课程体系，以保障全体学生的受教育公平，和满足学生个性化和多元化发展的需要，促进学生和谐与持续发展，培育真正有智慧的学生。

作为城市新中心的深圳北站CBD，兼得深圳福田中心与龙华新区——双中心优质配套，独享政府计划投入2000亿重金。其定位为现代服务化、国际化中轴新城的总部经济和现代服务中心，并将建设四座地标式的建筑，同时，深圳市美术馆、市图书调剂书库、演艺中心等已选址北站片区。随着四座商务地标、三大公建的建设，区域未来发展前景将不可估量。智慧拓展型课程《北站印象》依托深圳北站为教育资源，以感受地域文化为根本目的，采取参观、讲解培训、观摩影像、创作微故事、宣讲团和小导游等形式拓宽学习途径，对学生进行情感熏陶，提高学生的文化品位和热爱自己家园的意识。

二、课程目标

（1）了解火车站文化，培养学生留心观察和了解身边的事物的习惯。

（2）通过参观、讲解培训、观摩影像、创作微故事、宣讲团和小导游等主题活动和教学拓宽学习途径，培养学生在生活中提炼和运用语言的能力。

（3）依托深圳北站，培养学生对“美”与“和谐”的感悟，使他们感受地域文化，充实精神世界，树立家园自豪感。

（4）发挥学习和认知的主观能动性，将学习到的购票、乘车、换乘、火车票遗失处理等技巧运用到我们的生活中来。

三、课程内容（见表1–18）

表1–18 课程“深圳北站，我所知道的那些事儿”的基本内容框架

教学板块	主题	课题	主要内容	课时
1	走近深圳北站	走近后的感叹	了解深圳北站“六大特点”；比较深圳北站与其他火车站的不同	讲座1课时 参观1课时 交流1课时
2	中国十大最具特色的火车站	匆忙间的印象	组织学生了解和学习中国十大特色火车站，让学生感受火车站对一个城市的重要意义	讲座1课时 交流1课时
3	北站上演的小故事	站台上的温情	根据学生意愿与兴趣将学生分组，走进深圳北站，通过观察、采访和想象，来进行“微故事”创作大赛	参观2课时 创作2课时 交流1课时
4	深圳北站U站微博关注	传递中的温暖	关注深圳北站U站微博，下载记录微博中的图片，给图片配以解说词。将学生分组，组成“深圳北站的人文特色”宣讲团	参观1课时 创作1课时 交流1课时
5	深圳北站特色线路	路途中的风景	根据深圳北站是广深港高速铁路（京港客运专线南段）、深茂高速铁路，及厦深客运专线（杭福深客运专线南段）的交汇点及客运枢纽站，同时是深圳地铁4号龙华线、5号环中线、6号线和深莞城际线、深惠汕轻轨的经停车站的“两主三辅”的特色，让学生设计特色路线的导游词	创作2课时 交流2课时
6	教你一招	旅程中的技巧	我们根据平时乘坐火车时常出现的购票、乘车、换乘、火车票遗失处理等问题，开展“妙招大PK”活动，让学生通过集思广益，寻求最佳的解决方法，并将这些方法应用到我们的生活中来	创作1课时 交流2课时

四、课程实施

（1）适合学生：开发的课程内容较适合四、五、六年级的学生学习。

（2）课时计划：全部课程约20课时，每周2课时左右，实地考察与参观的课时，教师和学生可根据实际情况加以取舍。

（3）设备设施：深圳北站、多媒体。

（4）校本教材：自编讲义。

五、课例展示

第1课时　走近后的感叹

【课前准备】

组织学生通过上网调查，了解深圳北站的特点；比较深圳北站与其他火车站的不同。

1. 活动一：我为“深圳北站”代言

气势型：我是深圳当前建设占地面积最大、接驳功能最为齐全的特大型综合铁路枢纽，成为我国铁路新型房站的标志性工程，是深圳市规模最大、设备技术最先进、客流量最大的火车站。

功能型：我是深圳铁路“四主四辅”客运格局（“四主”为深圳北站、深圳站、深圳机场东站（规划）、深圳坪山站，“四辅”为福田站、西丽站（规划）、深圳东站、平湖站）最为核心的车站。

速度型：目前从深圳北站出发，来往广州南站最快只需29分钟；来往厦门北站最快3小时40分；来往西安北站最快9小时37分；来往北京西站最快10小时18分；来往上海虹桥站最快10小时40分；深圳与汕尾市、深汕特别合作区、东莞市、惠州市形成五十分钟生活圈。

大奖型：深圳北站获得“鲁班”奖+“詹天佑”奖。

2. 活动二：图说北站

出示3张图片，如图1–7、图1–8所示，学生根据图片说印象。

图1-7 深圳北站效果图

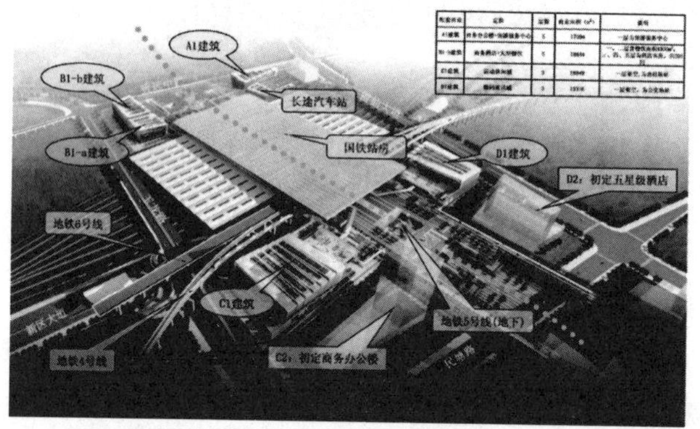

图1-8 深圳北站规划图

图1-9 深圳北站客流量

学生通过交流得出：深圳北站美观大气、功能强大、时尚舒适、客流云集……

教师小结：深圳北站成为中国南大门，把中国最重要的城市、沿海线重要城市都连成一线，串联起珠三角和长三角发达城市，它们最终在深圳北站汇集，形成亚洲建设规模最为宏大、最为现代化、接驳系统最完善的大型综合交通枢纽！本次课程，就让我们一起走近深圳北站，与深圳北站来个亲密的接触吧！

第2课时　站台上的温情

1. 活动一：开展“我是小编剧”的微故事创作比赛

站台上每天都在演绎着各种各样的感人的故事，我们根据学生意愿与兴趣将学生分组，走进深圳北站，通过观察、采访和想象，来进行“微故事”创作比赛。

注意事项：活动中，积极鼓励学生大胆地与人沟通交谈、仔细地观察人物的情绪，再用文字传神地表现出一组组不同镜头下人物的特点和感人的故事。通过这样的活动，培养了孩子们的交际能力、文字组织和表达能力。

2. 活动二：开展“小小解说团”的“深圳北站的人文特色”宣讲活动

要求：例如，在春运期间，深圳北站U站微博时时报道民治义工为人们服务、送温暖的感人画面。元宵期间，民治团工委、北站枢纽营运管理中心、民治义工服务中心在深圳北站东广场三楼举办“庆元宵迎三五，北站U站邀您品汤圆猜灯谜”活动等。

注意事项：我们让学生通过关注和宣讲，既感受了深圳北站的人文特色，也培养了学生关爱他人的美好品德。

第3课时　路途中的风景

1. 活动一：开展“我是小导游”的特色路线的导游词创作活动

要求：

注意事项：鼓励学生互相讲解，锻炼口头表达能力，对表现优秀的学生，鼓励其为旅客讲解，让学生感受分享的快乐。为了最大限度地开发学生的潜能，注重生生互动，师生互动，邀请每个学生参与评价。

2. 活动二：开展“妙招大PK”活动

要求：我们根据平时乘坐火车时常出现的购票、乘车、换乘、火车票遗失处理等问题，开展“妙招大PK”活动，让学生通过集思广益，寻求最佳的解决方法，并将这些方法运用到我们的生活中来。我们将会让学生自愿分成各个小组，每个小组就自己感兴趣的内容进行研究。比如：“换乘妙招”小组，会就几个比较有代表性的目的地进行几种换乘方式的比较，从换乘途经站点、换乘时间、换乘便捷性等几个方面来教你最佳换乘方法。“火车票遗失莫急”小组，会就火车票遗失后怎么报失、怎么补票、补票地址、补票电话等给你提供帮助。

注意事项：同学们可以在听讲的过程中，开动脑筋、博采众长，并请小组成员提出意见，进步显著。

六、课程评价

在整个课程的进行过程中，注重学生的过程评价，教师始终是引导者，帮助学生积极参与，主动探究，提出质疑。每个阶段都采用自评、互评、教师对学生进行评定的方式。评分表见表1–9

评价内容：就学习表现、学习能力、实践能力等进行自评、互评，让学生感受到学习中的收获和不足，增加对学习的兴趣和信心。

表 1–19 评价记录表

	内容	评价		
		自评	互评	教师点评
学习表现	对“深圳北站”学习科目感兴趣，能主动投入			
	乐于合作、善于沟通			
学习能力	能自主借助多种资源，初步了解“深圳北站”的相关知识，并与其他火车站做出比较和判断			
	能用演讲、语言、文字等形式表达自己学习探索的活动和结果			
实践能力	能解决乘车过程中遇到的诸多困难			
	能将学习的知识和方法运用到生活中去			

微故事展示

放寒假了，火车站里堵满了人。有的人已经在火车站等了好几天，但依然买不到车票。有些人已经吃完随身携带的食物，但他们却不愿意花一分钱买食物，因为他们要把钱带回去给孩子和爸妈用。有些人的衣服已经很破了，却不愿意去买衣服，因为他们也想把钱留给孩子和父母花。政府部门知道这件事后，立刻派人送来被子和食物。这些人收到政府部门的帮助，很是感动，他们举起热情的双手，以表示对政府部门的感谢。这一幕，烙印在了我的心里；这一幕，也被人拍了下来；这一幕，感动了许许多多的人。这些手仿佛在说，中国政府，好样的！（曾颖浠）

我为家乡代言

徐 敏

一、课程开发背景

深圳市颁发的《关于深化中小学课程改革全面提升教育质量的指导意见》（2015年2月）在主要目标中提出：建设优质校本课程，实施“精品校本课程建设”工程，鼓励中小学利用学校、家庭、社区及各类社会资源，积极开发拓展性和延伸性精品校本课程；鼓励小学重点开发习惯养成、兴趣培养、学会学习、快乐阅读、生活技能等领域的精品校本课程；促进学生自主、探究、合作学习；加强中小学学习方法的指导与培养，注重学习兴趣的激发和学习习惯的养成，优化学习过程，创新学习方式，引导学生在“做中学”；深入推进研究性学习，小学积极开展活动教学，重视培养小学生观察、分析、归类和比较等研究性学习基础素养，在愉悦的氛围中提高个人综合素养。

同时，因深圳特区的发展，深圳人来自全国各地，每个人的家乡都各具特色，为全面体现深圳的包容性，弘扬中国传统的“根”文化，开发了本课程。课程基于学生的视觉，通过让学生自主选择探究话题，在“秀乡景、思乡情、写乡憬、忆乡俗”等内容中，设计多元化、跨学科和实际探究等综合性实践活动，让学生了解自己家乡的文化，感受中国文化的博大精深，从而提高他们的语文综合素养。

二、课程目标

（1）引导学生了解家乡的迷人风光和文化，并用自己的话介绍自己的家乡。

（2）培养学生观察事物、搜集资料、整理书写、创作文章的兴趣和能力以及团队协作能力和探索实践能力。

（3）培养学生的审美意识和热爱家乡的情怀。

三、课程内容

“我为家乡代言”的基本内容框架见表1–20。

表1–20 课程“我为家乡代言”的基本内容框架

教学板块	课题	主要内容	课时
1	秀乡景	家乡美景简介	课前准备 2课时
2	思乡情	（1）家乡民间故事大集锦 （2）名人笔下的故乡 （3）艾青的《我爱这土地》 （4）余光中的《乡愁》	课前准备 2课时
3	忆乡俗	（1）家乡的民风民俗 （2）特色技艺展示	2课时
4	写乡景	（1）家乡的变迁 （2）畅想未来 （3）我为家乡代言	2课时

四、课程实施

（1）适合范围：五、六年级，可单独使用，可与人教版五年级下册配套使用。

（2）课时计划：8课时。

（3）教学准备：多媒体教室。

五、课例展示

第一课　秀乡情

（建议2课时）

【教学内容】

家乡美景简介。

【教学目标】

（1）了解家乡美景。

（2）提高学生搜集信息、整理信息的能力以及口头表达能力。

（3）初步感受家乡的美，培养学生的审美情趣和热爱家乡的情怀。

【教学过程】

1. 课前准备

学生按家乡地域分组，小组分工合作，搜集家乡美景资料，或制作PPT，或录制视频。

2. 歌曲导入

教师播放歌曲《故乡》《赶海的小姑娘》《小螺号》《大海啊故乡》。

学生欣赏，谈感受。

3. 展示交流

学生分小组上台展示视频、PPT。

教师适时评价，并引导学生提取重要信息。

4. 为景点赞

（1）学生用自己的话概括出所展示的家乡风景的特点，课后通过查资料等方式，对自己最感兴趣的地域风景进行深入了解。

（2）评选出自己最喜欢的地域风景，为它点赞。

5. 制作风景记忆卡

（1）学生就自己最喜欢的地域风景，制作精美的景区小卡片。（例：哈尔滨的记忆、东方小巴黎、晶莹剔透的冰灯）

（2）教师组织学生以不记名投票的方式评出最精美的风景记忆卡。

（3）教师总结：同学们将自己家乡的美景展示给大家，增加了对家乡的了解，在描述风景特点时又锻炼了表达能力。当然，一个地域不只有美景，更有深情，下一节课，我们一同走进家乡民风民俗。

第二课　思乡情

（建议2课时）

【教学内容】

（1）老家讲坛。

（2）名家笔下的故乡。

【教学目标】

（1）了解家乡的民间故事及其文化内涵。

（2）培养口头表达能力。

【教学过程】

1. 老家讲坛

（1）各组选出代表讲述家乡民间故事，聆听者记录故事名称、人物、情节等。

（2）聆听者选择最感兴趣的故事情节，谈谈其中的人物性格、品质，感受人物精神。

举例见表1–21：

表 1–21　故事中人物精神

故事名称	人物	人物精神
《猎人海力布》	海力布	牺牲自己，拯救乡亲的奉献精神
《日月峰》	小仙女	敢于斗争，敢于创造的精神
《怒江的来历》	扎西平措	同邪恶斗争，忠于爱情的品质

2. 名家笔下的故乡

我爱这土地

艾　青

假如我是一只鸟，
我也应该用嘶哑的喉咙歌唱：
这被暴风雨所打击着的土地，
这永远汹涌着我们的悲愤的河流，
这无止息地吹刮着的激怒的风，
和那来自林间的无比温柔的黎明……
然后我死了，
连羽毛也腐烂在土地里面。
为什么我的眼里常含泪水？
因为我对这土地爱得深沉……

（1）教师范读全诗。

（2）学生自由朗读。

教师做朗读指导：这首诗无固定的节律，不押韵。它主要由句中停顿和句末停顿构成一定的节拍。朗读时要着重体会由诗中感情起伏所构成的“内在节奏”。

（3）指名朗读全诗，师生点评。

（4）学生熟读、背诵全诗。

乡愁

余光中

小时候，
乡愁是一枚小小的邮票，
我在这头，
母亲在那头。
……
而现在，
乡愁是一湾浅浅的海峡，
我在这头，
大陆在那头。

（1）学生自由朗读诗歌，并尝试划分诗的节奏和重音。

（2）教师指导朗读。

（3）探究问题。

①“乡愁”本是一种抽象的情感，但在《乡愁》一诗里，它转化成了具体可感的东西，作者是如何实现这一转化的？

明确：诗人巧妙地将“乡愁”这种情感进行了物化，也就是找到了它的对应物。在人生的每一个阶段里，诗人把“乡愁”分别寄托在邮票、船票、坟墓和海峡等具体可感的对象上。

②体会思乡之情。

教师总结：小时候，诗人少小离家，与母亲书信往来，把乡愁寄托在小小的邮票上。长大后，为生活而奔波，与爱人聚聚离离，船票成了寄托乡愁的媒介。到后来，一方矮矮的坟墓，将“我”与母亲永远分开了！而现在，一湾浅浅的海峡将“我”与祖国大陆隔开。个人的故乡之思上升到了代表一群人的家国之思。全诗在此戛然而止，留下长长的余味。

③先指导背诵，再与孩子们一起背诵。师生竞赛，比一比谁最先背会。

第三课　忆乡俗

（建议2课时）

【教学内容】

深入感受家乡的风俗文化底蕴。

【教学目标】

（1）了解家乡的民风民俗。

（2）拓展学生的探究及动手能力。

【教学过程】

1. 家乡民风民俗

（1）课前分组合作，搜集自己家乡的特色民风民俗，包括发展历程、传承代表人物等。

（2）各组代表进行解说。

（3）评出最佳解说员。

2. 特色传统技艺展示

（1）会传统技艺的学生介绍技艺，并展示作品。如：剪纸、泥塑、皮影、陶艺等。

视频推荐：

剪纸画视频链接：http：//www.tudou.com/programs/view/3-5_-v8icUs/。

皮影戏视频链接：http：//www.tudou.com/programs/view/qT9ZC2mmP48/。

（2）教师总结民俗文化的起源、发展以及所传承的意义。

第四课　写乡景

（建议2课时）

【教学内容】

（1）家乡的变迁。

（2）畅想未来。

（3）我为家乡代言。

【教学目标】

（1）了解家乡的风貌变迁。

（2）提高语文的书面表达能力。

【教学过程】

1. 家乡的变迁

（1）学生利用节假日回老家进行考察。可以在网上搜集老照片，进行新旧对比，也可以采访一些老者，寻找家乡曾经的痕迹。

（2）记录家乡变迁。可配上图，并做图文解说，可以自己画图，可以打印图片，也可以做成调查报告。

2. 畅想未来

（1）结合搜集的资料，用图文的形式展示未来的家乡。

（2）评出最喜欢的作品。

3. 我为家乡代言

（1）写一份家乡代言词，在课堂上为家乡代言。

（2）评选最佳代言人。

六、课程评价（见表1-22）

表1-22“我爱我‘家’”课程评价表

评价内容	评价细则	自评	互评	老师的话
风景记忆卡	内容充实，语言美			
	卡片设计有创意			
	突出地域特色文化			
故事演讲	故事演讲完整			
	情感丰富，打动听众			
	特别能表现故事人物的精神风貌			
代言词	书写工整			
	语言有吸引力			
	吸引度、趣味度			

1. 民俗艺术——剪纸

2. 民俗艺术——泥人

3. 民俗艺术——陶艺

第二辑

走访中外名人

名人是一盏灯、是一座塔、是风向标，也是一阕歌。名人的经典故事和作品都是最好的课程资源。苏轼在《晁错论》中说：“古之立大事者，不惟有超世之才，亦必有坚忍不拔之志。”显然，名人之所以成为名人，除了有独特的才华、思想，还有其优良的品行和伟大的人格，这就是我们课程中最有力量的地方。对于此章节，我们可以和孩子们一起阅读、思考、辨析和组织开展跨学科体验学习活动，引领孩子们徜徉在名人的世界里，或感召生命，或撼动灵魂，或影响人生。

大美中国之杜甫

熊 璐

一、课程开发的背景

中国传统文化是中国文化和中华民族精神形成的基本根源，也是我们应该生生不息传播的瑰宝。《国家“十一五”时期文化发展规划纲要》指出必须重视中华传统文化教育和传统经典技艺的传承。因此，学校课程的开发也应为弘扬和继承中华民族传统文化搭建良好的平台。

唐诗是汉民族最珍贵的文化遗产，是汉文化宝库中的一颗明珠，许多诗篇还被我们后人所广为流传。而杜甫的诗歌在语言上沉郁，篇章结构上富于变化；对意象选择极具个性化；格律上，炼字精到、对仗工整；内容上，作品大多反映当时的社会面貌，题材广泛，寄意深远。因此，杜诗有“诗史”之称，杜甫有“诗圣”之誉。通过开展诸如此类“大美中国之杜甫”的国学学习活动，调动孩子们的五官，在听、说、读、写中弘扬祖国优秀的传统文化，让孩子们从小就开始广读博览，日积月累语言文化知识，潜移默化地形成优良的道德思想，并逐渐完善自己的人格，促进学生可持续发展，对学生以后进行语文自学具有方法论意义。类似这样的国学教学法，今后可以沿用在“大美中国之李白”以及“大美中国之辛弃疾”的课程开发中。

二、课程目标

（1）说杜甫的诗歌，了解他的生平，初步“相识”。

（2）学杜甫的诗歌，追问他的内心，逐步“相知”。

（3）演杜甫的诗歌，走进他的世界，齐步“相惜”。

（4）从杜甫的诗歌，开发系列“大美中国之……”课程，稳步“相连”。

三、课程内容

课程“大美中国之杜甫”内容设计的基本思路是：主要以唐诗中杜甫的诗

歌为依托，引领学生对其进行学习和探索，感受其文化内涵，形成四个相对独立的教学模块，从已知的知识出发探索新知，进而掌握自学方法。聚焦杜甫的诗歌，了解他的生平；“相知”的学科知识积累；“相惜”的精神内化；“相连”的课程创编等内容组织教学，全方位提高学生的文化素养。“大美中国之杜甫”基本内容框架见表2–1。

表2–1 课程“大美中国之杜甫”的基本内容框架

教学板块	课题	主要内容	课时
1	与杜甫“相识”	初步了解杜甫的生平和诗歌	2课时
2	与杜甫“相知”	积累有关杜甫诗歌的学科知识	2课时
3	与杜甫“相惜”	用创编的形式体会杜甫的人格魅力和他诗歌的文化内涵	1课时
4	与杜甫“相连”	领悟学习自学法，开发“大美中国”系列课程	1课时

四、课程实施

（1）适合范围：五、六年级，既可以独立使用，也可以配合人教版六年级下册使用。

（2）课时计划：建议4～5课时。其中精选的杜甫诗歌、文字和视频资料有利于激发学生阅读传统文化的兴趣，以及培养学生的文学鉴赏力；设计的探究问题、课程延伸、课外拓展等旨在提升学生的语文素养，以至于使学生爱国上进、风骨儒雅。

（3）教学准备：多媒体、相关文字和视频资料。

五、课例展示

第1课时

1. 在PPT中与远近闻名的杜甫“相识”

（1）课前布置学生制作PPT，尽量多地搜集自己已学的杜甫的诗歌，以及他的生平事迹。

（2）个别展示PPT。

（3）全班学生在直观的图片与文字资料中，与远近闻名的“诗圣”“相识”。

2. 在诗歌里与情绪多变的杜甫“相识”

（1）师生互动，复习、导入。我们从小就学过很多诗歌，知道诗歌是能用来表达作者的心声的。有个成语概括得好："言为心声"。既然如此，我们今天学习古人的诗歌，就要从诗歌中不仅能体会作者的思想感情，还能了解作者所处的生活环境。上个学期，我们学习了号称"诗仙"的李白的诗歌。我们从李白《望庐山瀑布》等一批山水诗歌中，了解到他曾经生活在唐朝最为繁荣的时期，那个时期成就了他那么多激情澎湃的诗歌。当然，我们还了解到他"诗仙"背后凡人的一面：《静夜思》里的那个想念家乡、想念亲人的游子；《黄鹤楼送孟浩然之广陵》里那个挥泪告别恩师的学子；《独坐敬亭山》上的那个官场落败、落寞孤独的浪人……今天我们要用同样的方法来认识唐代号称"诗圣"的伟大诗人——杜甫。

（2）披文入情，走进杜甫。杜甫没有李白那么幸运，差不多只有一半时间生活在唐朝的温柔乡里，还有差不多一半的时间生活在唐朝的战火纷飞中。这些我们可以从他的诗歌中发现。年轻时期，杜甫和李白一样生活在强盛的唐朝，他也写下了许多赞美祖国山水的诗歌。

① 学生回忆、背诵小学阶段学过的杜甫的诗歌：《江畔独步寻花》《春夜喜雨》《绝句》等。

② 教师引导学生总结并导入新课。

杜甫写景的诗歌也有不少，成就也很高。但是与李白比起来，杜甫的山水诗的成就却不及李白。然而，杜甫晚年却写出了大量忧国忧民的诗歌，这些诗歌的成就代表了杜甫的最高水平。这些诗歌还因为记录了当时的历史，被后人称为"史诗"。

③ 学习其中的两首，第一首为《春望》，第二首为《闻官军收河南河北》学生研读提前抄写好的诗歌。

春望

国破山河在，城春草木深。感时花溅泪，恨别鸟惊心。

烽火连三月，家书抵万金。白头搔更短，浑欲不胜簪。

A. 自读诗歌，找出其中的生字词。

B. 教师范读诗歌，学生体会其中包含的情感。

C. 学生齐读诗歌，再次体会其中包含的情感。

D. 学生说说诗歌主题思想。

E. 师生互助、分别解释其中比较难以理解的诗句。

F. 教师总结。

闻官军收河南河北

剑外忽传收蓟北，初闻涕泪满衣裳。却看妻子愁何在，漫卷诗书喜欲狂。

白日放歌须纵酒，青春作伴好还乡。即从巴峡穿巫峡，便下襄阳向洛阳。

A. 梳理诗歌。

第一，先请大家默读诗歌，把自己不认识的字、词语画出来。

第二，重点解释：（本诗出现了几组古今异义的词语，要重点讲解）

涕泪：鼻涕、眼泪；衣裳：衣服和衣服的下摆；妻子：妻子和儿子；漫：随意、胡乱；纵：不拘束；青春：春天美景。

B. 披文入情。

听说战争停止了，杜甫欣喜若狂的表现何在？他最想做的事情是什么？

初闻——涕泪满衣裳；

漫卷诗书；

放歌纵酒；

归心似箭——从巴峡穿巫峡，便下襄阳向洛阳。

C. 以读悟情5分钟。

第一，找出四句诗歌中最后一个字的韵母。

第二，朗读诗歌：注意节奏和感情。由于作者欣喜若狂，动作比较夸张，神采飞扬，读的时候语速要稍微快一点。此诗被称为杜甫生平第一“快诗”。

D. 总结与拓展：总结本课主要内容，并提醒学生学会用这种方法学习总结王维、苏轼、白居易等诗人的诗歌。

3. 拓展延伸

就要出发回家了，杜甫一定有很多话跟他的父母等亲人说，拿出读书笔记本，写写杜甫想对他家乡的亲人说的话。

第2课时

1. 在影像中与忧国忧民的杜甫“相知”

（1）播放节选的百家讲坛《诗圣杜甫》、纪录片《杜甫草堂》。

（2）走出杜甫的诗歌，走进他的生活，你又知道了一个怎样的杜甫？

（3）学生各抒己见后，教师总结。

杜甫作为中国诗歌史上的伟大诗人，衔接了诗歌从盛唐到中唐的转变。诗中人间的艰辛代替了之前的理想色彩，其诗多涉笔社会动荡、政治黑暗、人民疾苦，以深广生动、血肉饱满的形象，展现了战火中整个社会生活的广阔画面。“为人性僻耽佳句，语不惊人死不休”。

2. 在感悟中与爱国上进的杜甫“相知”

（1）出示一篇博客文章《杜甫为何一生创作力惊人》（选文略）。

图2-1 郭睿《少陵〈江畔独步寻花〉》

“诗是有声画，画是无声诗”，自古以来，诗画相通。如图2-1所示，画家郭睿先生创作的《少陵〈江畔独步寻花〉》，墨彩淋漓，曲尽少陵诗意之妙。杜甫此组诗写于成都草堂，“不是爱花即欲死”一句说得如此斩绝，是杜甫向读者表达其写作的动力。

成都杜甫草堂如图2-2所示。

图2-2　成都杜甫草堂

（2）拓展创编：与杜甫进行心灵对话，创编《我和杜甫的故事》。可以写文章，也可以录微视频，还可以制作PPT。

要求：

① 创编的文章，围绕杜甫的诗风和人格展开，句子通顺，写出自己的真

情实感，字数为400字以上。

② 创编的微视频，结合查找到的有关杜甫的资料以及自己、其他人对杜甫的看法，录制清晰，时间5分钟之内。

③ 创编的PPT，图文并茂地展现杜甫的生活经历、创作之路、精神风貌等，幻灯片不超过20张。

第3课时

（1）鲁迅对杜甫的评价。

“杜甫似乎不是古人，就好像今天还活在我们堆里似的。”小组内交流展示自己创编的《我和杜甫的故事》。

（2）教师巡视，推选组长做汇报交流。

（3）拓展延伸；全班齐步与杜甫“相惜”。

① 播放三位学生创编的《我和杜甫的故事》的微视频。

② 教室展示板粘贴学生的创编作品《我和杜甫的故事》的文章、PPT。

③ 学生成立剧组，编排展演《我和杜甫的故事》。

要求：

① 全班学生选出4人成立剧组，熟悉民主选举出的“最佳创编”《我和杜甫的故事》的主要内容。

② 师生共同合作，创作出剧本《我和杜甫的故事》，并进行为期半个月的排练。

③ 在本班进行展演，并根据学生的意见，改善剧本，完善《我和杜甫的故事》。

（4）查找李白、辛弃疾等其他爱国诗人的相关文字和图像资料。

第4课时

（1）交流课前查找的爱国诗人的相关文字和图像资料，认识历史上更多的爱国诗人，如李白、辛弃疾、陆游、黄庭坚等。

（2）学习李白、辛弃疾的诗。

① 教师朗读，并出示两首诗的大意。

② 谈谈你心中的李白、辛弃疾是怎样的诗人。

将进酒·君不见

（唐）李白

君不见，黄河之水天上来，奔流到海不复回。君不见，高堂明镜悲白发，朝如青丝暮成雪。

人生得意须尽欢，莫使金樽空对月。天生我材必有用，千金散尽还复来。烹羊宰牛且为乐，会须一饮三百杯。岑夫子，丹丘生，将进酒，杯莫停。与君歌一曲，请君为我倾耳听。

钟鼓馔玉不足贵，但愿长醉不复醒。古来圣贤皆寂寞，惟有饮者留其名。

陈王昔时宴平乐，斗酒十千恣欢谑。主人何为言少钱，径须沽取对君酌。

五花马，千金裘，呼儿将出换美酒，与尔同销万古愁。

永遇乐·京口北固亭怀古

（宋）辛弃疾

千古江山，英雄无觅孙仲谋处。舞榭歌台，风流总被雨打风吹去。

斜阳草树，寻常巷陌，人道寄奴曾住。想当年，金戈铁马，气吞万里如虎。元嘉草草，封狼居胥，赢得仓皇北顾。四十三年，望中犹记，烽火扬州路。可堪回首，佛狸祠下，一片神鸦社鼓。凭谁问：廉颇老矣，尚能饭否？

（3）总结学习爱国诗人的诗歌的方法。

①了解生平，讲述诗人的故事。

②学习诗作，走近诗人的身边。

③归类整理，感受诗歌的大美。

（4）创编自己关于“我和____的故事”的系列，与诗人对话，要求体现诗里的精神和诗人品质。

六、课程评价

1. 评价原则

在整个课程的实施过程中，注重学生的过程性评价。教师作为课堂的引导者，帮助学生积极参与，主动探究，提问质疑。每个阶段都采用多元化方式对学生进行评定。评价内容为学生的参与度、小组交流与合作情况、搜集资料的完整性、任务完成的质量等。

2. 具体评价方式

表 2–2 “大美中国之杜甫”课程评价表

评价项目	评价内容	评价结果（1~10分，满分为10分）				
		自评（30%）	组员互评（30%）	组长总评（20%）	教师点评（20%）	总计
参与情况	对课程内容感兴趣，能主动积极参与学习探究					
交流合作	乐于表达自己的见解，并善于听取别人的意见，敢于提出问题					
搜集资料	能理解要求并搜集有关资料，搜集的资料完整准确					
完成质量	对于各项汇报积极参与，并按要求完成					

1. “我与杜甫有个约会”习作选登

我与杜甫情同手足，常常在一起喝酒吟诗。

这天早上，大雪纷飞，不一会儿，地上有了厚厚的积雪，就像一块白白的地毯。杜甫建议说：“要不我们出门赏雪？”我连声叫好。我们换上棉衣棉裤，戴上帽子，穿着长靴全副武装地出门了。

我们边走边观赏这雪白的世界。尽管我们穿得很厚实，却也感到有些寒冷。我们走了一会儿，路过王府。虽然隔着围墙，但也听见了里面的欢声笑语，还闻到阵阵食物的香味，我们不由得咽了咽口水。这时，王府里奏响了美妙的音乐。杜甫不禁吟道：“此曲只应天上有，人间能有几回闻”。我愣了一下，反应过来，拍手：“妙极了！”

我们谈诗作对，转了一个弯，来到一条巷子。我们放眼望去，不禁一呆：在这冰冷的雪地上，有许多老人和小孩穿着一件薄衫，蹒跚而行，身体在寒风中瑟瑟发抖。甚至有的人已倒在墙边。经过询问得知，这些人有的没有住的地方，有的家中没有炭火，更别提吃的啦。我们连忙脱下棉袄，送给老人及孩子。我说："王府中如此欢乐，可这儿……"杜甫叹了口气，说："当今圣上不关心老百姓，只知道自己享受。"他望了下苍茫的大地，叹道："朱门酒肉臭，路有冻死骨……"尔后对我说："我们应该怎样去帮助他们呢？"

在无尽的悲伤中，我们走出巷子。忽然，我被石头绊了一跤，摔倒在地上……

我悠悠转醒，发现自己躺在床上，身上盖着厚实的棉被。原来那只是一场梦啊！但梦中的情境似乎历历在目。一想到杜甫的忧国忧民之心，不禁对他又多了几分敬佩。这时，妈妈的声音在门外响起："孩子，起床了，早读啦！"我大声诵道："朱门酒肉臭，路有冻死骨……"

——邓羽宸《我的好兄弟杜甫》

2. 学生手绘作品

图2-3 学生手绘作品

注：图2-3中"二个黄鹂鸣翠柳"中的"二"应为"两"

“民族魂”鲁迅

马强国

一、课程开发背景

在研究制订《国家中长期教育改革和发展规划纲要》时，国家前总理温家宝同志在国家科教领导小组会议上的讲话中提到“关于教学改革问题”时，指出：“希望课程设置更贴近学生的实际，贴近社会的实际，要求减轻学生负担……教学改革还要回到学、思、知、行这四个方面的结合，就是学思要联系，知行要统一。”同样，深圳市颁发的《关于深化中小学课程改革全面提升教育质量的指导意见》（2015年2月）也在主要目标中提出：“打造特色鲜明的课程体系。高效落实国家课程，大力丰富地方课程，精品建设校本课程，扩大课程选择性，促进各学段课程有机衔接，形成开放、多元、现代的特色课程体系。”所以，课程改革成为加快教学改革、提升教育质量的主要任务。

“精品校本课程开发和实践”成为第二轮课改的核心任务，也是培养学生核心素养以及落实《关于进一步提升中小学生综合素养的指导意见》（深教〔2014〕274号）文件精神的重要举措。“智慧语文慧思课程”也就应时而生，成为培育智慧之人的3H智慧课程体系内容之一。

鲁迅先生被誉为“现代中国的民族魂”，我国于1986年设立中国最高的文学奖项之一的“鲁迅文学奖”。毛泽东曾说：“鲁迅在中国的价值，据我看要算是中国的第一等圣人，孔子是封建社会的圣人，鲁迅是新中国的圣人。”可是当代作家王朔却说：“我从来没有觉得鲁迅的小说写得好，他的小说写得过于沉闷。”中国近代史上，从来都没有哪一位文人像鲁迅先生一样倍受各界的赞誉和谩骂，也从来没有哪一位作家能像鲁迅先生一样其作品入选大学、中学和小学教材总数最多。在成年人的眼中，鲁迅的文学成就和思想高度均堪称伟人。但是，在当下的小学生看来，先生究竟是一个怎样的人？本课程基于学生的视觉，通过自主选择探究话题，开展故事会、课本剧、办画展等利用多元空间和跨学科整合等综合性实践活动，来初步认识和了解鲁迅先生，获得人格力量的感召，并培育学生的语文综合素养。

二、课程目标

（1）了解鲁迅先生的人生经历、文学成就和思想高度。在了解鲁迅先生的同时，初步认识一段历史、一个时代以及一群文人，以丰富阅读和拓展知识面。

（2）运用网络收集和整理信息，利用群文阅读博览群书，以及在影视、美术和信息技术中跨学科整合培养学生敢于探索实践的能力、阅读能力、自主和合作能力、信息处理能力，以及提升学生的分析和思辨能力。

（3）在对鲁迅先生的深入了解中获得“为别人想得多，为自己想得少”的精神力量的感召，汲取榜样力量、激发民族自豪感和爱国情怀，也在课程实践中发展个性、提升综合素养。

三、课程内容

课程“民族魂”鲁迅的设计思路是：以鲁迅其人、其事、其文为主要内容，构建一个立体型的课程框架，可以配合人教版六年级上册教材使用（也可以独立作为认识文化名人课程使用），建议5～7课时，分别采用“探究任务设计、群文阅读、影视观摩和画像临摹”等方式，让学生在学习中循序渐进式地认识鲁迅先生的文学成就、领会鲁迅先生的精神高度、感悟鲁迅先生的大师风骨。

“民族魂”鲁迅课程的设计既是立体封闭式的，又是多元开放性的。比如设置了鲁迅本人文章，也提供了名人和草根性的评论，甚至有质疑、批评和反对性的言论。也就是说，课程内容提供的不仅仅是一个既定的历史文学性人物，而且是引导学生在已有经验、探究欲望和自我辨析的复杂思维中发现或寻找一个属于历史的、也属于学生自我认识的鲁迅。期间，学生自主探究、分工合作、阅读体验和美术创作等综合素养得以提升。

表2-3 课程“民族魂”鲁迅的基本内容框架

教学板块	课题	主要内容	课时
1	鲁迅大探秘	设计探究问题、推荐读书书目	1课时
2	鲁迅故事汇	列举故事“菜单”、建立群文超市、组织鲁迅故事的精品赏析	1~2课时
3	鲁迅文学路	翻译家鲁迅、文学家鲁迅、骂将鲁迅，怀念鲁迅文集分享和背诵积累	2课时
4	再“见”鲁迅	演鲁迅，画鲁迅	2课时

四、课程实施

（1）适合范围：五、六年级，既可以独立使用，也可以配合人教版六年级上册使用。

（2）课时计划：建议5~7课时。其中精选的大量群文有利于学生阅读量和阅读能力的提高，以及培养学生的文学欣赏能力；设计探究问题、课程整合、历史性话题讨论等旨在提升学生的综合素养，以至于学生能求真向善、知行统一。

（3）教学准备：普通教室，更适合平板课堂。

五、课例展示

第一课 鲁迅大探秘

（建议1课时）

【教学内容】

引导学生自主确定探究目标和问题。

【教学目标】

（1）学生自主完成课程任务设计及实施措施。

（2）开展互动活动，提升学生解决问题的综合素养。

【教学过程】

1. 设计探究问题

（1）预习交流。（注：要求学生课前自由查阅和了解鲁迅先生的相关信息，摘录要点做成读书小卡片）

生：自由汇报预习所得。

师：适时评估，鼓励和表扬学生课前预习提取重要信息的能力。

（2）完成问题卡。附："走近鲁迅"探究问题卡见表2-4。

表2-4"走近鲁迅"探究问题卡

提问学生：________

序号	我的疑问或想知道的信息	同学答疑
1		
2		
3		

2.“纸团大战”，互动传阅完成问题

（1）互动作答——“纸团大战”。该活动分三步完成，要求同学每次完成1～2个问题。

第一步：自由抛洒问题纸团，每人只捡一个，作答后等候下一轮抛洒。

第二步：再次抛洒纸团，每人只捡一个，阅读问题和同学作答，可以补充已回答问题，也可以重新作答，然后等候下一轮抛洒。

第三步：纸团复位。先抛洒纸团，每人只捡一个，阅读问题和答案。将纸团归还给提问学生。

（2）各自阅读自己的探究提问卡，并将未回答完全的问题卡交老师处。

（3）解难答疑，筛选价值问题。

师：展示学生互动之后还未完成的问题，现场筛选出有价值的探究问题。

3. 问题认领，独立探究问题

（1）给现场筛选出来的问题进行分组，要求每个学生选择其中的一个问题做细致探究，并积累过程资料，要求课后以自己的方式展示问题的探究。

拟探究问题展示：

①不拿枪的鲁迅怎么就成了“革命家”？

②鲁迅先生的发型和胡子造型为什么几十年都一个样？

③为什么鲁迅先生死前和死后都在挨骂？

（2）读书要求。要求：学生能人手准备且阅读一本鲁迅先生的书。

（3）推荐书目。《鲁迅的胡子》《周家后院》《笑谈大先生》。

（4）准备“鲁迅故事会”。评价标准和办法：人人能讲一个关于鲁迅先生的故事，按标准获得星数多者优胜。

附：星级评价标准。

★ 故事演讲完整。

★ 情感丰富，打动听众。

★ 特别能表现故事人物的精神风貌。

第二课　鲁迅故事汇

（建议1～2课时）

【教学内容】

以自主阅读和群文阅读的方式让学生全方位了解鲁迅先生。

【教学目标】

（1）在问题探究中深入了解鲁迅先生。

（2）以故事会的形式培养学生的综合语文素养。

【教学过程】

1. 故事菜单

（1）每位学生在黑板上依次板书自己故事的名称，学生板书的故事名。要求不重复，若有重复可以不板书。

（2）全班推荐5个拟讲故事。

（3）5位学生依次讲自己准备好的鲁迅故事，且用一句话表达自己的感受。

2. 群文超市

（1）教师推荐鲁迅的群文短故事，有条件的可以用平板电脑进行阅读。篇目包括：

群文一：《鲁迅小故事七则》《鲁迅弃医从文的故事》《鲁迅刻“早”字的故事》《鲁迅喝茶吃辣椒读书》《鲁迅为何拒绝诺贝尔奖》《鲁迅的遗憾：六部长篇未写成》《鲁迅与胡适》；

群文二：《怀鲁迅》（郁达夫）《“盗火者”鲁迅》《语文教材鲁迅“大撤退”，今天还需不需要鲁迅作品》《周海婴先生美丽的“镜匣人生”》《鲁迅与周作人之间》。

（2）阅读交流。主题：鲁迅印象。

3. 精品赏析

例文一：《鲁迅的重生——弃医从文的故事》

鲁迅是我国现代最伟大的文学家、革命家和思想家。早年在日本仙台医学专科学校学习……从此，鲁迅把文学作为自己的目标，用手中的笔做武器，写出了《呐喊》《狂人日记》等许多作品，向黑暗的旧社会发起了挑战，唤醒了数以万计的中华儿女，起来同反动派进行英勇斗争。直到生命的最后一刻，他仍夜以继日地写作。

（1）自由创作思维导图，用“被砍头的中国人、日本学生、围观的中国人、鲁迅”这四个角色说一说短文的大意。

（2）例句评析：“一个被五花大绑的中国人，一群麻木不仁的看客一一在脑海闪过，鲁迅想到如果中国人的思想不觉悟，即使治好了他们的病，也只是做毫无意义的示众材料和看客。”

①怎样的人才叫“看客”“示众材料”？

②结合你的阅读经历，说说在鲁迅脑海中一一闪过的还有哪些画面？

③这群看客的“病”是什么？

（3）“重生”的含义是什么？

（4）向学生推荐《朝花夕拾》，让其更多地了解鲁迅先生留日的生活经历和思想变化。

（5）课后探究热点：最近网民都在质疑“鲁迅先生从来没有骂过日本人”，有兴趣的可以去探究了解。

例文二：《鲁迅的风骨——鲁迅为何拒绝诺贝尔奖》（选文略）

（1）思考。鲁迅先生拒绝诺贝尔文学奖提名邀请的原因是什么？

（2）讨论。为什么鲁迅先生要拒绝参加诺贝尔文学奖的提名？从中看出他具有怎样的风骨和人格？

（3）课后探究。自1901年诺贝尔文学奖设立并颁奖至今，中国除莫言之外还有哪些文学家曾与此奖有过故事？

第三课　鲁迅文学路

（建议2课时）

【教学内容】

鲁迅先生的文学成就和贡献。

【教学目标】

（1）了解鲁迅先生的文学成就和思想高度。

（2）以群文阅读的形式培养学生的语文综合素养。

【教学过程】

1. 翻译家——鲁迅

例文一：《“盗火者”鲁迅》（作者：王秉钦）

资料袋

鲁迅先生的译文著作有两百多部，三百多万字。数量比他的杂文集和小说集加起来还多。鲁迅先生译介的作品有以下几类：一是短篇小说（包括童话、科幻作品），二为随笔，三是美术史著作，四是美学专著，五为长篇小说，六为剧本。先后翻译过俄苏、日本、德国、法国、西班牙、奥地利、匈牙利、罗马尼亚、保加利亚、荷兰、美国等国家的作品。比如《死魂灵》《毁灭》《浊流》都是其中的代表作，还有大量日文版科幻小说，如法国作家儒勒·凡尔纳的两部科幻小说《月界旅行》和《地底旅行》等。

（1）思考与讨论。

神话中普罗米修斯盗的是自然生存所需要的“火种”，让人类告别了像动物一样生食的生活习性；鲁迅先生被誉为“盗火者”，他盗的是什么“火”？

给当时苦难中的中国又带来什么作用?

（2）课后探究。

鲁迅先生翻译的作品多数很难再版，甚至远远不如他弟弟周作人翻译的作品一版再版，这是为何?

2. 小说家——鲁迅

例文二：《狂人日记》（选文略）

白话文相对于文言文，白话文即用白话写成的文章，也称语体文。文言文虽为官方语言但是难懂不易普及，白话文更接近老百姓生活，容易被大众接受。白话文是自唐宋以来在口语的基础上形成的，起初只用于通俗文学作品，如明、清时代的《西游记》《水浒传》等小说，清末开始的文体改革，到五四新文化运动以后，才在全社会普遍应用。1920年1月，依当时的教育部颁令，凡国民学校年级国文课教育也统一运用语体文（即白话文）。胡适为白话文运动的首倡者，李大钊、鲁迅、周作人、刘半农、钱玄同等都是“五四”白话文运动的主将。

（1）思考。

文中的主人公是一个患有迫害狂恐惧症的“狂人”，所以做出了和常人不一样的事，说了和常人不一样的“狂语”——动不动就说谁吃人，谁要吃他。事实上据史政考究吃人已是远古时代的事情了，鲁迅先生笔下的狂人实际上是一个象征性的形象，其目的是借“狂人”之口来揭露几千年来封建礼教吃人的本质，对愚昧国民的同情和鞭挞。请找出狂人违反常理的事和说的话，体会鲁迅的深刻用意。

（2）课后探究。

请阅读鲁迅先生的《阿Q正传》，想想鲁迅刻画“阿Q”这一形象的目的又是什么。

3. 骂将——鲁迅

例文三：

鲁迅骂胡适

在鲁迅笔下，胡适整个一“叭儿狗”形象！1933年3月22日，据《申报·北平通讯》报道，胡适说：“（日本）只有一个方法可以征服中国，即悬崖勒马，彻底停止侵略中国，反过来征服中国民族的心。”在不知报道的真假和不查这话在什么场合所说的情况下，鲁迅立即在《算账》《关于中国的两三件事》等文章中臭骂胡适。他在用“何家干”笔名发表的《出卖灵魂的秘诀》中，用上了这样的语言：“胡适博士不愧为日本帝国主义的军师。但是，从中国小百姓方面说来，这却是出卖灵魂的唯一秘诀。”（节选自《胡适的谦和雅量》，作者：黄团元，出版社：湖北人民出版社）

被鲁迅骂过的名人有多少

鲁迅因其文风泼辣，力透纸背，经常在文坛犀利的批评和自己不同见解的人和事物。随手一列，他骂过或者冷嘲热讽过的人有吴稚晖、陈源、徐志摩、章士钊、胡适、林语堂、梁实秋、郭沫若、周扬、成仿吾、章克标、邵洵美等，与他打过一点笔墨官司的人甚至还有夏衍、朱光潜、李四光、施蛰存等。甚至还有京剧大师梅兰芳，鲁迅先生曾骂，男人看见“扮女人”，女人看见“男人扮”，所以就永远挂在国人的心中了。

鲁迅挨骂录

钱杏（笔名阿英）：“鲁迅的创作，我们老实地说，没有现代的意味，不是能代表现代的，他的大部分创作的时代早已过去了，而且遥远了。”“鲁迅所看到的人生只是如此，所以展开《野草》一书便觉冷气逼人，阴森森如入古道，不是苦闷的人生，就是灰暗的命运；不是残忍的杀戮，就是社会的敌意；不是希望的死亡，就是人生的毁灭；不是精神的杀戮，就是梦的崇拜；不是诅咒人类应该同归于尽，就是说明人类的恶鬼与野兽化……一切一切，都是引着青年走向死灭的道上，为跟着他走的青年掘了无数无数的坟墓。”（载1928年3月1日《太阳月刊》三月号）

邵冠华：“鲁迅先生是文坛上的‘斗口’健将。”“不顾事理，来势凶猛，那个便是鲁迅先生的‘战术’。”“然而，他的滑稽是狂暴的，我不得不说他是在狂吠！”（载1933年9月上海《新时代》）

陈源（笔名西滢）：“鲁迅先生一下笔就想构陷人家的罪状。他不是减，就是加，不是断章取义，便捏造些事实。他是中国‘思想界的权威者’，轻易得罪不得的。”“他的文章，我看过了就放进了应该去的地方……”（载1926年1月30日《晨报副刊》）

（1）思考。在骂人与被骂中，你看到了一个怎样的鲁迅？

（2）课后探究。鲁迅先生为什么专骂文人和名人？

4. 鲁迅的永生——《怀鲁迅》（郁达夫）

例文四：

怀鲁迅

郁达夫

真是晴天霹雳，在南台的宴会席上，忽而听到了鲁迅的死！

发出了几通电报，会萃了一夜行李，第二天我就匆匆跳上了开往上海的轮船。

二十二日上午十时船靠了岸，到家洗了一个澡，吞了两口饭，跑到胶州路万国殡仪馆去，遇到的只是真诚的脸，热烈的脸，悲愤的脸，和千千万万将要破碎似的青年男女的心肺与紧捏的拳头。

这不是寻常的丧事，这也不是沉郁的悲哀，这正像是大地震要来，或黎明将到时充塞在天地之间的一瞬间的寂静。

生死，肉体，灵魂，眼泪，悲叹，这些问题与感觉，在此地似乎太渺小了，在鲁迅的死的彼岸，还照耀着一道更伟大、更猛烈的寂光。

没有伟大的人物出现的民族，是世界上最可怜的生物之群；有了伟大的人物，而不知拥护、爱戴、崇仰的国家，是没有希望的奴隶之邦。因鲁迅的一死，使人自觉出了民族的尚可以有为，也因鲁迅之一死，使人家看出了中国还是奴隶制很浓厚的半绝望的国家。

鲁迅的灵柩，在夜阴里被埋入浅土中去了；西天角却出现了一片微红的新月。

资料袋

郁达夫（1896年12月7日—1945年9月17日），名文，字达夫，出生于浙江富阳满洲弄（今达夫弄）的一个知识分子家庭，是一位为抗日救国而殉难的爱国主义作家。

（1）结合自己的阅读经历说说对“没有伟大的人物出现的民族，是世界上最可怜的生物之群；有了伟大的人物，而不知拥护、爱戴、崇仰的国家，是没有希望的奴隶之邦。”这句话的理解。

（2）仿写300字的《忆鲁迅》，现场交流和诵读。

（3）背诵短文。

第四课　再"见"鲁迅

（建议2课时）

【教学内容】

演鲁迅、画鲁迅，再现鲁迅先生风骨。

【教学目标】

（1）内化鲁迅的文学高度和精神高度。

（2）实践跨学科课程整合，提升学生的综合素养。

【教学过程】

1. 再"见"鲁迅——演鲁迅

（1）视频推荐。

①2005年版《鲁迅》。

链接：http：//www.360kan.com/m/harpY0kqSHb8SR.html。

②1999年版大型纪录片《鲁迅之路》。

链接：http：//www.360kan.com/m/fqbjZRH1SHP6UR.html。

（2）短剧本创作和编演。

① 主题选择：鲁迅作品或者鲁迅故事，每个作品不超过10分钟。

② 小组创作：全班分成八个小组，以小组合作的方式完成剧本的创编（含道具的制作和购买），故事导演和公开演出。

③ 评价标准和办法：各小组互相评分（不评自己小组作品），每个作品最多可获五颗星，累计获星数量，决出优胜奖三个。

附：星级评价标准如下

★ 能完整演绎作品。

★ 主题鲜明，能再现文学作品内涵。

★ 人物精神风貌栩栩如生。

★ 团队分工有序，合作成功。

★ 服装和舞台道具设计有创意。

2. 再"现"鲁迅——画鲁迅

（1）鲁迅肖像画欣赏，共6幅。如图2–4所示。

（2）引导学生找共同特征（即鲁迅标志性特色），并说说在这些一成不变的特征中透射出鲁迅先生的什么风骨和精神内涵。

鲁迅素描画

鲁迅木刻画

鲁迅油画

鲁迅雕塑

鲁迅漫画

鲁迅版画

鲁迅照片

图2–4 鲁迅肖像

（3）自由创作。要求学生抓住鲁迅的某一特征即可。

（4）展示交流，创作展出。

六、课程评价

1. 评价原则

评价尺度个性化。教育越来越关注人的个性化发展，越来越关注教育发展规律和儿童身心发展规律。儿童的发展存在差异性，所以，在评价尺度上不整齐划一，不只看当下结果，忽视未来发展，不只看单人的或单一的评价而是看综合的、全面的评价。课程改革的目的不是打击人，而是在学习中让学生发现自我、发现自己的特长和兴趣、发展自己的人格和品质，体验失败和快乐，体验成长的滋味，从而获得成长的动力和力量。

过程评价和成果评价相结合。对于评价，斯塔弗比尔姆认为："评价最重要的意图不是为了证明（prove），而是为了改进（improve）。"因此，我们的课程实施评价既观测态度又关注成果、既有动态评价又有档案呈现、既有书面表达又有能力表现，对学生的学习活动做一个中肯清晰的、发展性的评价，以促进学生的身心健康发展。

2. 具体评价方式

"民族魂"鲁迅课程评价表见表2–5。

表 2–5 "民族魂"鲁迅课程评价表

评价内容	评价细则	自评	互评	老师的话
故事演讲	★故事演讲完整			
	★情感丰富，打动听众			
	★特别能表现故事人物的精神风貌			
剧本演出	★能完整演绎作品			
	★主题鲜明，能再现文学作品内涵			
	★人物精神风貌栩栩如生			
	★团队分工有序，合作成功			
	★服装和舞台道具设计有创意			
课程收获	★增长了知识，丰富了学习生活			
	★提升了探究实践和团队合作能力			
	★体验了学习的快乐和成功的自豪			

学生作业展示见图2–5。

图2–5 学生作品展示

动物小说大王——沈石溪

黎扬成

一、课程开发背景

小学语文新课标明确指出：学生应具有独立阅读的能力，学会运用多种阅读方法。有较为丰富的积累和良好的语感，注重情感体验，发展感受和理解能力，并能初步鉴赏文学作品，丰富自己的精神世界。

“动物小说”是一种独特的艺术体裁形式。其特点在于它是以动物为主要描写对象，形象地描绘动物世界的生活，各种动物寻食、求偶、避难、御敌的情态、技能，动物在大自然中的命运，遭遇，动物间的关系，动物与人类的接触等，揭示大自然的奥秘与情趣，给人类以有益的启示。它不仅让学生感受了文学、文字的魅力，也让学生们获得了更多对动物世界、自然世界的了解和认识，有利于培养学生的人格品质。

一直以来，沈石溪的动物小说都深受学生及成年读者的欢迎，非常多的学生通过阅读沈石溪的动物小说获得了心灵上的洗礼。究其原因，首先在于沈石溪的动物小说引起了学生听故事的兴趣，作家深情诠释的动物形象深深感染着他们纯真的内心，惊险刺激的动物故事牵动着稚嫩的神经，从而培养了学生关心热爱动物的责任心和面对死亡的勇气；其次，在作家笔尖缓缓流淌的文字如同催化剂一般促使学生去思考弱肉强食的丛林法则，去体会动物们的悲欢离合、喜怒哀乐，直接激起了学生对人性、道德、生命、命运等问题的思考，对人与动物，人与自然和谐共生关系的关注。

二、课程目标

（1）了解沈石溪的人物生平、创作经历、文学成就，理解他的作品思想，并且关注其作品背后的传奇人生故事。

（2）通过小组合作、上台展示的方式，增强学生的自主探究能力和组织能力。在群文阅读的基础上，从“读、写、讲、演”四个方面，提高学生的阅读能力、写作能力，以及语言表达能力，从而提升语文素养。

（3）在对沈石溪的动物小说的了解中，激发学生热爱大自然的情感，激起学生对人性、道德、生命、命运等问题的思考，对人与动物，人与自然和谐共生关系的关注。

三、课程内容

“动物小说大王——沈石溪”课程内容的整体设计思路是：以沈石溪其人、其事、其文为课程开发的总切入口，激发学生阅读的兴趣，拓宽学生的知识面，提升学生合作探究能力、语言表达能力，提升学生人文素养和人格品质。同时，关注作品和作家的拓展，关注学生的独特思考，以达到提高学生综合素质的目的。

表2-6 课程“动物小说大王——沈石溪”的基本内容框架

教学板块	课题	主要内容	课时
1	沈石溪初印象	沈石溪的人生轨迹和文学成就	1课时
2	聚焦传奇人生	（1）阅读沈石溪的自传体小说：《我的小时候》《我的动物朋友》 （2）讲述励志成长故事 （3）感受奇趣童年生活	2课时
3	探访动物世界	（1）精彩片段赏析：《最后一头战象》《斑羚飞渡》 （2）动物小说概述 （3）我最欣赏的动物	3课时
4	角逐故事大王	（1）故事续编 （2）故事创作 （3）评选故事大王	3课时

四、课程实施

（1）适合范围：五、六年级，既可以独立使用，也可以配合人教版六年级上册使用。

（2）课时计划：9课时。

（3）教学准备：多媒体教室。

五、课例展示

第一课　沈石溪初印象

（建议1课时）

【教学内容】

沈石溪的人生轨迹和文学成就。

【教学目标】

（1）了解沈石溪的生平事迹、创作经历、经典作品、荣誉成就。

（2）通过小组合作，培养学生的自主探究能力和信息整合能力。

【教学过程】

1. 课前探究

（1）布置任务：沈石溪知多少？

（2）小组合作：组内分工，查阅资料，整合信息，制作资料袋卡片。

2. 资料交流

（1）小组代表发言。

（2）教师提炼主要信息：沈石溪生平简介、创作经历、荣誉成就。

3. 课堂小结

师：沈石溪的作品连续入选年度孩子最喜欢的书，在大多数小读者的眼中，这样一位闪耀着光环的作家是神秘而不可攀的，但实际上，沈石溪却是励志奋斗的典型。如他自己所说，“很多作家出身于书香门第，孩提时阅读过大量中外优秀的童话，从小沉浸在一种香软的艺术氛围里。对此，他只能羡慕得直流口水”。因为沈石溪小的时候，几乎与书籍无缘，家里除了学校发的教科书外连一本闲书也没有。那么，一个普通的弄堂少年，从毫无文学底蕴的家庭走出，最终是如何走上写作之路的呢？这跟他特殊的童年经历有关。

4. 课后作业

（1）阅读沈石溪自传体小说《我的小时候》。

（2）围绕“沈石溪的励志成长故事”，写一篇读后感（概括故事内容，联系生活实际谈感想）。

第二课　聚焦传奇人生

（建议2课时）

【教学内容】

沈石溪的励志成长故事和奇趣童年生活。

【教学目标】

（1）了解沈石溪的励志成长故事和奇趣童年生活。

（2）开展小组合作，通过“画、说、读、写”的方式，展示学习成果，提高学生的综合素养。

（3）初步感受童年经历对沈石溪文学创作的影响。

第1课时　讲述励志成长故事

1. 课前准备

（1）阅读沈石溪自传体小说《我的小时候》。

（2）围绕沈石溪的励志成长故事，写一篇读后感。

2. 小组交流

（1）小组成员交换分享读后感。

（2）推选上台演说的代表。

3. 超级演说家

（1）学生代表上台演说。

（2）其余学生观看聆听，并现场打分。

（3）评选“超级演说家”4名。

附超级演说家评分表见表2–7：

表 2–7 超级演说家评分表

姓名：________

评分细则	分值	得分
内容充实，真情实感	3分	
观点鲜明，有说服力	3分	
表达流畅，富有激情	2分	
形象得体，仪态自然	2分	
总分	10分	

4. 课堂小结

师：这些故事真诚而质朴地讲述着一个人的童年，让我们真切地体味着一个人成长的真实轨迹。没有掩饰，没有浮夸，有的只是一个看似弱小的生命坚韧生长的勃勃生机。这部作品不仅呈现了一个来自上海社会底层的城市少年实现梦想的成长历程，还让我们感受到了一种让人生充满阳光的正能量！

第2课时　感受奇趣童年生活

1. 课前准备

（1）阅读沈石溪自传体小说《我的动物朋友》。

（2）以“精彩故事推荐”为主题，小组合作，制作手抄报。

2. 推选代表

（1）师要求学生根据小组的手抄报作品，配上解说词，上台推荐精彩故事。

（2）小组交流：构思解说词，确定人选。

3. 作品展示

（1）两名学生上台，一人展示，一人解说。

（2）其余学生观看聆听，分别对手抄报和解说员进行打分。

附评分表见表2-8、表2-9：

表2-8 精美手抄报评分表

组别：________

评分细则	分值	得分
色彩搭配协调	3分	
书写字体工整	4分	
版面设计美观	3分	
总分	10分	

表2-9 金牌解说员评分表

姓名：________

评分细则	分值	得分
故事精彩，有感染力	3分	
推荐到位，有信服力	3分	
声音响亮，吐字清晰	2分	
仪态自然，落落大方	2分	
总分	10分	

4. 评价小结

（1）根据各小组和各代表的得分情况，评选出4份精美手抄报、4名金牌解说员。

（2）教师小结：对于一个儿童文学作家来说，童年的记忆，就是文学创作的蓝本。一个作家一生可以写很多作品，可以编很多故事，但每一部作品、每一个故事，都可以在他童年经历里找到生活的胚芽。

5. 课后作业

（1）阅读《最后一头战象》《斑羚飞渡》。

（2）读书卡制作：概括主要内容。

第三课　探访动物世界

（建议3课时）

【教学内容】

（1）《最后一头战象》《斑羚飞渡》精彩片段赏析。

（2）动物小说概述。

【教学目标】

（1）节选小说的精彩片段，分析动物形象，体会作品思想。

（2）通过赏析、群文阅读以及演讲的方式，提高学生的阅读理解能力和语言表达能力。

（3）在对动物的欣赏和理解中，激发学生热爱大自然的情感，引发学生对人性、道德、生命、命运等问题的思考。

【教学过程】

第1课时　片段赏析

1. 课前准备

（1）阅读《最后一头战象》《斑羚飞渡》。

（2）读书卡制作：概括主要内容。

2. 片段赏析

（1）《最后一头战象》（选文略）。

思考题：

①用自己的话讲讲这个故事。

②嘎羧要离开寨子时，为什么要披挂象鞍？

③读画线句子，想象嘎羧此时的感受。

于“久久凝望”里，嘎羧看到了________________________。

被“亲了又亲”的礁石，也许是嘎羧____________________。

那“震耳欲聋的吼叫”，是嘎羧动情的诉说：________________。

④ 从嘎羧的行为中，你感受到了什么？

（2）《斑羚飞渡》（选文略）

我们狩猎队分成好几个小组，在猎狗的帮助下，把七八十只斑羚逼到戛洛山的伤心崖上……它走了上去，消失在一片灿烂中。

思考题：

① 复述一下斑羚飞渡的场景，要用到“咩了一声”“应声”“差不多同时”“跃”“紧跟”“猛蹬”“笔直坠落”等关键词。

② 这篇课文三处提到了彩虹，请将选文中描写彩虹的地方画出来，并指出这样描写彩虹的意义。

③ “镰刀头羊”在文中是个十分引人注目的角色，作者在它身上倾注了强烈的赞美之情。请概括镰刀头羊的形象特点。

④ 读了本文之后，我们首先应该为人类残忍地对待动物而惭愧，但是在这种惭愧之余，我们应该学习斑羚们所具备的什么精神？

3. 群文阅读推荐

《第七条猎狗》《一只猎雕的遭遇》《混血豺王》《红奶羊》《狼王梦》《再被狐狸骗一次》《猎狐》《老鹿王哈克》《刀疤豺母》《保姆蟒》。

第2课时　动物小说概述

1. 代表作家

西顿：加拿大作家，动物小说体裁的开创者。其作品有《小战马》《红脖子》。

杰克·伦敦：美国现实主义作家。其作品有《荒野的呼唤》《白牙》。

椋鸠十：日本儿童文学家。其作品有《孤岛野犬》《山大王》。

沈石溪：中国当代著名动物小说家，被誉为“中国动物小说大王”。

2. 写作特点

以沈石溪的作品为例，分析写作特点。

（1）戏剧性的动物小说。

① 故事的戏剧张力足。

从一开始看似平静的气氛营造，到进入故事核心时的高潮起伏，再到最后故事的尾声，似乎不让读者有喘息的机会。例如在《斑羚飞渡》中，群羊被猎人与猎狗逼退到山崖时，原本以为故事将尽，没想到那些羚羊老少搭配，老羚羊牺牲自己，让青壮羚羊飞跃到对面的山崖上，这一段是故事中最戏剧性的情节，也让读者立即感受到动物求生的那种不可思议的力量，自叹弗如。

② 流露出浓厚的强者意识。

在选择动物角色方面，偏好一些具有较高天赋和杰出才能的动物，其本性或勇猛或凶狠，如狼、狗、大象、金雕等动物。不论是草食性或肉食性动物，他的动物主角几乎都是在群体中扮演一种领导者或强者的地位。这些凶禽猛兽虽是按照弱肉强食的丛林法则生存，但它们也有独特的缠绵温情，他的动物小说主要表现作者对阳刚之美、力量之美的崇拜。

（2）写实性的动物小说。

① 毫不掩饰地将野生动物间血腥的生活场面暴露在读者的眼前。

例如在《再被狐狸骗一次》的故事中，公狐狸为了分散沈石溪的注意力，好让它的孩子逃生，不惜自毁身体，又是撞树，又是猛咬自己的肢体，最后终因流血过多而死，沈石溪将亲眼所见以相当写实的方式写出，那种血淋淋的场面，实在是令读者不忍卒读，印象深刻。

② 故事中主客观的对立和人物的内心矛盾十分激烈。

这种壮美风格与其作品背景有关，云南山高涧深、林茂树密、坡陡路险、风情粗朴，当作品的风格契合这样的地域环境和文化气氛时，读来就真实可信，感人肺腑，因此，我们也可以说是由于沈石溪故事的地域性造就了他作品拥有不同于他人的美感。

③ 擅长利用譬喻的手法来描写动物的体态及神情。

透过各种生动的比喻，刺激与丰富读者的想象，例如《在捕象的陷阱里——一位傣族老猎人的自述》形容丑陋的老云豹“尾巴上的毛被树浆草汁粘成一坨一坨，像一根搅屎棍；身上的金钱状花纹又小又稀，像几枚刚出土的古币；塌鼻梁上的豹须焦黄曲蜷，像几根生锈的细铁丝”，一只又老又丑的云豹形象马上浮现脑海。

4. 作品思想

沈石溪曾被称为“另类”作家，原因是他作品的主角都不是人，而是与人一样生于自然、有血有肉的动物。但沈石溪却说：“动物小说折射的是人类社会。动物所拥有的独特的生存方式和生存哲学，应该引起同样具有生物属性的人类思考和借鉴。可以这样说，我是为生命而写作。”

动物小说之所以比其他类型的小说更有吸引力，是因为这个题材最容易刺破人类文化的外壳、礼义的粉饰、道德的束缚和文明社会种种虚伪的表象，可以毫无遮掩地直接表现丑陋与美丽融于一体的原生态的生命。随着时代的变迁，文化会盛衰，礼义会更替，道德会修正，社会文明也会不断更新，但生命残酷竞争，顽强生存和追求辉煌的精神内核是永远不会改变的。因此，动物小说更有理由赢得读者，也更有理由追求不朽。

5. 课后作业

以“我最欣赏的动物”为题，写一篇习作。要求分析动物形象，说明欣赏的理由，流露真情实感，400字以上。

第3课时　我最欣赏的动物

1. 课前准备

（1）完成习作：我最欣赏的动物。

（2）小组交流：推选代表。

2. 激情演讲

（1）学生代表上台演讲。

（2）其余学生观看聆听，并现场打分。

附演讲之星评分表，见表2–10：

表 2–10 演讲之星评分表

姓名：________

评分细则	分值	得分
演讲内容充实，有真情实感	4分	
语言表达流畅，抑扬顿挫	4分	
穿着大方，举止自然得体	2分	
总分	10分	

3. 评价小结

（1）根据各小组的评分情况，选出3名演讲之星。

（2）教师小结：沈石溪笔下的动物，有血有肉，有爱有恨。他彻底抛弃了人类客观思想上的包袱：狐狸不一定讨厌、豺狼不一定凶狠、豹子不一定可怕……他讲述的是真实的动物世界，有情有义，没有被童话中的思想束缚。这才是一个真实的世界，能让你在看完后掩卷沉思，在震撼后让心灵得以宁静。

第四课　角逐故事大王

（建议3课时）

【教学内容】

故事续编、故事创作。

【教学目标】

（1）根据小说故事情节，进行故事续编，激发学生的想象力。

（2）模仿动物小说写法，进行故事创作，提高写作能力。

【教学过程】

1. 故事续编《狼王梦》（节选略）

2. 课堂交流

3. 故事创作

师：模仿动物小说的写作特点，创作一个与动物有关的故事。要求以动物为主角，或者由人与动物的互动引出故事。

4. 作品分享

挑选8篇精彩故事，在班内传阅。

5. 评选故事大王

根据故事创作的表现，评选3名故事大王。

附故事大王评分表见表2–11：

表 2–11 故事大王评分表

姓名：________

评分细则	分值	得分
故事情节引人入胜，扣人心弦	5分	
想象力丰富，想象内容合情合理	5分	
中心明确，有思想内涵	5分	
语言流畅，有真情实感	5分	
总分	20分	

六、课程评价

1. 评价原则

形成性评价与总结性评价相结合。学习是一个循序渐进的过程，学生在不同的学习阶段呈现出不同的特点，不同学生的最终学习效果也会大相径庭。所以，本课程关注学生每个阶段的学习需要，重视其学习过程及在学习过程中的体验，根据学生学习过程中的表现，适时给予评价，有利于帮助学生有效调控自己的学习过程，从中获得成就感，增强自信心。而在每个教学活动告一段落之后，进行总结性评价，能全面鉴定学生是否达到教学目标的要求，以便教师反思，调整后续教学活动。

自我评价和外来评价相结合。心理学认为，人对自己或他人的思想、动机、行为和个性的评价，直接影响学习和参与社会活动的积极性，也影响与他人的交往关系。本课程采用自我评价（学生自评）和外来评价（互评、师评、家评）相结合的方法，有利于学生正确认识、对待和处理自己的优、缺点，在学习中扬长避短。

2. 评价表（见表2–12）

表 2–12 课程“动物小说大王——沈石溪”学生评价表

班级：________　　　　　　姓名：________

评价要素	评价内容	评价等级	自评	互评	师评	家评
情感态度	积极参与活动	优秀★★★ 良好★★ 合格★				
	善于出谋划策					
合作交流	主动和同学配合，相互合作	优秀★★★ 良好★★ 合格★				
	乐于帮助同学，共享资源					
	对小组学习做出贡献					
学习技能	搜集、处理信息的能力	优秀★★★ 良好★★ 合格★				
	语言表达能力					
	阅读理解能力					
	写作能力					
学习成果	丰富了知识，开阔了视野	优秀★★★ 良好★★ 合格★				
	提高了综合能力和语文素养					

学生的手抄报作品选登如图2–6所示：

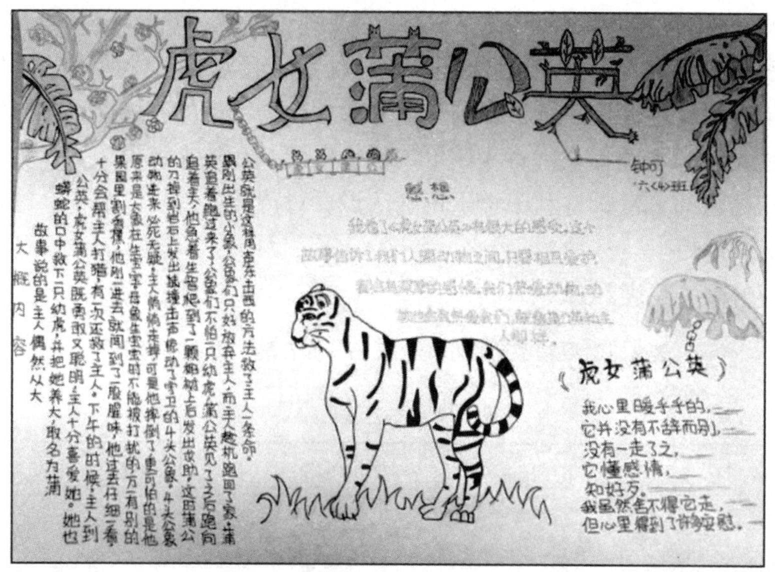

图2–6 学生作品选登

有你在，灯亮着——“悦”冰心

傅莉莉

一、课程开发背景

《语文新课程标准》（2015版）指出：“语文课程应该是开放而富有创新活力的。应当密切关注学生的发展和社会现实生活的变化，尽可能满足不同地区、不同学校、不同学生的需求，确立适应时代需要的课程目标，开发与之相适应的课程资源，形成相对稳定而又灵活的实施机制，不断地自我调节、更新发展。”深圳市颁布的《关于全面深化中小学课程改革的指导意见》指出：“构建与综合素养培养相适应的新型课程体系。”自然、社会、人文等多种课程资源无处不在，在新一轮课程改革的推动下，一线教师作为课程资源的潜在开发者，要积极发挥主观能动性，做课程改革的创生者和实践者。

“智慧语文慧思课程”隶属于学校3H智慧课程体系，它站在学生的角度，以提高学生语文能力的生长点为基础，力求促进学生的学习兴趣，让学生在学习中快乐求索、乐观向上、多元发展。

冰心女士，这位世纪老人是20世纪中国文坛上一颗璀璨的明珠，她的作品被誉为一串串多彩的珍珠，无论是诗歌还是散文，都散发着“爱的哲学”。五年级的孩子，已经有了一定的阅读水平，具备了一定的默读、浏览、赏析的能力。与教材配套的《小学语文课外阅读》节选了冰心的作品，走近冰心，感受她的爱；走近冰心，感受她散文的语言美，并启发读者用努力交换成长，以童真守护人生，让小读者们珍惜身边的爱和幸福，获得面对挫折的希望与勇气，向往和追求美好的理想。

二、课程目标

（1）了解冰心女士的人生经历、文学成就和“爱的哲学”。在了解冰心女士作品的同时，初步认识生活经历对作者作品的影响，以丰富阅读和拓展知识面。

（2）在“互联网+”的背景下，指导学生分小组上网搜集和整理信息，与美术、信息等进行跨学科整合，培养学生正确利用网络的能力、阅读能力、自主合作能力、信息处理能力，以及提升学生的表达能力。

（3）在对冰心作品的广泛阅读后，小读者能珍惜身边的爱和幸福，获得面对挫折的希望与勇气，向往和追求美好的理想。

三、课程内容

“有你在，灯亮着——‘悦’读冰心”课程内容的整体设计思路是：以冰心的代表作品为依托，引领学生对其开展学习和探索，从其诗歌、散文及通信作品中去感受人物的“爱的哲学”，拓宽学生的知识面，提升学生的自主合作探究能力。同时，关注学科知识的整合，如影视、音乐、美术、信息技术、语文等，以达到发展学生综合素质的目的。

附课程内容的基本框架见表2-13。

表2-13 课程“有你在，灯亮着——‘悦’冰心”的基本内容框架

教学板块	课题	主要内容	课时
1	多元“见”冰心	（1）学生分组搜集关于冰心的资料（如照片、作品封面、名人话冰心等）制作成PPT，在课上分享 （2）教师根据《冰心自传》的相关内容，补充介绍冰心 （3）介绍冰心文学奖 （4）教师推荐读书书目	课前准备 交流1课时
2	童诗·童言·童心——冰心诗集《繁星》《春水》	（1）列举诗歌分类“菜单”、意象“菜单”，组织冰心诗歌的精品赏析 （2）欣赏冰心诗朗诵 （3）创作小诗歌，并为它配上图 （4）分组组织一次冰心诗朗诵	课前准备 交流2课时
3	我是小读者——共读冰心《寄小读者》《再寄小读者》和《三寄小读者》	（1）借助世界地图，手绘冰心旅途路线，共赏途中美景 （2）比较阅读三部通信集的经典篇目，从中体会其对小读者的期盼 （3）写《致冰心的一封信》	课前准备 交流2课时
4	爱的星空——以冰心散文集及冰心文学奖获奖作品为例	（1）分享“我的阅读策略”“我的阅读发现”“我的阅读感受” （2）制作书签或手抄报在班级进行的课程总结 （3）展示读书笔记 （4）阅读后续拓展——阅读冰心文学奖获奖作品	课前准备 交流1课时

四、课程实施

（1）适合学生：开发的课程内容较适合五年级的学生学习。

（2）课时计划：课下学习与课堂交流相结合，预计交流汇报6课时。教师根据学生需求、自身特点、课时长度加以取舍。

（3）教学准备：多媒体、冰心作品及相关书籍。

五、课例展示

第一课　多元“见”冰心

（建议1课时）

【教学内容】

多方位了解冰心其人、其作品。

【教学目标】

（1）初识冰心，了解冰心人生经历、代表作品及冰心文学奖。

（2）自主合作，学生课前搜集资料、整合资料、制作PPT，小组指定代表在课堂上大方地进行展示，以及分享在整个准备过程中的分工、感受等，学会倾听，提升学生语文综合能力。

（3）在了解冰心的基础上，激发阅读冰心作品的兴趣。

【教学过程】

交流资料，多方位感受冰心。

（1）预习交流。（注：课前对学生进行分组，合作查阅冰心的相关信息，制作成PPT）

生：小组代表汇报预习所得。（按抽签顺序上台展示）

师：适时评估，鼓励和表扬学生课前预习提取重要信息的能力。

展示需包含：小组分工合作表，搜集的相关内容。

附小组合作见表2–14：

表2–14“走近冰心”小组合作卡

组名：冰心照片组　/　冰心作品组　/　名人话冰心组　/　冰心文学奖作品组

成员	分工	遇到的问题及解决的方法

（2）学生评价。从每组抽取代表对展示的内容、PPT制作、展示人风采等方面进行打分，评出“最强合作组”“最佳风采奖”并给予“海燕争星”奖励。

附：评价标准（100分制）。

★ 普通话清晰标准，形态大方自信。（20分）

★ 内容充实。（40分）

★ PPT制作精美。（20分）

★ 分工明细，合作有方。（20分）

1. 解读自传，体验不一样的人生

（1）师：老师今天可是再一次认识你们了，你们不光有敏锐的眼睛、聪明的头脑，更有行动力极强的双手，愿你们用眼睛、头脑和双手创造更美好的人生。老师可是也有准备的，为了给你们呈现更丰满的冰心，老师阅读了《冰心自传》，了解了冰心自己对人生的回顾，以及她更真实的内心。

（2）播放PPT（内容为自传中的片段，请学生读）。

2. 推荐作品，城中识爱品美

（1）师：冰心这位世纪老人，是20世纪中国文坛上一颗璀璨的明珠，她的作品被誉为一串串多彩的珍珠。接下来的日子，就让我们拾掇这一颗颗珍珠，感受其爱其美。

（2）出示推荐书目：

《繁星》《春水》《寄小读者》《冰心散文集》，冰心文学奖获奖作品。

要求：学生能人手准备且阅读至少一本冰心的书。

教师总结：

巴金说：“一代代的青年读到冰心的书，懂得了爱：爱星星，爱大海，爱祖国，爱一切美好的事物。我希望年轻人都读一点冰心的书，都有一颗真诚的爱心。”冰心的爱如同一盏灯，愿你们带着这盏灯，行走在人生的路上——有“你”在，灯亮着。

第二课　童诗·童言·童心

——冰心诗集《繁星》《春水》

（建议2课时）

【教学内容】

以自主阅读和精品赏析的方式让学生了解冰心老人的诗歌作品。

【教学目标】

（1）列举诗歌分类“菜单”、意象“菜单”，组织冰心诗歌的精品赏析。

（2）欣赏冰心诗朗诵。

（3）创作小诗歌，并为它配上图。

【教学过程】

1. 诗歌意象菜单

（1）教师明确诗歌意象的内涵。

诗歌的创作十分讲究含蓄、凝练。诗人的抒情往往不是情感的直接流露，也不是思想的直接灌输，而是言在此意在彼，写景则借景抒情，咏物则托物言志。这里所写之“景”、所咏之“物”，即为客观之“象”；借景所抒之“情”，咏物所言之“志”，即为主观之“意”。“象”与“意”的完美结合，就是“意象”。通俗一点说，就是诗歌抒发的感情是通过什么景物来表达的。例如：古诗中的“柳”“月”“梅花”“莲花”等。

（2）所有学生在黑板上依次板书“我喜欢的几首冰心诗中的意象”的名称，依次抄录板书的意象名。要求不重复，若有重复可以直接略过。

（3）全班推荐10个人朗诵自己最喜欢的冰心的诗歌，要求配乐。

2. 冰心诗歌分类

（1）学生课前完成冰心诗歌分类的表格见表2–15：

表2–15 冰心诗歌分类

分类员：________

诗歌类别	代表作

（2）学生分享自己完成的表格，教师在学生分享的过程中总结出冰心诗歌的类别，见表2–16：

表2–16 冰心诗歌分类

诗歌类别	代表作
大自然	《繁星》（一、十、五十五）……
母爱	《母亲》《纸船》《致词》……
童真	《繁星》（二、六、十五）《可爱的》……
思乡	《繁星》（一百一十四、一百一十八）《春水》（九十七）《乡愁》……

在出示诗歌类别之后，分类推荐诗歌，PPT出示诗歌代表作。

3. 精品赏析

例一：

纸船（选文略）

我从不肯妄弃了一张纸，
总是留着——留着，
叠成一只一只很小的船儿，
从舟上抛下海里。
……
这是你至爱的女儿含着泪叠的，
万水千山，求它载着她的爱和悲哀归来！

（1）学生自由朗读诗歌。

（2）学生自由表达诗中哪一句让人印象深刻。

（3）了解创作背景。

1923年初夏，冰心毕业于燕京大学。同年8月17日，她由上海乘约克逊号邮船赴美国留学。8月19日抵达日本神户，21日游览了横滨。从写作时间来看，这首诗是诗人于游览横滨之后的第六天，在继续向大洋彼岸进发的邮轮上创作的。

海浪滔滔，天风吹卷，邮轮在颠簸中驶向陌生的国度。此去远涉重洋，相去万里，要隔多久才能回到母亲怀中？尽管船外是美丽壮观浩瀚的太平洋，但孤独、惆怅的诗人，无心欣赏眼前的奇景，而是眼含热泪，在专心、执着地叠着一只只纸船，然后一个一个抛放在海里。尽管风高浪急，纸船被海浪打湿，沾在船头，但她仍不灰心，每天不停地叠着，希望总会有一只能漂流到日夜想念的母亲身边。

（4）诗歌内容与主题解析：

生概括，师明确：第一节——叠纸船，第二节——抛纸船，第三节——想象。

（5）问题探究：

①叠纸船为什么要含着泪？为什么除了爱还有悲哀？

②作者为什么要借纸船来抒情？

（6）诗歌写作方法：

托物言情——纸船象征孤独无依的漂泊，象征思念母亲、思念祖国的一颗心，象征诗人纯洁、美好的心愿。

例二：

繁星（五五）

成功的花，
人们只惊羡她现时的明艳！
然而当初她的芽儿，
浸透了奋斗的泪泉，
洒遍了牺牲的血雨。

（1）学生自由朗读诗歌。

（2）学生自由表达诗中哪一句让人印象深刻。

（3）问题探究：

①写成功的花，作者抓住了什么写花的成功?

预设：抓住了花的色泽特征，用“明艳”一词形象地突出了花的成功。

②诗中哪个词表明了人们对成功的花的态度?

预设：惊羡。

“惊羡”能否换成“羡慕”？为什么?

不能。“惊羡”有惊叹羡慕之意，比“羡慕”多了一层惊叹的意味，更能衬托出成功之花的明艳。

（4）谈谈你的感受。

预设：

生1：一个“只”字抒发了她对人们只惊羡别人的成功，却看不到在成功背后所付出的艰苦劳动的慨叹，表露了对这种现象不敢苟同的鲜明态度。

生2：“然而……”三句说明“成功的花”是泪血滋润的结晶，是奋斗和牺牲孕育的蓓蕾。奋斗是艰苦的，浸透着辛酸的泪水；牺牲更是壮烈的，洒遍了生命的汩汩鲜血。不经过奋斗和牺牲，哪来成功的“明艳”？

4. 诗歌特点小结

（1）学生自由总结。

（2）教师小结，并板书。

篇幅短小
画面鲜明
理趣隽永
朗朗上口

5. 尝试创作

你也来创作小诗吧！将会在教室的作品栏展示小诗人的作品哦！

教师总结：冰心的诗，题材广泛，大自然、母爱及童真构成她诗歌“爱的哲学”。读她的诗，眼前仿佛看到一朵花、一片云、一颗小石子，他们都充满灵气，在冰心诗的国度，我们可以尽情畅游。

第三课　我是小读者

——共读冰心《寄小读者》《再寄小读者》和《三寄小读者》

（建议2课时）

【教学内容】

以自主阅读和精品赏析的方式让学生了解冰心老人对小读者的期待。

【教学目标】

（1）借助世界地图，手绘冰心旅途路线，共赏途中美景。

（2）比较阅读3部通信集的经典篇目，从中体会其对小读者的期盼。

（3）写《致冰心的一封信》。

【教学过程】

导入：她的三部曲《寄小读者》《再寄小读者》《三寄小读者》，表现了她对儿童的爱，希望儿童们能有一颗美好的心。课前，你们已经阅读了这3部曲，今天就让我们一起交流一下。

1. 自主比较阅读，完成表格2–17

表2–17　比较阅读卡

作品	写作时间	相同点	不同点
《寄小读者》			
《再寄小读者》			
《三寄小读者》			

2. 分享交流：比较阅读成果

（1）学生自主上台展示比较阅读卡。

（2）作为小读者，谈谈读完这些通信稿的感受。

3. 精品赏析

例文一：品读《寄小读者》之《通信二》（选文略），体会冰心对小动物的爱。

小朋友们：我极不愿在第二次的通信里，便劈头告诉你们一件伤心的事情……我小时曾为一头折足的蟋蟀流泪，为一只受伤的黄雀呜咽；我小时明白，一切生命，在造物者眼中是一般大小的；我小时未曾做过不仁爱的事情，但如今堕落了……今天都在你们面前陈诉承认了，严正的小朋友，请你们裁判罢！

冰心

一九二三年七月一十八日于北京

（1）出示：从冰心的描述中，你感觉这是一只怎样的老鼠？你从哪些句子中感受到的？你还能从哪些地方感受到冰心对小老鼠的爱？

（2）学生自由读书。

（3）交流读后感受。

（4）在这则通信中，冰心向我们讲述了她为一只老鼠流泪，那么，冰心小时候还为哪些动物流过泪呢？

学生交流，教师出示：

我小时曾为一头折足的蟋蟀流泪，为一只受伤的黄雀呜咽；我小时明白，一切生命，在造物者眼中是一般大小的。

在这则通信中，冰心主要向我们表达了怎样的情感？

师板书：对小动物的爱。

例文二：品读《再寄小读者》之《通信二》（选文略），谈谈友谊。

小朋友：今天让我们来谈“友谊”……愿你们永远是我的好朋友，假如我配，就请你们也让我做你们的好朋友。

（冰心一九四二年十二月二十二日，重庆）

（1）读读全文。

（2）谈谈感受深刻的句子。

（3）说说“我的友谊观”。

4. 课后作业

（1）“我来写推荐词”，推荐大家读你最喜欢的那篇通信稿。

（2）写一写《致冰心的一封信》，与冰心谈谈心。

教师总结：《寄小读者》系列通信稿之所以能成为现代中国最为畅销的儿童散文集，是因为当时年轻的冰心奶奶，那未泯的童心、透明的真心、温暖的爱心，还有她那充满气质的清新佳丽的文笔、温柔亲切的语调，让我们融进这美丽、清新的国度。

六、课程评价

1. 评价原则

以形成性评价为主，以总结性评价为辅。学习是一个循序渐进的过程，学生在不同的学习阶段呈现出不同的特点，不同的学生最终的学习效果也会大相径庭。所以，本课程关注学生每个阶段的学习需要，重视其学习过程及在学习过程中的体验，根据学生学习过程中的表现，适时给予评价，有利于帮助学生有效调控自己的学习过程，从中获得成就感，增强自信心。而在每个教学活动告一段落之后，进行总结性评价，能全面鉴定学生是否达到教学目标的要求，以便教师反思，调整后续教学活动。

2. 评价表（见表2–18）

表 2–18 课程“有你在，灯亮着——‘悦’冰心”学生评价表

班级：________　　　　　　　　姓名：________

评价要素	评价内容	评价等级	自评	互评	师评	家评
学习表现	参与度	优秀★★★ 良好★★ 合格★				
	合作与交流					
	积极探究					
学习能力	收集和整理资料的能力，表达能力	优秀★★★ 良好★★ 合格★				
	表演能力					
	创新能力					
成果积累	增长了知识，丰富了学习生活	优秀★★★ 良好★★ 合格★				
	提高了思想道德素养和审美情趣，体验了学习乐趣					

学生比较阅读卡选登（如图2–7所示）

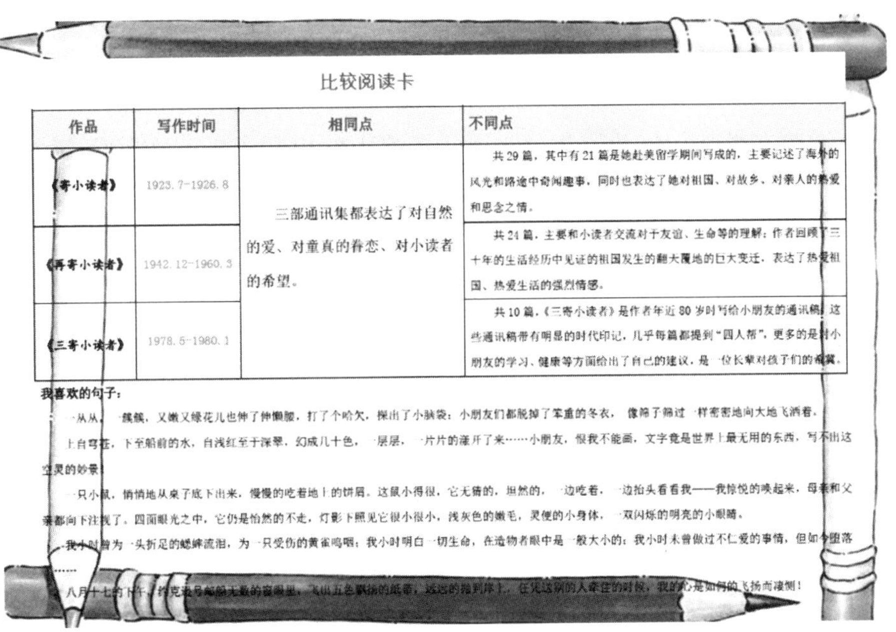

比较阅读卡

作品	写作时间	相同点	不同点
《寄小读者》	1923.7-1926.8	三部通讯集都表达了对自然的爱、对童真的眷恋、对小读者的希望。	共29篇，其中有21篇是她赴美留学期间写成的，主要记述了海外的风光和路途中奇闻趣事，同时也表达了她对祖国、对故乡、对亲人的热爱和思念之情。
《再寄小读者》	1942.12-1960.3		共24篇，主要和小读者交流对于友谊、生命等的理解；作者回顾了三十年的生活经历中见证的祖国发生的翻天覆地的巨大变迁，表达了热爱祖国、热爱生活的强烈情感。
《三寄小读者》	1978.5-1980.1		共10篇，《三寄小读者》是作者年近80岁时写给小朋友的通讯稿，这些通讯稿带有明显的时代印记，几乎每篇都提到“四人帮”，更多的是对小朋友的学习、健康等方面给出了自己的建议，是一位长辈对孩子们的希冀。

我喜欢的句子：

一丛丛，一簇簇，又嫩又绿花儿也伸了伸懒腰，打了个哈欠，探出了小脑袋；小朋友们都脱掉了笨重的冬衣，像[illegible]过一样密密地向大地飞洒着。

上自穹苍，下至船前的水，自浅红至于深翠，幻成几十色，一层层，一片片的漾开了来……小朋友，恨我不能画，文字竟是世界上最无用的东西，写不出这空灵的妙景！

一只小鼠，悄悄地从桌子底下出来，慢慢的吃着地上的饼屑。这鼠小得很，它无猜的，坦然的，一边吃着，一边抬头看看我——我惊悦的唤起来，母亲和父亲都向下注视了。四面眼光之中，它仍是怡然的不走，灯影下照见它很小很小，浅灰色的嫩毛，灵便的小身体，一双闪烁的明亮的小眼睛。

我小时曾为一头折足的蟋蟀流泪，为一只受伤的黄雀呜咽；我小时明白一切生命，在造物者眼中是一般大小的；我小时未曾做过不仁爱的事情，但如今堕落……

八月十七的下午，约克逊号邮船无数的窗眼里，飞出五色飘扬的纸带，远远的抛到岸上，任凭送别的人牵住的时候，我的心是如何的飞扬而凄恻！

图2–7 学生比较阅读卡

陨落的星星——新美南吉

张慧

一、课程开发背景

新课改在教师如何使用教材上赋予了更大的权利，要求教师形成结合学生实际需要和课程标准对教材进行深加工和创造性使用的“工具观”或“材料观”。教师应构建新课程意识，提高自身的课程执行力、课程创生能力。一篇课文+X（有教育影响的学材）；一个单元+X（有思想地整合后的有教育影响的学材）；一个主题+X（有思维主导的智力活动）等。

近年来，学校积极探索构建富有校本特色、充满活力的3H智慧课程体系，以满足学生个性化和多元化发展的需要，促进学生多元化、和谐化发展。

童话是一幅画，色彩光影调和着缤纷的诗趣与美丽；童话是一首诗，字里行间寄托了作者的希冀与憧憬。四年级的孩子已经阅读了大量童话，对童话故事感兴趣，初步了解童话故事的特点，了解童话作家格林兄弟、安徒生、王尔德等。走近新美南吉，你会发现童话是照耀他的一面镜子；走近新美南吉，阅读童话，从他的文字里去看他色彩斑斓的图景，感受他对人世百态的感慨和无奈。

二、课程目标

（1）心灵的镜子。通过阅读不同风格的作品，感受作者的欢笑与忧伤。

（2）特殊的情感。了解作者对动物的特殊情感，以及笔下不同的生命轨迹。

（3）不朽的魅力。对比同时期的其他作家的作品，领略齐名作家的不同作品风格。

（4）陨落的星星。生命的短暂，作品的永恒，通过童话作品我们认识了一位永恒的大师，通过给大师的童话作品创编绘本来缅怀心中的大师。

三、课程内容

课程“陨落的星星——新美南吉”内容设计的基本思路是：以新美南吉的代表作品为依托，引领学生对其开展学习和探索，从作品中去感受，以人物为模块主题，形成课程内容的4大板块。围绕作家的不同作品风格、特殊的情感、与跟他齐名作家的文学作品风格比较、用绘本创编来缅怀大师等内容来让学生感受全方位的新美南吉，拓宽视野、提高文化素养。“陨落的星星——新美南吉”课程内容的基本框架见表2–19。

表2–19　课程“陨落的星星——新美南吉”的基本内容框架

教学板块	主题	课题	主要内容	课时
1	感受作者不同的作品风格	心灵的镜子	选取课本中的《去年的树》与作者的另两篇作品《鹅的生日》《盗贼和小羊羔》来感受作品就是作家心灵的一面镜子，时而忧伤、时而幽默、时而温情满满	课前阅读 交流1课时
2	了解作者对动物的特殊情感	特殊的情感	了解新美南吉对动物有着特殊的感情。一群或喜或悲、或愁或欢的小动物主宰着新美南吉的童话王国，在那里，狐狸是“国王”。通过与中国童话中狡猾诡异的狐狸形象对比，让学生感受到同是童话中的狐狸，在新美南吉的笔下却有着不同的生命轨迹，而让读者获得了不同的感动	课前阅读 交流1课时
3	与齐名大师宫泽贤治的作品风格对比	不朽的魅力	先让学生上网查阅新美南吉的相关资料，查阅与其齐名的作家。让学生了解到新美南吉被称为“日本的安徒生”。宫泽贤治，是与新美南吉齐名的作家，著名的儿童文学家石井桃子说：“北有宫泽贤治，南有新美南吉”。两位作家的文学作品有什么相似和不同之处呢，让学生通过阅读感悟来进行对比	课前查阅资料 交流1课时
4	用读童话、创编绘本的形式来缅怀心中的大师	陨落的星星	阅读现已出版的《新美南吉童话绘本》，再结合自己的感受，创编属于我们自己的绘本，可对原有绘本进行模仿、创造、加工。还可以根据作者其他的作品进行创编。	课下进行创编 交流展示 1课时

四、课程实施

（1）适合学生：开发的课程内容较适合四年级的学生学习。

（2）课时计划：课下学习与课堂交流相结合，预计交流汇报4课时。教师根据学生需求、自身特点、课时长度加以取舍。

（3）教学准备：多媒体、相关童话书籍。

五、课例展示

第1课时　心灵的镜子

【教学内容】

《去年的树》（作者新美南吉）。

《鹅的生日》（作者新美南吉）。

《盗贼和小羊羔》（作者新美南吉）。

【教学目标】

（1）了解故事内容，初识新美南吉。

（2）感受新美南吉的作品风格：时而淡淡的忧伤、时而幽默有趣、时而传递善良美好。

【教学过程】

1. 交流《去年的树》，感受淡淡的忧伤

（1）谈谈故事主角：一只鸟和一棵树。

（2）说说故事内容：小鸟和大树是好朋友，可是大树被伐木工人砍走了，小鸟四处去寻找自己的好朋友大树的故事。

（3）聊聊故事感悟：整个故事我们看了有点忧伤，有点淡淡的伤感。淡淡的伤感背后我们感受到很多情谊。

2. 自读《鹅的生日》，发现幽默和有趣之处

出示童话故事：《鹅的生日》，让学生默读，读完交流感受。

（1）讨论：是否有“忧伤”的感觉。

（2）交流：自己的感受。

生：从鼬鼠在宴会上放屁中感受到故事很好玩。

生：从鼬鼠忍住不放屁，最后被憋晕过去，感受到故事太有趣了。

生：故事的最后一段：“你瞧瞧！大家你看我，我看你，长叹出一口气，心里都在想：还是不该叫鼬鼠来呀。”我感受到伙伴们觉得太为难鼬鼠了。

（3）想象：给故事换结尾。

生：放屁再把他熏醒。

生：下次开宴会专门给鼬鼠准备个休息室……

学生自己小结：新美南吉的童话故事这么有趣、幽默，表达的东西里有情、有爱、有美。

3. 品读《盗贼和小羊羔》，感悟善良和美好

（1）出示故事前半部分，丰富故事情节。

师：盗贼偷走了小羊羔，会发生怎样的故事呢？请同学们发挥想象。

学生交流自己的想象。

（2）出示故事结尾，讨论故事传递的情感。

故事结尾：因为看到小羊羔的可怜相，最后忍着饥饿，把小羊羔送回到羊妈妈身边……

学生讨论：意料不到的故事结局，反射的是怎样的情感？有善良、有慈悲、有光辉的人性等。

教师小结：文字是作家心灵的一面镜子。透过新美南吉的文字，我们看到了色彩斑斓的图景。新美南吉自己说："我的作品包含了我的天性和远大的理想，有自己的色彩、个性，有自己的语言，有自己的欢笑，也有自己淡淡的忧伤。"虽然风格不同，但是传递出来的却都是情、善、美。课后多读些新美南吉的童话故事，从中慢慢体会吧！

第2课时　特殊的情感

【教学内容】

《狐狸分奶酪》（作者匈牙利民间故事）。

《小狐狸阿权》（作者新美南吉）。

《小狐狸买手套》（作者新美南吉）。

《狐》（作者新美南吉）。

【教学目标】

（1）了解故事内容，感受不同的狐狸形象。

（2）感受新美南吉对于狐狸等动物的特殊情感。

【教学过程】

1. 引子

读新美南吉的童话，你会发现，他对动物有着特殊的感情。一群或喜或悲、或愁或欢的小动物主宰着新美南吉的童话王国，在那里，狐狸是"国王”。与中国童话中狡猾诡异的狐狸形象不同，他笔下的狐狸，就如蒲松龄《聊斋志异》中的狐妖形象一样，个个性格鲜明、栩栩如生，给我印象最深的是《狐狸被派去买东西》《小狐狸买手套》和《狐狸阿权》。同是童话中的狐狸，在新美南吉的笔下却有着不同的生命轨迹，而让读者获得了不同的感动。

2. 初识狐狸：狡猾、奸诈

（1）导入印象。

出示课文文段：“嗨！小木偶！你的红背包真漂亮，让我背一下好吗？就背一下。我想看看这种红和我的毛色是不是相配。”

唤起学生印象，引出狐狸主题，开启阅读之旅。

（2）导读《狐狸分奶酪》。

快速阅读，了解故事。阅读时在一些给你深刻印象的地方做上记号或批注。

全班汇报，说出印象。这个故事中的狐狸给我们留下了依然是______的印象。

交流概括：狡猾、奸诈……

继续阅读下一个故事，看看新美南吉笔下的狐狸又发生了什么事。

3. 多元狐狸：悲喜共存

（1）出示：《小狐狸买手套》的片段。

“说着，小狐狸就把两只冻得红扑扑的小湿手，伸到了狐狸妈妈面前。狐狸妈妈一边呼呼地朝小狐狸的小手上哈气，一边用自己温暖的手把小狐狸的手包起来了，说：‘马上就暖和了！摸过雪的手，马上就会暖和过来的。’”小狐狸想：“这歌声一定是人妈妈的声音了。因为小狐狸睡觉时，狐狸妈妈也是哼着这样温柔的歌声来摇晃它的。”

师：多么温馨的画面呀！老师想起冰心奶奶的文章：“有一次，幼小的我，忽然走到母亲面前，仰脸问说：‘妈妈，你到底为什么爱我？’，母亲放下针线，用她的面颊，抵住我的前额，温柔地、不迟疑地说：‘不为什么，——只因你是我的女儿！’”

交流：在故事中感受到的温情。

生：从中感受到母爱的伟大、狐狸之间也如此温情、对无私母爱的纯真讴歌。

（2）快速阅读《小狐狸阿权》《狐》。

①从中感受狐狸的多元形象。填写阅读表格：

文章	留下的印象	文段摘抄
《小狐狸阿权》		
《狐》		

师生交流：阿权给兵十送东西已经不再只是赎罪，而是一种和同伴交流的途径，是一种精神上的安慰和寄托。《小狐狸阿权》的主题正是一个孤独的孩子寻求同伴的过程，然而这个寻求和交流只是单方面的，所以最终的结局只能是一个悲剧。《狐》中讲述一群夜间赶庙会的孩子们对狐狸附身的恐惧。故事中，文六真正的恐惧可能还不是变成狐狸，而是担心变成狐狸后会孤单一人的心理。

② 介绍新美南吉生平。

出示：新美南吉是天才的童话作家，14岁开始创作童谣和童话，去世时年仅30岁。新美南吉一生总共创作了童话123篇、小说57篇、童谣332首、诗歌223首、俳句452首、短歌331首、戏曲14部、随笔17篇，还有一些只留下题目但没见到内容的作品。以年仅30岁的年龄而留下如此多的作品，新美南吉的勤奋和才华可见一斑。

《狐》是新美南吉在战乱时期完成的，当时新美南吉正在病中，这种与家人分离的恐慌，体现了新美南吉对无法逃避的死亡的恐惧，对人间的不舍。我们从中感受到新美南吉“恬淡忧伤”的创作倾向。

总结：新美南吉说，故事里不能没有悲剧色彩存在，但悲伤会转变为爱。我们从他很多作品中都能感受到。

第3课时　不朽的魅力

【教学内容】

《银河铁道之夜》（作者宫泽贤治）。

《蜗牛的悲剧》（作者新美南吉）。

【教学目标】

在对比阅读中，感受两位日本齐名作家的作品风格。

【教学过程】

1. 背景导入

（1）“日本的安徒生”。新美南吉被称为“日本的安徒生”，他以极富想象力的文字，为读者打开了一扇通往美丽心灵的窗户。享年30岁。

（2）“北有贤治，南有南吉”。著名的儿童文学家石井桃子说：“北有宫泽贤治，南有新美南吉”。宫泽贤治，他敏锐洗练的笔，以及慈悲无私的心，使他的生命灿烂如花，凝住刹那，成为永恒。享年36岁。

2. 感知宫泽贤治

（1）简单感知童话《银河铁道之夜》的内容和风格。

在宫泽贤治众多的作品中，《银河铁道之夜》是公认的代表其文学成就最高峰的经典杰作，是散发不朽光辉的文学瑰宝，也是日本国文教材的必选内容。这篇童话，贤治为之呕心沥血了八年，构思酝酿、加工润色、反复修改，但直到生命结束时，仍属于未完之作。

出示片段：

街上已被绚丽的灯光和繁茂的树枝装扮得美丽、迷人。钟表店的霓虹灯光怪陆离，每隔一秒钟，猫头鹰钟上的红宝石眼珠便滴溜溜转动一下。一个海蓝色厚玻璃器皿上盛满了五光十色的宝石，宝石盘宛如星球缓缓旋转。偶尔，铜制人头马会徐徐向这边驶来……岸边的小石子璀璨、晶莹，的确像水晶和黄玉或是孔雀褶曲的化身，又像是由剑峰散发云雾般银光的刚玉。乔邦尼跑到岸边，将手浸入水中。奇怪的是，那银河水虽比氢气还要透明，但确确实实在流动。两人手腕浸水处，浮现出淡淡的水银色，浪花拍打手腕，泛起美丽的磷光，金灿灿的。

感受作者描绘出的景致：作者以其神妙之笔建构了一个繁花似锦的银河世界。

（2）拓展宫泽贤治的诗歌《不畏风雨》。

不畏风雨

不畏风不畏雨

不畏冰雪冬不畏酷暑夏

顽固身难倒下

无欲无求不嗔不怒

气定神闲

一日食玄米四合味噌半把菜

所见所闻一切莫妄定论

多看多听多见识了然于心岂忘怀

野原松林之荫下寄居赋闲茅草屋

东方出病童前行看病去

西方多老妪前行负稻穗

南方有命休矣者前行慰籍道莫怯

北方喧哗兴诉讼劝戒无事化干戈

独自一人频拭泪寒夏何处为去向

众说我生是傀儡

不感欢喜不感疾苦

愿作此化身……

（3）结合宫泽贤治的生平，感知作者对生活的热爱和渴望。

银河铁道每一站的风景，就像一幅幅绚丽的彩画，深刻地留在乔邦尼眼里，也留在了读者心中。但是这种绚烂与极致却与作者的短暂生命形成了鲜明的对比。

3. 感知新美南吉

作为日本著名的童话作家，新美南吉一生创作了120余篇童话，为儿童打开了一扇丰富多彩的窗户。然而，这扇窗户外的世界却并非那么明亮。新美南吉的童话总是有着一股淡淡的哀愁，其作品很少有大团圆式的结局，大多是以一方或双方的毁灭而终，具有很强的悲剧意识。

出示童话《蜗牛的悲剧》：

有一只蜗牛。

有一天，那只蜗牛想到了一件不得了的事：

“直到现在，我都没有注意到，

我背上的壳里面，不是装满了悲哀吗？”

这个悲哀怎么处理好呢？

于是，蜗牛去找他的蜗牛朋友。

那只蜗牛跟朋友说：“我已经活不下去了。”

朋友蜗牛问他：“怎么啦？”

“我是多么不幸啊！我背上的壳里而装满了悲哀。”

第一只蜗牛说道。

然后，朋友蜗牛说话了：

“不只是你，我的背上也装满了悲哀。”

第一只蜗牛心想，真没办法，只好再去找别的蜗牛诉苦。

然后，其他的蜗牛朋友也说：

“不只是你，我的背上还不是也装满了悲哀。”

于是蜗牛又到别的朋友那里去。

就这样，他一个又一个地寻访朋友，

但是，不管是哪个朋友，都说一样的话。

终于，那只蜗牛注意到了：

“不只是我，每个人都有悲哀。

我必须化解自己的悲哀才行。”

学生交流感悟：人总是觉得自己是世界上遭遇最为悲惨的一个，为自己觉得不公，总想找人诉说这些事情。可是，这个世界并不只有自己在经历这些苦难，我们经历着，其他人也经历着。所以，我们必须学会化解自己的悲哀，从中不断找到人生的乐趣。转念想想，正是因为人生中会有悲哀，那些快乐、喜悦和幸福才会显得如此美好，如此弥足珍贵！

教师小结：时间的长河，总会为世人去芜存菁，在浩浩书海，筛选出永恒的佳篇。留下的轨迹，总有些是永恒不变的，那便是对纯净的心灵的向往，对永恒的生命的追求以及坚持有梦的痴心盼望。

第4课时　陨落的星星

【教学内容】

《新美南吉童话绘本》北方妇女儿童出版社，作者：新美南吉。

【教学目标】

读童话，创作“心中的新美南吉”绘本故事。

【教学过程】

《新美南吉童话绘本》撷取日本童话大师新美南吉的经典作品，包括《小狐狸买手套》《红蜡烛》《去年的树》《鹅的生日》等作品，搭配精致唯美的图画，让这些经典的作品焕然一新，带给你全新的阅读感觉。新美南吉的童话，清新、简洁，弥漫着淡淡的忧伤，充溢着哲学的意味，读罢令人深受启发。

1. 根据故事内容创编绘本封面

根据自己的喜好，选择阅读新美南吉的童话故事，再根据故事的内容，合理想象，小组合作，创编不同的绘本封面。

如：《小狐狸买手套》如图2-8所示

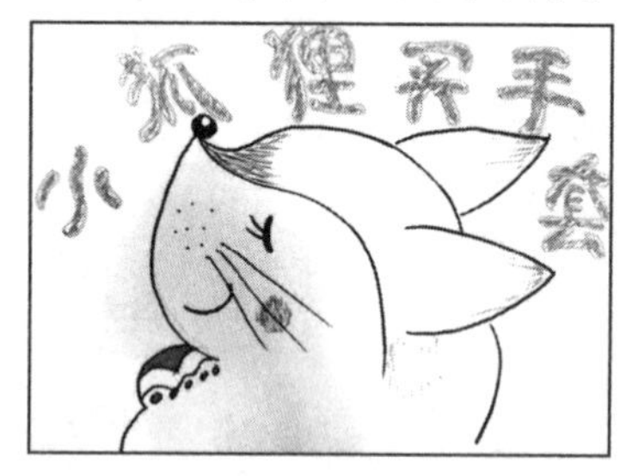

图2-8 《小狐狸买手套》

2. 丰富故事情节创编绘本

出示：《鹅的生日》绘本故事，让学生丰富故事情节。

师：这中间会发生哪些有趣的故事呢？请同学们丰富故事情节，并根据绘本风格，创编绘本故事。可以小组合作，合理分配任务，共同完成。

3. 合理地预测情节的后续发展。

原来小猴子从山下带回来的是一支红蜡烛！小乌龟伸长脖子埋怨小猴子说："吓死我了！你怎么连蜡烛都不认识？"小猴子挠挠头说："我只知道蜡烛是白色的，谁知道还有红蜡烛呀！"黄鼠狼昂起头责备小猴子说："你没搞清楚是什么东西，就拿回来吓唬我们，真讨厌！"野猪笑了笑说："好了，好了，既然我们已经知道了它是一支红蜡烛，就不必再争吵了……"

续写《红蜡烛》，如：让我们点着蜡烛，开个烛光晚会吧！根据绘本风格，创编绘本故事。可以小组合作，合理分配任务，共同完成。

六、课程评价

1. 评价原则

多元化评价。评价是教师和孩子共同合作进行的有意义的建构过程。本课程倡导学生的自评、他评，教师的激励性评价。让家长参与到学生的日常过程性评价中来，既能客观真实地、全面地评价孩子的学习和成长过程，也能营造良好的家庭文化氛围。我校慧思课程以人的发展为本，我们力求多个角度去衡量孩子们的发展，给每个孩子成功的喜悦、成长的快乐、探索的自信，在体验成功的过程中快乐阅读、快乐发现。

2. 具体评价方式（见表2–20）

表2–20"陨落的星星——新美南吉"课程评价表

评价项目	评价内容	评价结果（五星——优秀；四星——良好；三星——合格）			
		自评	互评	家评	师评
学习表现	对课程内容感兴趣，能主动积极投入，乐于合作，敢于表达，善于倾听				
学习能力	收集、阅读、交流、表达能力				
	思考、提问、质疑、创新能力				

续 表

评价项目	评价内容	评价结果（五星——优秀；四星——良好；三星——合格）			
		自评	互评	家评	师评
课程收获	积极增长见闻、丰富学习生活				
	主动经历探究过程，学有所获				

1. 续写作品

过了几天，小猴子去村边玩，他又捡了一支和上次一样的红蜡烛，他高兴极了，召集小伙伴们，晚上一起开烛光晚会。

到了晚上，大家聚集在一起，小猴子迫不及待地点着了这根红蜡烛，没想到，“啪”的一声响，蜡烛炸开了！小猴子的脸一下子被炸得跟他的屁股一样红了。原来，这不是蜡烛，而是一个红炮仗……

——卢斌续写《红蜡烛》

2. 学生手绘新美南吉绘本作品（如图2–9所示）

图2–9 学生手绘

第三辑

走过缤纷童年

童年是一首歌，悠远、绵长；童年是一幅画，斑斓、明艳；童年更是一卷书，回味、无穷。作为师者，我们有义务搭建一个平台，通过各种课程，让孩子们走出课本，走近童年生活，去感受这份天真烂漫，去记录缤纷美好，为这精彩的年华留下浓墨重彩的一笔！

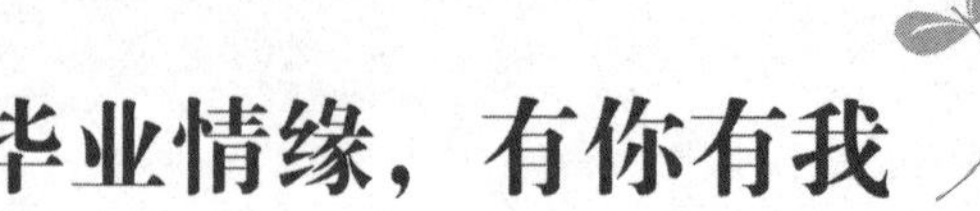

毕业情缘，有你有我

陈　静

一、课程开发背景

新课标指出：“语文是实践性很强的课程，应着重培养学生的语文实践能力，而培养这种能力的主要途径也应是语文实践，不宜刻意追求语文知识的系统和完整。”在高年级综合性学习的要求中也明确了要培养学生多方面的能力，如为解决与学习和生活相关的问题，利用图书馆、网络等信息渠道获取资料，尝试写简单的研究报告；能策划简单的校园活动和社会活动，对所策划的主题进行讨论和分析，学写活动计划和活动总结；对自己身边的、大家共同关注的问题，或电视、电影中的故事和形象，组织讨论、专题演讲，学习辨别是非善恶，等等。

小学毕业阶段是学生成长中一个重要转折点，是迈入中学的一个跳板，是同学之间分离的一个小阶段，在学习上将要升级，在生活上面临分离，许多难以忘怀的点滴非常值得记载下来，于是本课程旨在以“难忘的小学生活”为载体，通过学生主动参与、搜集并整理资料、动手创作、倾情演绎小学生活的点点滴滴，引导学生对小学生活留下美好的记忆，用多种形式表达对教师、家长和同学、母校依依不舍的感情，并立下美好的志向。

二、课程目标

（1）通过综合性学习“难忘的小学生活”，感受作者对小学生活的怀念，对母校、教师、同学的感情。

（2）通过摄影、绘画、创作剧本等方式，培养学生自主探究能力、语言表达能力、创新能力和敢于探索实践的能力，能在教师的帮助下，与同学一起组织策划小组联欢活动。

（3）回顾个人和集体的成长经历，懂得成长需要自己的努力，也离不开学校的关怀、教师的教导、家长的关心和同学的帮助，用多种形式表达对教师、家长和同学、对母校依依不舍的感情，并立下美好的志向。

三、课程内容

“毕业情缘，有你有我”课程内容的整体设计思路是：以六年级下册第六单元综合性学习活动“难忘的小学生活”为课程开发的总切入口，结合学生的实际情况，拓宽学生的知识面，提升学生自主合作探究能力，培养学生在课程中产生的爱校、爱生、爱师等情感，同时，关注多学科的交叉，如摄影、美术、音乐等，以达到发展学生综合素质的目的。课程内容的基本框架见表3–1。

表3–1“毕业情缘，有你有我”课程内容的基本框架

课程名称	主要内容	课时
第一阶段： 愿美我心 时间：3月份	一、毕业畅想曲 （1）生自由畅谈毕业想法，形成小组团队 （2）合力完成小组“毕业目标盒”（盒子包装最好于毕业那天拆开） 二、个人毕业寄语 （1）班级作文比赛：围绕主题“致毕业的我”进行习作，择优评级入册 （2）班级心语树：建立一期“第六个夏天”的展板，活跃班级文化	2课时
第二阶段： 行促我动 时间： 4—5月份	一、尊师道，为您写诗 选择自己喜欢的教师，为他写诗，集合成册 二、友善达，为伴点赞 自行设计同学录，为伙伴点赞 三、爱父母，为爱感恩 （1）节庆感恩活动：利用节庆（妇女节、母亲节、父亲节）建立活动，感恩父母，收集过程性图片、文字 （2）面向家长征文：给孩子的一封信 四、忆点滴，为校歌唱 静态微影创作（小组作品）：小组自设校园剧本，结合剧本进行图片拍摄或绘画，文图配，形成静态电影，最后汇合成册 五、悦自己，为己奋斗 （1）个人小传制作：收集年段照片、获得荣誉等，图文并茂，字数不限 （2）个人毕业宣言：一句话宣言	2课时

续 表

课程名称	主要内容	课时
第三阶段： 花为我开 时间：6月份	一、毕业联欢会 小组自排节目，进行会演 二、毕业纪念册 结合活动，收集照片、个人毕业宣言，形成纪念册 三、毕业成果书 （1）结合活动中的图文资料，分版块，形成一本关于本班的一本书，小组合作，分版块校对稿件 （2）形成电子书稿，欲借力家委会进行出版	2课时

四、课程实施

（1）适合范围：六年级，配合人教版六年级下册使用。

（2）课时计划：建议6课时，不计课堂外准备时间。其中部分活动以节庆相连，以课外作业的形式进行，讲究培养学生的自主学习和探究能力，以促进学生求真向善、知行统一。

（3）教学准备：普通教室。

五、课例展示

第一课　毕业畅想曲

（建议2课时）

【教学内容】

引导学生制订毕业目标并组织策划毕业活动方案。

【教学目标】

（1）学生自由交流讨论，自主设计任务目标及实施措施。

（2）开展互动目标活动，提升学生协作能力、解决问题的能力。

【教学过程】

1. 设计“毕业畅想目标”

（1）播放歌曲《毕业生》《凤凰花开》《北京东路的日子》。

（2）教师开场：最后一个夏天到来了，有一种情结萦绕在心头，让我们把这种感觉倾吐出来，把这份记忆保存下来。

（3）学生自由畅谈毕业的想法。

（4）教师相继肯定，提醒大家结合课前的预习的第六单元的综合性学习活动“难忘小学生活”进行整合系列活动。

（5）出示毕业活动库，以供学生打开思路：

作品类：歌颂教师小诗歌；珍惜同学的一封信；赞颂校园的作文；祝福未来自己的作品；感恩父母的作品；邀请父母给孩子写话或写信……

绘画、摄影类：毕业绘本集；校园生活摄影展；亲子摄影……

展示类：班级才艺舞台、演讲比赛、知识大百科班级大竞赛……

（6）形成6人活动小组，取队名、口号，设计毕业的目标和想法，完成小组活动计划表格（见表3–2）。

表3–2（　　　　）小组毕业畅想曲

成员	
口号	
毕业目标	（1）学业目标： （2）争章目标： （3）小组成长目标： （4）个人成长目标：
毕业分工安排	
毕业活动想法	写出你们小组最想开展的毕业活动，至少两个。 （1） （2）

（7）小组合力完成毕业畅想曲表格。

（8）各小组上台汇报各小组的毕业目标、想法，师生互相点评。

① 小组汇报，强调集体汇报，有主发言人，有小组个人分工自述，有小组齐呼口号。

② 其他小组：学会倾听，积极评价。

2. 制订“毕业目标盒”

（1）下发“毕业盒子”，进行互动活动——小组成员将个人成长目标写在小纸条上，写下年月日，自行设计“毕业盒子”，盒子于毕业那天开封，目标是否达成。

（2）小组合力完成“毕业目标盒”。（配乐《凤凰花开》）

（图3–1：学生创作的“毕业盒子”）

图 3–1

3. 策划“毕业活动方案”

（1）整合各小组的“毕业活动想法”，归类分解：

预设：①师生情；

②亲子情；

③朋友情；

④爱校情；

⑤个人情……

（2）整合毕业活动，全班通过活动，进行进一步的分工，由对应的小组承担，安排后续组织全班共同进行活动。

（3）小结课程所学，表彰小组，争夺海燕章。

第二课　个人毕业寄语

（建议2课时）

【教学内容】

引导学生认识毕业对自己的重要意义，并在回忆中认识一个新的自己。

【教学目标】

（1）学生自由表达毕业认识，引导学生认识毕业的意义。

（2）提高学生“我口说我心，我手写我心”的能力，学会肯定自己。

【教学过程】

1. 照片回忆

（1）教师谈话引入：第六个夏天来了，同学们即将毕业。你们从一个幼小的孩童成长为一个满怀豪情的少年。回顾成长过程，你收获了很多，让我们一起看看以往我们在一起学习、生活的照片吧！

（2）学生畅谈照片的记忆。

2. 点赞自己

（1）师：的确，每一张快乐的笑脸，每一个有趣的动作，每一次精彩的发言……都是成长的最好的见证。今天我们就给大家提供这样一个交流的机会，为自己点赞，围绕毕业的自己来说说事情。

（2）学生自由说自己六年来的点滴收获和未来自己的期待。

（3）教师一一肯定。

3. 定格寄语

（1）出示胡适《赠与今年的大学毕业生》的三个方子：

第一个方子是：总得时时寻一个两个值得研究的问题。

第二个方子是：总得多发展一点儿业余的兴趣。

第三个方子是：总得有一点儿信心。

（2）大学毕业生和小学毕业生不一样，胡适的方子对于我们有意义吗？学生自由畅谈。教师引导学生明白毕业之于“我”的意义。

下发训练单，阅读以毕业为主题的文章2篇。

阅读下面两篇文章，思考毕业之于自己的意义。

再见，童年！

再见，童年！

听，操场上的嬉闹声；听，外出时的欢笑声；听，比赛时的呐喊声；听，军训时的口号声。所有欢声笑语，在此时此刻，被谱写成爱的篇章。

看，同学们的你追我赶；看，老师们的认真批改；看，园丁们的细心灌溉；看，干净而亮堂的教室。所有美好事物，在此时此刻，被定格在你我心中。

两千一百九十天，有欢笑，比赛获胜的欢笑，外出秋游的欢笑……有泪水，同伴受伤的泪水，你我争执的泪水……欢笑与泪水，成为小学六年生活里，最美好的回忆。

回忆过去，从无知变得懂事，从天真走向成熟，从“为什么”变成“我知道”……眺望未来，“智多星”变成“大博士”，“小班长”变成“大教授”，“小体育健将”变成明天的“冠军”……告诉我，两千多个日子，是谁伴我走过？是你，伙伴；是你，老师！

但愿我们跨越时空，彼此想念，彼此祝愿！

最好的回忆

俯仰之间，急景流年。曾经的日子似昨天。

激情澎湃的运动场上，是谁忘我地征服着赛道？游泳馆里，是谁拼命地划着水花，只为了班级能得到荣誉？又是谁在班主任气得夺门而出后，递上一份写满道歉语的卡片？

不知是从何时开始的，体育课跑步时，我常会环视这个熟得不能再熟的地方；也不知从何时开始，发现原来饭堂的饭菜也并不是那么难吃；更不知从何时开始，发现原来校园里的两棵大榕树竟那样翠绿。

还记得，教师节那天，全班同学对老师的祝福和那盛开的百般灿烂的鲜花，那灿烂的鲜花，宛如我们全体学生的一颗颗炽热的心。

还记得，那位同学身体不好，得了白血病。当我们班知道这个不幸的消息时，教室里顿时充满了异样的气氛。想起那位同学昔日的笑脸，我们相互凝视，心里交杂着百味。

还记得，军训那天的晚会，我们班上同学表演的一个小品，把全体师生逗得哈哈大笑，并鼓起了手掌。那一刻，我为我是六年（2）班的一份子感到光荣。

人长大了就总爱回想以前，不管是伤心的、愧疚的、后悔的，回想起来都是快乐的。

六年的欢笑泪水、六年的春秋故事，舍不得同班的同学，舍不得诲人不倦的老师，舍不得这个有着我们太多回忆的校园。六年，不算太长的日子，但他记录了多少回忆。

昔日那教室中明亮的灯火，照亮着我们未来的大道，让我们以后不必跌跌撞撞；昔日同学们的一阵阵笑声，洗涤着我们的心灵，让世间的一切尘埃都无法侵入我们心中。

天下没有不散的筵席，花开花落总无情。离别是一种痛苦，是一种勇气，但同样也是一个考验，是一个新的开端。让我们始终踏着坚实的步伐，从零开始，不断向前迈进，这样才能在一望无际的学海中乘着帆船向理想航行。

（3）小结毕业之于“我”的意义：一份记忆的收藏；一段学识的积累；一帮互助的同学；一段成长的历程……

（4）围绕“致毕业的我”，写下自己的感受。（给学生充足的时间当场习作）

写下自己的毕业感受：

4. 互评内容

（1）6人小组交叉互评，选出最好的一篇和存在问题较多的一篇，不足的提出改进意见。

（2）出示2~3篇写得很好的文章，讨论明确：语言优美、对自己的成长有激励作用的语言能给人以美的享受和积极的力量，大家都会很喜欢。

（3）出示1~2篇不大好的文章（需征得学生本人同意），讨论明确：空话、套话，是不受人欢迎的，要注意避免。

（4）学生进一步修改，誊写上交。

5. 盖章评价

（1）优选文章，盖章表扬，张贴宣传。

（2）每人写下一句想对毕业的自己说的一句话，张贴在班级展板，变成"班级心语"树。

第三课　忆点滴，为校歌唱

（建议2课时）

【教学内容】

小组自行设计校园剧本，结合剧本进行图片拍摄或绘画，文图配，形成静态电影。

【教学目标】

通过摄影、绘画、创作剧本等方式，培养学生自主探究能力、语言表达能力、创新能力、敢于探索实践的能力。

【教学过程】

1. 初识"静态电影"

（1）播放一个视频版静态电影《友情的这点小事》。

（2）学生自由谈：你发现了什么？

（3）教师一一肯定，介绍静态电影——又叫图片电影，是一种利用照片来讲述故事的艺术。创作者往往只需十几张照片就能表现一个故事，跟我们看的8格漫画或绘本故事很像。

2. 共撰"校园故事"

（1）教师引入：上芬校园一年后将会搬迁，而同学们以后可能只能在脑海中回忆这六年的生活，建议用"静态电影"为校园歌唱、为自己的童年留下美好回忆。

（2）出示要求：静态电影的制作非常简单，并没有想象中那么难，以下是老师的一点儿建议：

① 以上芬校园为背景，以六年（2）班的同学为角色（可以设计几个角色，也可以全班作为角色），确定好剧情情节、主要角色、拍摄场景。

② 拍或选10~20张照片，拍摄时选好角度，懂得运用场景衬托剧情主题。

③ 后期制作：插入文档，文配图，标注好小组成员分工（摄影、编剧、导演、制作人员等信息）；有能力的小组可将照片制作成PPT幻灯片格式，可以配乐，进行汇报展示。

④ 拍摄设备：借用教师手机、摄影组相机；还可以到老师的QQ空间、学校摄影社团收集照片；另外小组中美术组的同学可采用手绘校园剧本来展示。

⑤ 评选：最佳编剧奖、最佳导演奖、最佳摄影奖、最佳男主角、最佳女主角、最佳女配角、最佳男配角……

（3）教师出示一个剧本《邂逅图书馆的精灵》：一个爱看书的女生，在上芬图书馆里认真阅读，书里面的人物出现在她眼前……她在书香里变得越来越美。

（4）生谈剧本的看法，说说好在哪，哪里还需要改进。

（5）教师一一肯定，并指导校园地点的选择、人物角色的安排、事情发展的起承转合……

（6）小组讨论上芬校园故事的剧本。

（7）小组派代表上台讲述故事梗概，师生共评。

（8）小组根据建议和意见，进行故事撰写。

3. 生成“静态电影”

小组成员合力利用课余时间进行制作，师给予指导和帮助。

4. 汇报“上芬故事”

（1）小组以自己的形式（Word文档或PPT）进行展示，并说说小组创作过程的感受。

（2）师生互评，并进行投票选举。

（3）开展颁奖典礼。

六、课程评价

1. 评价原则

注重过程，定性定量相结合。由于本课程是综合性学习活动，考查的学生能力较多，故将质性的评价方法和量化的评价方法相结合，以便更有效地描述学生发展的状况，以此激发学生、生生之间、师生之间、亲子之间的关系内在的发展动力，促使其不断进步，实现自身价值。

注重能力，多元考查评价。评价内容以能力为维度，以第一人称进行具体化表述；评价主体多元化，个人、生生、师生、亲子四结合，将毕业的情怀在学校和家庭进行充分融合，使学生更好地过渡到中学生活。

2. 具体评价方式见表3–3

表3–3“毕业情缘，有你有我”课程评价表

班级		姓名		日期		
我所参与的小组名称						
评价1（自评、组评、师评、家评分值区域均在1~5分）						
项目	评价内容	自评	组评	师评	家评	合计
口语交际能力	我有自己的想法，与人交流时能尊重和理解对方，乐于参与讨论，敢于发表自己的意见；我乐于倾听，认识到每个同学都会有有价值的东西提供，没有打扰其他的小组或同学的发言					
书面表达能力	我抓住“毕业情缘”，懂得用文字来抒发自己的毕业情感，还能根据小组的创意完成剧本撰写的小任务；会修改自己的习作，并和他人交流修改					
综合学习能力	我会利用各种平台搜集资源、材料，尝试完成活动计划和活动总结；积极加入小组活动，具有活动策划能力；有自己的观点、任务与责任。我学习分派任务，并能完成我所承担的部分，能对小组做出贡献					

续 表

<table>
<tr><td>合作能力</td><td colspan="3">我很乐于和同学在一起，乐于分享自己的所得，主动向同学请教；懂得我的学习方法既是独立的又是合作的；我不用别人提醒就能遵守我们小组的合作要求或班级的活动规则</td><td></td><td></td><td></td><td></td><td></td></tr>
<tr><td>自我评价能力</td><td colspan="3">我会对个人的展示结果、小组的最终结果和组内自己所承担的那部分工作的进展做出合理、公正的评价</td><td></td><td></td><td></td><td></td><td></td></tr>
<tr><td>合计总分</td><td></td><td></td><td></td><td></td><td></td><td></td><td></td><td></td></tr>
<tr><td colspan="9">评价2（用文字简单描述你的收获）</td></tr>
<tr><td colspan="4">在本次活动中，我收获了哪些？（列举具体作品、荣誉等）</td><td></td><td></td><td></td><td></td><td></td></tr>
<tr><td colspan="4">在本次活动中，我对毕业有了什么不一样的感受？（用2~3句话描述）</td><td></td><td></td><td></td><td></td><td></td></tr>
<tr><td colspan="4">在本次活动中，哪些能力对我以后的学习很有用？</td><td></td><td></td><td></td><td></td><td></td></tr>
</table>

1. 合编剧本

联合家长力量，最终录制一部5分钟的毕业微电影《嘿，同学！十年后约不约》，如图3-2所示。

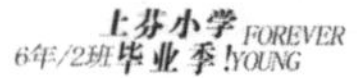

图 3-2

2. 编辑毕业纪念册

收集活动过程资料，编辑成毕业纪念册《时光不老，二班不散》，如图3-3所示。

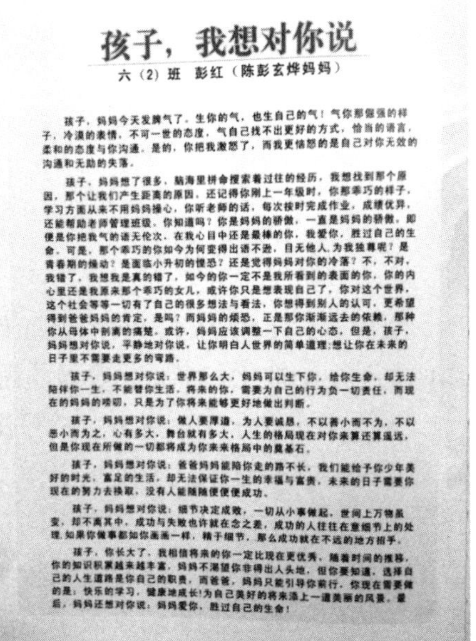

孩子，我想对你说

六（2）班　彭红（陈彭玄烨妈妈）

孩子，妈妈今天发脾气了。生你的气，也生自己的气！气你那倔强的样子，冷漠的表情，不可一世的态度，气自己找不出更好的方式，恰当的语言，柔和的态度与你沟通。是的，你把我激怒了，而我更愤怒的是自己对你无效的沟通和无助的失落。

孩子，妈妈想了很多，脑海里拼命搜索着过往的经历，我想找到那个原因，那个让我们产生距离的原因。还记得你刚上一年级时，你那乖巧的样子，学习方面从来不用妈妈操心，你听老师的话，每次按时完成作业，成绩优异，还能帮助老师管理班级。你知道吗？你是妈妈的骄傲，一直是妈妈的骄傲。即使是你把我气的语无伦次，在我心目中还是最棒的你，我爱你，胜过自己的生命。可是，那个乖巧的你如今为何变得出语不逊，目无他人，为我独尊呢？是青春期的躁动？是面临小升初的惶恐？还是觉得妈妈对你的冷落？不，不对，我错了，我想我是真的错了，如今的你一定不是我所看到的表面的你，你的内心里还是我原来那个乖巧的女儿，或许你只是想表现自己了，你对这个世界，这个社会等等一切有了自己的很多想法与看法，你想得到别人的认可，更希望得到爸爸妈妈的肯定，是吗？而妈妈的烦恐，正是那你渐渐远去的依赖，那种你从母体中剥离的痛楚。或许，妈妈应该调整一下自己的心态，但是，孩子，妈妈想对你说，平静地对你说，让你明白人世界的简单道理:想让你在未来的日子里不需要走更多的弯路。

孩子，妈妈想对你说：世界那么大，妈妈可以生下你，给你生命，却无法陪伴你一生，不能替你生活，将来的你，需要为自己的行为负一切责任，而现在的妈妈的唠叨，只是为了你将来能够更好地做出判断。

孩子，妈妈想对你说：做人要厚道，为人要诚恳，不以善小而不为，不以恶小而为之，心有多大，舞台就有多大，人生的格局现在对你来算还算遥远，但是你现在所做的一切都将成为你未来格局中的奠基石。

孩子，妈妈想对你说：爸爸妈妈能陪你走的路不长，我们能给予你少年美好的时光，富足的生活，却无法保证你一生的幸福与富贵，未来的日子需要你现在的努力去换取，没有人能随随便便便成功。

孩子，妈妈想对你说：细节决定成败，一切从小事做起，世间上万物皆变，却不离其中，成功与失败也许就在念之差，成功的人往往在意细节上的处理，如果你做事都如你画画一样，精于细节，那么成功就在不远的地方招手。

孩子，你长大了，我相信将来的你一定比现在更优秀，随着时间的推移，你的知识积累越来越丰富，妈妈不渴望你非得出人头地，但你要知道，选择自己的人生道路是你自己的职责，而爸爸，妈妈只能引导你前行，你现在需要做的是：快乐的学习，健康地成长!为自己美好的将来添上一道美丽的风景，最后，妈妈还想对你说：妈妈爱你，胜过自己的生命！

图 3-3

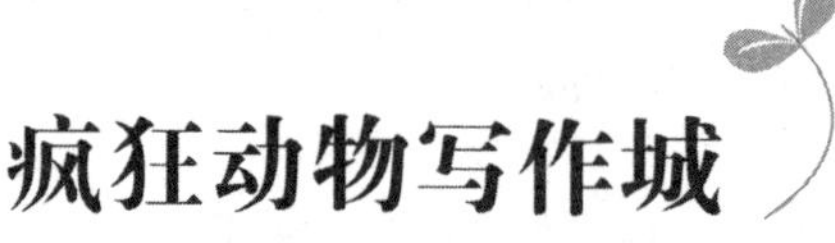

疯狂动物写作城

黄映霞

一、课程开发背景

近年来，学校积极探索构建富有校本特色、充满活力的3H智慧课程体系，以满足学生个性化和多元化发展的需要，促进学生多元化、和谐化发展。

《语文课程标准》指出：“写作教学应让学生易于动笔，乐于表达。”可在日常的语文课堂上，教师怕上作文课，学生怕写作文。假话、假感想占据了孩子的笔端。原本应该天真烂漫的写作变成了生产同一个模子的机械活。让学生易于动笔乐于表达，这是作文教学改革在呼唤灵动生命的回归。生活是源源不断的创作素材，艺术创作源于生活。选取生活热点话题，既与时俱进，又容易激发学生去关注身边事并用笔表达自己的见解。

据了解，学生非常喜欢《疯狂动物城》这部充满正能量的影视作品，他们喜欢剧中为梦想拼搏进取的兔子，喜欢睿智有追求的狐狸，好奇不断嚎叫的野狼。因此，开设这一激发学生习作兴趣的课程。

二、课程目标

（1）通过阅读文学作品、观看影视作品中的兔子、狐狸、狼等形象，初步认识他们。

（2）通过开展社会实践活动，体验兔子的真实生活，再现影视作品中的兔子形象，锻炼再造想象能力。自行创作兔子故事，挖掘创造想象能力。

（3）将阅读和观影的间接经验和亲自劳作的直接经验结合积累写作素材、丰富生活画面。

（4）回归生活，以生活为本源，与生活交流，与生命交流，返璞归真，让孩子们能够多角度地观察生活，发现生活的丰富多彩，激发写作热情，能够有创意地表达，从而写出自己的个性。课程内容的基本框架，见表3-4。

表3-4“疯狂动物写作城”课程内容的基本框架

教学板块	课题	主要内容	课时
1	动物直播间	介绍英国钱币上的彼得兔形象；谈谈《爱丽丝梦游仙境》的兔子形象、《再被狐狸骗一次》的狐狸形象、《狼王梦》的群狼形象；看看《疯狂动物城》中的动物；聊聊自己喜欢的动物形象	1课时
2	兔子体验园	全班总动员到菜园种胡萝卜；结合视频谈种植感受；大家一起拔萝卜，第一次写作《体验兔子的生活》	1课时
3	动物升职记	再现《疯狂动物城》中的动物形象，写作《兔子朱迪升职记》；艺术创造，自己创作一个关于狐狸和狼的故事	1课时
4	森林群英会	改编经典儿歌，歌词中加入兔子元素；创造想象，通过剪纸艺术剪出自己喜欢的动物；创作现代诗，为剪纸配文；小组就自己创作的动物故事进行话剧编排演出	1课时

三、课程准备

（1）每个课时推送10张“创作快车卡”，共40张；前往“阅读派对”的通行证10张。

（2）“疯狂创作动物城”动员令：

同学们，你们知道吗？学校的阅读俱乐部，即将进行一个规模盛大的创作竞赛，并将开办一场阅读派对，欢迎各班有志之士踊跃报名参加。为了更好地备战，我们现在成立了一个“疯狂创作动物城”，表现优异者（凭拿到的“创作快车卡”的数量多少决定）将获得特别奖励——“阅读派对”的通行证！希望大家在训练中尽情展现你们的聪慧、才智和灵气，好吗？

四、课例展示

第一课　动物直播间

（建议1课时）

【教学内容】

《爱丽丝梦游仙境》（作者：刘易斯·卡罗尔）

《再被狐狸骗一次》（作者：沈石溪）

《狼王梦》（作者：沈石溪）

【教学目标】

（1）复述故事内容，梳理动物形象。

（2）感受兔子活泼的性格，狐狸的机智与狡猾、狼的母性光辉。

【教学过程】

1. 交流《爱丽丝梦游仙境》，感受兔子的活泼性格。

（1）谈谈兔子形象。

师：大家都阅读完《爱丽丝梦游仙境》这则童话故事了，奇思妙想的故事中出现了哪些特别的角色？

生：三月兔、红皇后、渡渡鸟。

师：什么事情让你感受到它们的特别？

生：当爱丽丝走到一个三岔路口时，路口上标志着两个牌子，一条路通往帽匠的住所，一条路通往三月兔的住所。爱丽丝不知道该选择哪一条路。这时有人告诉她：

“这两个人都是疯子。”

“区别是，三月兔只在三月发疯，而帽匠一年四季都是疯的。”

（2）说说钱币上的兔子。

师：大家看一看老师手上这一张英国钱币，哪位同学知道钱币上面兔子的故事？

生：这只兔子叫彼得兔。当时插画家波特小姐为《爱丽丝梦游仙境》的故事着迷，画出了彼得兔的雏形。几年后她创作了儿童插画书《彼得兔的故事》。

生：故事是这样的……

（3）聊聊故事感悟。

观看《疯狂动物城》兔子追求梦想的求学片段、兔子智斗狐狸的机智片段。

师：是的，故事很激动人心，最打动你的是哪句话？

生：不管怎么样，我都要完成自己的梦想。

生：兔子不是只会种胡萝卜，兔子也可以有梦想。

同桌交流，学生代表谈交流感悟。

学生交流总结：我们看了整个故事后有点儿热血沸腾。让我们感受到了相信自己和追求梦想的力量。

2. 自读《再被狐狸骗一次》，发现狡诈与父爱

出示故事《再被狐狸骗一次》，让学生默读，读完交流感受。

讨论：是否有“忧伤”的感觉？

交流：自己的感受。

想象：给故事换结尾。

师：给故事换个结尾，怎样才能保全公狐狸的性命？

学生自己小结：狐狸的形象这么有情、有爱，让人佩服。

3. 品读《狼王梦》，感悟狼的母性

（1）出示母狼产子片段，丰富对动物情感的认识。

母狼产子时遇到了一条猎狗，生死存亡之际，会发生怎样的故事呢？请同学们发挥想象。

学生交流自己的想象。

出示故事结尾，讨论故事传递的情感。

故事结尾：母狼爱子心切，与猎狗拼命周旋，护住了自己的5只小狼崽。但母狼由于营养不良无法给4只小狼充足的奶水，万分悲伤下只有吃下第5只已失去生命的小狼来补充体能保护剩下的孩子。

学生讨论：意料不及的故事结局，反射的是怎样的情感。有不舍、有坚持、有母爱光辉的狼性等。

当堂评价：小组投票推选出本节课10位最佳发言人，他们是口头表达中的创作者。

教师小结：人非草木，孰能无情。在文学作品中，动物也一样。通过阅读文学作品和观看影视作品，感受多彩的情感世界。课后多读些动物故事，从中慢慢地体会吧！

第二课　兔子体验园

（建议1课时）

【教学内容】

对比短句子和长句子。

动作描写和环境描写示范。

学生种植视频展示。

【教学目标】

（1）对比短句子和长句子，掌握动作描写和环境描写的方法。

（2）通过观看自己的种植视频，回忆当时的心情和感受，能用精确的词语描写出来。

【教学过程】

学生分小组进行体验活动，一周前合作完成这项实践活动，获得最贴切的直接经验。一周后可在课堂上畅所欲言谈劳动感受、体验心情，下笔写作时有充足的素材可用。小组分工见表3-5。

表3-5

组名	成员	任务
材料准备组	一组	播种前浸种催芽，催芽后摊开，盖上湿布以保湿
视频拍摄组	二组	学生与家长合作，将材料准备和种植过程拍下来，录制成视频
种植体验组	全班	班级同学松土、播种、浇水、施肥
感想采访组	三组	小记者们当场采访种萝卜前、中、后的心情和感受

1. 画面重现，开启记忆之门

播放学生种植萝卜视频，并出示家长感言：“让孩子体验一下农耕生活真不错，这下知道‘粮食来之不易’这句话的含义咯！”

唤起学生劳动记忆，激发学生表达欲，开启创作之旅。

2. 句子对对碰，我来写一写

小组成员首先在小组内展示自己描写动物的句子，公选出小组最佳作品，迅速写在创作板上并贴到黑板上展示，支持率最高的作品可获得“创作快车卡”。

示例：

（1）叔叔家有一只可爱的小兔子。（短句）

（2）叔叔家的小白兔的嘴是“丫”字形的，好像合不拢，露出两排碎玉似的小牙，可爱极了。（长句）

练习：

（1）小兔子的眼睛是红色的。（短句）

（2）小兔子喜欢吃胡萝卜。（短句）

（3）小兔子给我们带来欢乐。（短句）

预设学生完成扩句情况：

（1）小兔子的眼睛是红色的，好像两颗闪闪发光的红宝石。（长句）

（2）小兔子喜欢吃胡萝卜，每当我递食物给它时，它总是乐得手舞足蹈，贪婪地吃着，还发出“啧、啧、啧”的叫声。（长句）

（3）小兔子会扭动小屁股，跟随音乐跳舞，给我们带来欢乐。（长句）

3. 以动作描写和环境描写为例指导习作

（1）动作描写——让动作连贯起来。

小兔子走起路来，一蹦一跳的，因为后腿长而有力，前腿却很短，跳跃的时候，后腿用力往后蹬，身子随着向前一窜，一下子就蹦出老远。高兴的时候，它还会用四条腿同时蹬地，头一摆，耳朵一甩来一个空中转体，像一个杂技演员在表演精彩的节目。有时，它还用后腿支撑着身体站起来，然后，用两只前爪轻轻地洗脸。多讲卫生呀！小兔子的尾巴像个小绒球，贴在屁股上，跳动的时候，随着身体一动一动的，要是不小心粘上圆圆的粪蛋，那样子就更可笑了。

（2）环境描写——让心情有形起来。

夕阳西下，晚霞姐姐成群结队地出现在天空中，几只小鸟飞过，给这幅暖暖的日落图增添了不少趣味。小兔子从动物学校放学回家，手里拿着一张90分的数学卷子，蹦蹦跳跳地跟路上的叔叔阿姨问好。平日里比较文静的它今天居然主动跟叔叔阿姨们打招呼。辛辛苦苦努力了3个月换来的90分真让人开心。

（3）学生习作练习。

当堂评价：小组投票推选出本节课10位最佳能力者，获得快车卡。

教师小结：由词成句，由句成段，由段成篇。孩子们写文章犹如建高楼大厦，先把写句子的地基打好，在此基础上教授技法，让孩子们获得写作效能感。

第三课　动物升职记

（建议1课时）

【教学内容】

《疯狂动物城》导演：［美］拜伦·霍华德。

【教学目标】

在片段式回忆及线索梳理中，能够整理出朱迪每次身份提高的转折点和代表事件。

【教学过程】

1. 学生分享故事梗概，唤醒沉睡的记忆

故事发生在一个所有哺乳类动物和谐共存的美好世界中，兔子朱迪从小就梦想着能够成为一名惩恶扬善的刑警，凭借着智慧和努力，朱迪成功地从警校中毕业进入了疯狂动物城警察局，殊不知这里是大型肉食类动物的领地，作为第一只，也是唯一的小型食草类动物，朱迪会遇到怎样的故事呢？近日，城中接连发生动物失踪案件，就在全部警员都致力于调查案件真相之时，朱迪却被局长发配成了一名无足轻重的交警。某日，正在执勤的兔子遇见了名为尼克的狐狸，两人不打不相识，之后又误打误撞地接受了寻找失踪的水獭先生的任务，如果不能在两天之内找到水獭先生，朱迪就必须自愿离开警局。朱迪找到了尼克，两人联手揭露了一个隐藏在疯狂动物城之中的惊天秘密。

2. 片段式播放，引导学生主动梳理线索

据统计，班上孩子已在父母的带领下观看过这部电影，为促使学生自己积极思考，我们将按照朱迪身份转化的四个转折点来播放视频，而不播放完整的电影。

每次播放一小段视频，便让学生做简要记录。待观看完“朱迪进入警校学习”“朱迪警校毕业”“肉食动物集体失踪”“绵羊市长阴谋暴露”四段转折点视频后，引导学生在卡片上标注出转折点，完成记录卡。

3. 利用线索引导，形成段落文字

转折一：兔子朱迪梦想着成为一位刑警，因为这个梦想它备受嘲笑。不服输的朱迪凭借努力顺利进入警校学习。

转折二：警校的训练内容很苦，瘦弱的朱迪付出了比常人更多的努力，终于从警校毕业，还作为优秀毕业生代表上台发言。

转折三：到警察局工作得不到大家的认可，朱迪毛遂自荐请求调查动物集体失踪事件，得到午夜嚎叫的破案线索。

转折四：朱迪发现绵羊市长打算消灭肉食动物的阴谋，巧妙应对，化险为夷。

小组成员首先在小组内展示自己的文段，公选出小组最佳作品，最有逻辑思维的作品获胜，可获得“创作快车卡”。

4. 巧用转折点，创作狼和狐狸的故事

师：现在我们一起来玩故事接龙的游戏，请展开想象的翅膀，借助转折点来完成狼和狐狸的故事创作。

创作一：

狼和狐狸——→羡慕——→小偷——→灵魂出窍

创作二：

破壳——→吃东西——→血腥味——→承诺——→实验室

【作品评价】

每位学生将自己的作品配上图画绘制成彩色电子小报，展示在班级文化长廊上。小组每天派出两位印花助手，向每一个路过的教师学生派发印花，请这些大众评委为优秀作品贴上一个印花。一周过后，按作品获得印花数量的多少向作者发放“创作快车卡”。

教师总结：引导学生写作并非单纯说教与讲层次结构，还需将具体的方法程序列出来，在细节处引导，孩子在具体指导中会进步得更快。

六、课程评价

1. 评价原则

形成性评价。评价是教师和孩子共同合作进行的有意义的建构过程。本课程倡导对学生日常学习生活中所取得的成绩以及反映出的情感、态度、策略等方面的评价，是基于对学生全过程的持续观察、记录、反思而做出的发展性评价。激励学生学习，帮助学生有效地调控自己的学习过程，使学生获得成就感，增强自信心，培养合作精神。形成性评价使学生“从被动接受评价转化为评价的主体和积极参与者。”我校慧思课程注重生成性，我们力求在前进路上用欣赏的眼光去衡量孩子们的每一步发展，给每个孩子成功的喜悦、成长的快乐、探索的自信，让孩子在体验成功的过程中快乐探索、快乐创作。

2. 具体评价方式（见表3–6）

表3–6“疯狂动物写作城”课程评价表

评价内容	评价细则	自评	互评	老师的话
动物直播间	★复述故事逻辑清晰、内容完整			
	★敢于表达、梳理动物形象			
	★能发表自己思考过的看法			
兔子体验园	★能主动积极做好准备工作			
	★团队分工有序，合作成功			
	★敢于表达，善于倾听			
动物升职记	★准确寻找故事转折点			
	★大胆想象，敢创新			
	★勇敢向路人拉票，宣传自己			
森林群英会	★改编词汇，竖笛谱曲			
	★诗歌创作推广范围			
	★剪纸与诗歌匹配程度			
课程收获	★增长了知识，丰富了学习生活			
	★提升了探究实践和团队合作能力			
	★体验了学习的快乐和成功的自豪			

旅程拾贝

学生剪纸作品，如图3–4所示。

图 3–4

光阴的故事——“画”说童年

徐倩

一、课程开发背景

深圳市颁发的《关于深化中小学课程改革全面提升教育质量的指导意见》（2015年2月）在主要目标中提出，“打造特色鲜明的课程体系。高效落实国家课程，大力丰富地方课程，精品建设校本课程，扩大课程选择性，促进各学段课程有机衔接，形成开放、多元、现代的特色课程体系”。基于此，课程改革成为加快教学改革、提升教育质量的主要任务。

学校积极探索构建富有校本特色、充满活力的3H智慧课程体系，以满足学生个性化和多元化发展的需要，促进学生多元化、和谐化发展。

童年，是一首清新的歌，逝去的日子就像一串串音符，在指间跳跃。童年，是一幅纯蓝的画，让我们用清澈的眼神，把岁月绘成纯净的蓝河。五、六年级的孩子通过课文或者课外书籍，已经初步体会到了童年的美好，感受到了童年的难忘。本课程旨在让孩子们丰实美好的童年，用手、用心给难忘的童年留下最美的印记，并培养和提升他们的语文核心素养。

二、课程目标

（1）了解“名人”童年的故事，寻找“名人”童年的足迹。

（2）通过收集童年的诗和文章，进行品析，培养学生的信息整合能力，口头语言表达能力。

（3）运用手绘连环画，制作PPT等形式，激发学生对童年的热爱和留恋之情，丰富孩子们的情感世界，提高审美情趣。

三、课程内容

“光阴的故事——‘画’说童年”课程的设计思路是：以“说画”童年为主要内容，构建一个立体型的课程框架，建议7课时。课程内容分为四个单元，分别以体味名人的童年，童年的诗和文，童年的“画”和我的童年为主题。第一单元通过搜集资料了解“名人”的童年故事，初步体会他们对童年的热爱与留恋之情。第二单元通过收集童年的诗和文章，进行品析，培养学生的信息整合能力、语言口头表达能力。从而为下一板块做准备。第三单元以体验为主，手绘多姿多彩的童年，感受学有所得的乐趣。第四单元制作连环画，PPT，给孩子一个平台，以分析鉴赏为主，深切感受童年的魅力。整个过程步步深入，学生的自主探究、口头表达、创新思维和美术创作等综合素养得以提升。课程内容的基本框架，见表3–7。

表3–7“光阴的故事——‘画’说童年”课程内容的基本框架

教学板块	课题	主要内容	课时
1	名人的童年	学生分组搜集资料，找到你喜欢的名人的童年的故事	课前准备 交流1课时
2	童年的诗和文	找一系列童年的诗或文章，在背诵的基础上品析，并试着进行创作	课前准备 交流2课时
3	童年的“画”	童年就像一组连环画，找到连环画或者绘本作品，进行品析。最后拿起笔，尝试画出自己难忘的童年吧	课前准备 课上交流1课时 创作1课时
4	我的童年	基于自己的绘画，给“作品”配上文字，拍成PPT形式，制作自己的“光阴的故事”	课前准备 表演2课时

四、课程实施

（1）适合学生：五、六年级的学生。

（2）课时计划：自主学习与课堂交流相结合，预计7课时。

（3）教学准备：普通教室、多媒体、多功能厅。

五、课例展示

第一课　名人的童年

（建议1课时）

【教学内容】

了解林海音的童年故事。

【教学目标】

（1）了解林海音童年的故事。

（2）通过小组合作，讲述自己童年的故事。

【教学过程】

1. 课前探究

（1）布置任务：你对林海音的童年了解多少?

（2）小组合作：组内分工，查阅资料，整合信息，制作资料袋卡片。

2. 资料袋交流

（1）每组的小组代表，讲述一个关于林海音童年的故事。

（2）班内交流：读林海音作品，走进她的童年故事。

林海音，中国台湾著名作家，出生在日本大阪，原籍是台湾苗栗县。以《城南旧事》等作品享誉文坛，小名英子。父亲是客家人，母亲是台北县的闽南人。母亲婚后怀着她到日本去，在日本的回生病院生下了她。其父不甘在日寇的铁蹄下生活，又举家迁居北京，小英子即在北京长大。她在北平度过了25年的时光，北京城南的胡同、四合院，西山脚下的毛驴，以及脖子上挂着铃铛的骆驼，这些影像都给了她创作的灵感。

3. 讲讲自己的童年

（1）小组内部交流，互相讲讲自己童年的故事。

（2）每组选出一个代表，讲讲自己的故事。

（3）教师进行点评。

4. 课堂小结

师：林海音的童年生活，都是热闹而幸福的，无忧无虑，是真正的快乐，不折不扣的快乐。童年生活的经历，对她的一生产生了巨大的影响。课后，请同学们找一些自己喜欢的“名人”，搜集一些他们童年的故事，同学之间互相分享。

5. 课后作业

（1）搜集其他名人童年的故事。

（2）写一篇关于“童年的故事”的作文。

第二课　童年的诗和文

（建议2课时）

【教学内容】

儿童诗《童年的相册》欣赏，《阿长与山海经》等群文赏析。

【教学目标】

（1）了解小作者的童年，在背诵的基础上进行品析。

（2）通过对鲁迅先生童年文章的学习，增强学生对童年的喜爱之情。

（3）尝试进行简单的小诗和文章创作，提高学生的综合素养。

【教学过程】

第1课时　童年的诗

1. 课前准备

阅读一系列关于童年的诗歌。

2. 初步走进童年

（1）学生自由读儿童诗《童年的相册》。

（2）交流初读的感受。

生：羡慕爸爸的童年，有“木马”“望远镜”“海滩”。

（3）引导孩子们关注小作者词语运用的妙处。

（4）自由读诗，读出爸爸童年时代的欢快、无拘无束。

3. 深入学习《童年的相册》

（1）师生共读第一节诗，展开想象的翅膀去跟爸爸一起骑马。

（2）刚才我们看到了骑马的爸爸，现在，让我们看看说相声小段中的爸爸吧！

（3）你们看到爸爸在海滩上为我们做饭了吗？那真让人难忘啊！

①你看到了什么？什么样的海滩？脸上是怎样的……

②丰富画面。

同学们，把你看到的内容也写进诗句吧！同桌或4人小组讨论。

（4）续写诗歌。

闭上眼睛，让我们随着风儿飞吧！飞过我们这座城市，飞过一座座高山，飞过一条条河流，飞到遥远的地方。你还看到爸爸做了什么呢？（请同学们说一说）

（5）写一写你理想中的童年，并把她写成小诗吧！

4. 课后延伸

（1）师生共同背诵全诗。

（2）创作关于童年的诗。

第2课时　童年的文

1. 课前准备

（1）阅读《阿长与山海经》。

（2）读书卡制作：概括主要内容。

2. 文章节选

阿长与山海经

长妈妈，已经说过，是一个一向带领着我的女工，说得阔气一点，就是我的保姆。我的母亲和许多别的人都这样称呼她，似乎略带些客气的意思。只有祖母叫她阿长。我平时叫她“阿妈”，连“长”字也不带；但到憎恶她的时候，——例如知道了谋死我那隐鼠的却是她的时候，就叫她阿长。

我们那里没有姓长的；她生得黄胖而矮，“长”也不是形容词。又不是她的名字，记得她自己说过，她的名字是叫作什么姑娘的。什么姑娘，我现在已经忘却了，总之不是长姑娘；也终于不知道她姓什么。记得她也曾告诉过我这个名称的来历：先前的先前，我家有一个女工，身材生得很高大，这就是真阿长。后来她回去了，我那什么姑娘才来补她的缺，然而大家因为叫惯了，没有再改口，于是她从此也就成为长妈妈了。

……

我的保姆，长妈妈即阿长，辞了这人世，大概也有了三十年了罢。我终于不知道她的姓名，她的经历；仅知道有一个过继的儿子，她大约是青年守寡的孤孀。

仁厚黑暗的地母呵，愿在你怀里永安她的魂灵！

思考题：

（1）快速浏览文章，感知文章大意。

（2）当阿长来问《山海经》是怎么一回事时，“我”内心的想法是怎样的？为什么会有这种想法？

（3）为什么说“这四本书，乃是我最初得到，最为心爱的宝书”？

（4）这四本书对“我”有什么影响？你有过这种体验吗？

（5）写阿长买《山海经》的笔墨并不多，为什么不写她是怎么买到的？

（6）鲁迅笔下的阿长是个怎样的人？

（7）联系你的童年，记录一件难忘的事或难忘的人。

3. 群文阅读推荐

《克洛克》《教育家卡耐基》《霍金》《王亚南睡三脚床》《李密牛角挂书》《司马光警枕励志》《鲁迅嚼辣椒驱寒》《孟母三迁》。

第三课　童年的“画”

（建议1课时）

【教学内容】

手绘童年连环画。

【教学目标】

在手绘童年连环画过程中体味童年美好。

【教学过程】

1. 找“画”

（1）找到连环画的小册子，利用多媒体和投影仪，讲讲连环画上的小故事。

（2）引导学生从几个方面进行欣赏（发生的事件、发生的地点、主人公、事情的起因、经过、结果）。

（3）把搜集到的，关于童年的相关绘本展示给小组成员，小组内分享精彩的故事。

（4）每组选一名代表，结合绘本，讲故事。

（5）学生看后说说自己的想法。

2. 学“画”

（1）今天我们共同学画连环画。学生说一说自己喜欢的连环画。

要求：介绍题目、主要情节、最喜欢的画面。

（2）学生总结：以小组的形式说一说连环画的特点。发挥学生的主动性。相互交流，了解连环画的特点。

（3）课件展示：“老师的童年”。小组内进行讨论，想好主题。教师总结主题思路，指导学生创作。

3. 作“画”

（1）教师巡视，学生作画。

提出作业要求：以童年为蓝本，编画一组连环画，可以加上简单的文字。

（2）学生绘制，教师辅导时提示、指导，鼓励创新的同学。

4. 说“画”

课后完成童年连环画制作，与父母和同学分享自己编绘的连环画，大家说一说它们的优缺点。通过自评、互评给出成绩，提高评价能力。

六、课程评价

1. 评价原则

多元化评价。教育越来越关注人的个性化发展，越来越关注教育发展规律和儿童身心发展规律，儿童的发展存在差异性。所以，在评价尺度上不宜整齐划一，不能只看当下结果忽视未来发展，不能只看单人的或单一的评价而是要看综合的、全面的评价。我校慧思课程以学生的发展为本，从多个角度去衡量孩子们的发展，给每个孩子成功的喜悦、成长的快乐、探索的自信，在创作的过程中使孩子们体会童年的美妙，感受当下的快乐。

2. 具体评价方式（见表3-8）

表3-8“光阴的故事——‘画’说童年”课程评价表

评价项目	评价内容	评价结果（五星——优秀；四星——良好；三星——合格）			
		自评	互评	家评	师评
学习表现	对课程内容感兴趣，课前能认真准备，课上积极发言，乐于求索，快乐参与				
学习能力	收集、交流、表达绘画、创作、抽象思维能力				
	思考、提问、质疑、创新能力				
课程收获	积极增长见闻、丰富学习生活				
	主动经历探究创作过程，学有所获				

1. 学生的感悟

通过学习本课程，我仿佛看到了林海音、鲁迅这些名人的童年。原以为他们是遥不可及的，没想到他们的童年是那么有趣。爸爸也给我讲了他童年的故事，原来，他小的时候那么调皮、可爱。最激动的是，我们小组内部一起制作了一组童年连环画，还被选为最佳连环画。我还有一个小心愿，真的希望我的孩子也能感受我童年的美好。

——五（1）班彭小涵

2. 学生记录的名人童年，如图3–5所示

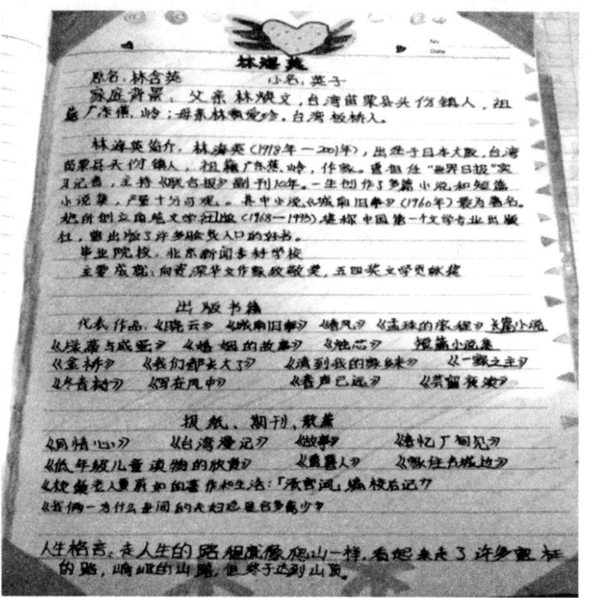

林海音

原名：林含英　小名：英子

家庭背景：父亲林焕文，台湾苗栗县头份镇人，祖籍广东蕉岭；母亲林爱珍，台湾板桥人。

林海音简介：林海音（1918年—2001年），出生于日本大阪，台湾苗栗县头份镇人，祖籍广东蕉岭，作家。曾担任"世界日报"实习记者，主持《联合报》副刊10年。一生创作了多篇小说和短篇小说集，产量十分可观。其中小说《城南旧事》（1960年）最为著名。她所创立的纯文学出版社（1968—1995）堪称中国第一个文学专业出版社，曾出版了许多脍炙人口的好书。

毕业院校：北京新闻专科学校

主要成就：向最深华文作家致敬奖，五四奖文学贡献奖

出版书籍

代表作品：《晓云》《城南旧事》《春风》《孟珠的旅程》长篇小说

《绿藻与咸蛋》《婚姻的故事》《烛芯》短篇小说集

《金桥》《我们都长大了》《请到我的家乡来》《一家之主》

《冬青树》《写在风中》《春声已远》《芸窗夜读》

报纸、期刊、散文

《同情心》《台湾漫记》《故乡》《[illegible]》

《低年级儿童读物的欣赏》《[illegible]人》《家住书坊边》

《[illegible]的著作和生活：「[illegible]」编校后记》

《我俩—[illegible]》

人生格言：走人生的路就像爬山一样，看起来走了许多冤枉的路，崎岖的山路，但终于达到山顶。

图 3–5

一样的童年，不一样的印记

李丹枫　杨秀红

一、课程开发背景

童年对于人的整个人生具有“基础性”“扩展性”价值。语文学科中，以“童年”为主题的课文内容，能拉近孩子们与教材的距离，产生情感共鸣，为培养孩子们的阅读和创作兴趣打下良好基础。因此，学校课程应该在此基础上进行拓展，引领孩子们走近更多有关童年的作品，为他们的学习创作搭建平台。

五、六年级的学生正处于最鲜活的童年时期，他们有着小学阶段儿童的天真活泼，但同时对于自己的生活体验较之中、低年段的孩子更为深刻，有话可说，有情可述。在学习人教版五年级下册第二单元有关“童年”的课文内容时，孩子们表现出了极大的兴趣，结合这些特点，我开发了“一样的童年，不一样的印记”这一课程。以学生为中心，借助说自己的童年，读作者的童年，写童年生活的活动，引领孩子们感受童年的纯真与美好；通过多种形式表达自己的童年，领略不同时代童年的快乐与幸福；发动学生进行摄影文学《童心看世界》、作文集《童年童心童语》的编辑，在他们留下童年的难忘印记的同时提升他们的语文综合素养。

二、课程目标

（1）阅读有关童年的作品，积累语言。

（2）运用整合思维，通过汇融展演，提高听、说、读、写、演能力；在交流展示中，培养合作探究的意识、提升学生分析和思辨能力。

（3）在作品和生活中，感受童年的美好，享受童年的快乐，珍惜童年时光。

三、课程内容

“一样的童年，不一样的印记”课程内容设计的基本思路是：以“说童年·读童年·写童年”策略为指导，引领学生体会作者对童年的眷恋，感受童年生活的美好。以“童年”的作品为依托，引领学生对童年展开学习和探索，从追忆自己的童年开始，练就表达能力；进而引领孩子们在文学作品中去感受他人童年的美好生活，习得阅读方法和写作方法；最后回归自己当下生活，借助摄影文学来记录自己的童年，记录不一样的童年印记。全课程分为三大板块，通过不同视角，用多种形式来感受自己童年的丰富多彩。拓宽视野、提高文化素养。课程内容的基本框架见表3–9。

表3–9 “一样的童年，不一样的印记”课程内容的基本框架

教学板块	课题	主要内容	课时
1	五彩斑斓童年季	童年三部曲，回忆自己的童年	课前搜集 交流1课时
2	百读不厌童年事	（1）以课外推荐为依托，群文阅读，列举“菜单”，分享所得 （2）以《城南旧事》整本书为依托，组织学生同读一本书，通过分享、阅读，感受生动的人物形象，体验散文化语言的艺术魅力	交流4课时
3	妙笔生花童年情	创编摄影文学《童心看世界》 作文集《童年·童心·童语》	课下进行创编 展示1课时

四、课程实施

（1）适合范围：五、六年级学生。

（2）课时计划：建议5～6课时。

（3）教学准备：同步阅读表，多媒体课件。

五、课例展示

第一课　五彩斑斓童年季

（建议1课时）

【教学内容】

说说自己的童年，熟悉的儿歌、故事、游戏。

【教学目标】

（1）回忆童年生活。

（2）激发对本课程的兴趣，培养大胆表达的能力。

【教学过程】

1. 流连忘返七彩童年

（1）唱一唱我的童年歌谣。

（2）晒一晒我的童年相片。

（3）玩一玩我的童年游戏。

2. 时光倒流活力童年

说说自己的童年趣事。

如：那年我7岁，刚刚上小学一年级，因为想要老师表扬自己，我竟然……

第二课　百读不厌童年事

（建议4课时）

第1课时　课外推荐阅读品味童年

【教学内容】

通过自主阅读和群文阅读的方式让学生多侧面、多角度，立体感悟童年。

【教学目标】

（1）在推荐阅读活动中，深入了解更多关于童年的文章和表达方法。

（2）以合作探究的方式，培养学生的综合语文素养。

【课前准备】

（1）自由选择推荐形式，制作PPT、阅读推荐卡等。

（2）附：推荐表（见表3–10）。

表3–10

序号	推荐内容	推荐技巧	形象表现	现场效果	推荐形式	语言表达	综合
1	★★★	★★★	★★★	★★★	★★★	★★★	
2	★★★	★★★	★★★	★★★	★★★	★★★	
3	★★★	★★★	★★★	★★★	★★★	★★★	
4	★★★	★★★	★★★	★★★	★★★	★★★	
5	★★★	★★★	★★★	★★★	★★★	★★★	
6	★★★	★★★	★★★	★★★	★★★	★★★	

【教学过程】

1. 唱唱童年谣

（1）欣赏童谣《让我们荡起双桨》。

（2）这首歌给你留下了怎样的印象？你们的童年生活快乐吗？

（3）教师总结。

2. 群文超市园

（1）教师推荐童年的文章，有条件的可以用平板电脑进行推送。篇目包括：

群文一：《绿叶的梦》《芦叶船》《一只贝》《快乐的暑假》。

群文二：《童年记趣》《背篼》《风筝》《山里的孩子》。

（2）交流《阅读浏览表》，主题：童年印象。

（3）小组合作学习完成阅读浏览表。

（4）汇报交流。

（5）提炼关键词。

《童年记趣》——

《背篼》——

《风筝》——

《山里的孩子》——

小结：孩子们读书都非常认真，也很仔细。我们从不同方面感受到了童年生活的丰富多彩。

3. 片段分享会

（1）阅读过程中有哪些段落或句子给你留下了深刻的印象？请你找出来，在组内给大家读一读，背一背。

（2）再把你的体会说一说，组内分享后，各组派代表全班交流感受，评一评。

第2课时　名著导读

【教学内容】

《城南旧事》。

【教学目标】

（1）初步感受名著《城南旧事》中的生动的人物形象。激发学生自主阅读《城南旧事》的兴趣。

（2）指导阅读整本书的常用方法。

（3）通过各种方式的朗读来体验精彩片段的艺术魅力。

【教学重点】

掌握阅读整本书的方法；初步感受名著中的人物形象和精彩片段的艺术魅力。

【课前准备】

（1）师生共同准备好《城南旧事》，初读，知作者。

（2）《城南旧事》名著导读课课件。

（3）下发名著导读表格。

【教学过程】

1. 播放音乐，进入情境

同学们，这学期我们学了以“童年”为主题的单元，课内我们感受了童年的绚丽多彩；课后，我们组织同学们走近名家，阅读经典，共读了《城南旧事》这本书。这节课，我们就通过讨论、交流、合作的方式，分享自己的阅读收获，读以致用，希望对我们的写作有所帮助和启发。

2. 走近作家，共享资料

让我们先走近作家——林海音。你收集了哪些有关她的资料？（指名回答），尽量在前一个同学的基础上补充，不要重复。

（课件出示）林海音（1918年—2001年），中国现代著名女作家，原名林含英，小名英子，原籍台湾苗栗县，生于日本大阪，童年在北平长大……

3. 读书交流，习得方法

（1）学生交流。

（2）教师小结。

①自由猜想。

师：看到书名《城南旧事》，谁来大胆预测一下本书将会讲述什么故事？

（预设）生：《城南旧事》一书讲述了林海音小时候住在老北京城南时许多有趣的童年往事。

②序言藏金。

师：《冬阳·童年·骆驼队》是《城南旧事》的序言。

（课件出示）“序言”，又叫“序”“前言”“引言”，是放在著作正文之前的文章，内容多说明本书的主要内容，写作缘由，经过和特点。作者自己写的叫“自序”，《冬阳·童年·骆驼队》就是林海音女士为本书写的一篇自序。

③目录引导。

师：《城南旧事》这本书向我们讲述了几个故事？你从哪里知道的？

生：目录上写得很清楚。《城南旧事》中以主人公小英子的成长为线索共讲述了5个故事：《惠安馆》《我们看海去》《兰姨娘》《驴打滚》《爸爸的花落了》。

4. 人物画廊，巡游展示

（1）英子。

（视频播放）英子学骆驼咀嚼的片断。

师：学骆驼咀嚼的小女孩便是文中的主人公小英子，书中是这样写的——

（课件出示）骆驼队来了，停在我家的门前……我站在骆驼的面前，看它们吃草料咀嚼的样子：那样丑的脸，那样长的牙，那样安静的态度，它们咀嚼的时候，上牙和下牙交错地磨来磨去，大鼻孔里冒着热气，白沫子沾满在胡须上。我看得呆了，自己的牙齿也动起来。

师：从这段文字中你看到了一个怎样的英子？

（课件出示）英子的照片。

（2）妞儿。

（课件出示）妞儿只有一条辫子，又黄又短，像妈在土地庙给我买的小狗的尾巴。第二次看见妞儿，是我在井窝子旁边看打水。她过来了，一声不响地站在我身边，我们俩相对着笑了笑，不知道说什么好。等一会儿，我就忍不住去摸她那条小黄辫子了，她又向我笑了笑，指着后面，低低的声音说："你家住在那条胡同里？""恩。"我说。"第几个门？"

我伸出手指头来算了算："一，二，三，四，第四个门。到我们家来玩。"

她摇摇头说："你们胡同里有疯子，妈不叫我去。"

"怕什么，她又不吃人。"她仍然是笑笑的摇摇头。

师：读了这段文字，你看到了一个怎样的妞儿？

（课件出示）妞儿的照片（和英子在一起）。

师导：大家看，妞儿脸上显现出凝重的神色，与一旁脸上挂着纯真笑容的英子产生了强烈的对比，大家大胆猜测一下她的身世是怎样的呢？

（预设）生：不幸、悲惨、可怜……

（3）其他学生感兴趣的人物。

师连接：除了英子和妞儿，书中还有不少令大家特别感兴趣的人物。

学生交流。

（4）关注人物命运归宿。

师：我们的小英子并不缺乏关爱，除了朝夕相伴的宋妈，她的爸爸也在始终牵挂着她：

然而，当英子长到13岁时——

（播放视频）英子在医院里探望处在弥留之际的爸爸。

（课件出示）我捡起小青石榴。缺了一根手指头的厨子老高从外面进来了，他说："大小姐，别说什么告诉你爸爸了，你妈妈刚从医院来了电话，叫你赶快去，你爸爸已经……"他为什么不说下去了？我忽然觉得着急起来，大声喊着说："你说什么？老高。"

…………

我把小学毕业文凭，放到书桌的抽屉里，再拿出来，老高已经替我雇好了到医院的车子。走过院子，看到那垂落的夹竹桃，我默念着：

爸爸的花儿落了，我也不再是小孩子了。

师：这就是《城南旧事》这部小说的大结局。4人为一小组进行探讨，说说你们都有怎样的感受。

生：我感受到了英子经历了爸爸去世这个不幸的事，突然变懂事了、成熟了，懂得了要照顾弟弟妹妹，明白了要挑起家庭的重担。

教师小结：（幻灯播放人物图片）是啊，妞儿、秀贞、小偷……一个个人物都先后离英子而去，最后爸爸也永远地离开了她。经历这个过程，英子似乎一瞬间长大了，其实这说明英子渐渐成长起来了。照顾弟弟妹妹，挑起家庭的重担，这就是责任！

我们读了《城南旧事》这部小说中许多段落，文章的字里行间流露着淡淡的伤感、隽永的回忆，这种语言风格有别于我们读过的很多名著，它是一种散文化语言（板书），这是《城南旧事》的一大特点。

5. 总结回顾，课后延伸

（1）师生总结。

（2）课后自主阅读《城南旧事》其他的部分，关注书中人物的命运。

（3）发放《读书记录表》，辅助阅读，完成表格。

（见表3-11）

表3-11《城南旧事》读书记录表

主要人物	给我的印象	人物的命运和归宿	需要阅读的章节
英子	善良纯真	父亲死后随家人乘马车远行告别童年，担当起照顾弟弟妹妹的责任	《爸爸的花儿落了》
妞儿	纯真 身世悲惨		《惠安馆》
秀贞	封建主义悲惨的牺牲品	风雨交加的夜晚带她去找爸爸，结果母女俩惨死在火车轮下	
小偷	万恶的旧社会，逼良为盗		《我们看海去》
爸爸			《爸爸的花落了》
……	……	……	……
我给英子“画张像”	英子长着一张可爱的圆脸，双眸透着善良，面庞上永远挂着纯真的微笑，她热爱生活，对周围的一切都怀有浓厚的兴趣		

续 表

主要人物	给我的印象	人物的命运和归宿	需要阅读的章节
铭记心田——我的读书感悟	阅读《城南旧事》，我懂得了——英子是善良而纯真的，而小偷也不一定是坏人，疯女人有时也有一颗温暖的心。 阅读《城南旧事》，我懂得了——一个人总是要长大的，而长大也意味着他应该担负起与其能力相符的责任——“爸爸的花儿落了，我也不再是小孩子了”。 阅读《城南旧事》，丰富了我的生活阅历和情感体验，使我学会了多角度地观察生活，对自然、社会和人生有了自己的感受和思考——名著的魅力也许就在于此吧		
……	……		

第三课　妙笔生花童年情

（建议1课时）

【教学内容】

创编摄影文学《童心看世界》，作文集《童年·童心·童语》。

【教学目标】

（1）激发创作兴趣，点燃创作激情，通过创作表达童年生活的丰富与美好。

（2）实践跨学科课程整合，提升学生的综合素养。

【教学过程】

1. 我口说我心——说说我的花样童年

（1）视频短片大展播。

①观看学生自制视频短片。

②学生谈谈自己的观后感。

（2）学生摄影作品秀。

①主题选择：小组内交流自己的摄影文学作品。要能够针对摄影作品以及配文，讲清主题，讲明立意。

②小组创作：全班分成8个小组，以小组合作的方式完成一幅最优作品，将组内创作和改进的摄影文学作品当众演绎，学生给出评分。

③评价标准和办法：各小组互相评分（不评自己小组作品），每个作品最多可获五颗星，累计获星数量，决出优胜奖三个。

附：星级评价标准

★ 主题鲜明，取影独特，富有创意。

★ 配文与图片相互契合，形象生动，富有文学创作美。

★ 团队分工有序，合作成功。

★ 表达清晰，有条理，语言富有文学意蕴。

★ 整体印象，综合评价高（艺术感染力强）。

2. 我手写我心——写写我的多彩童年

（1）一句话的童年，每组选出一句交流PK。

（2）一段话的童年。每组选出一个侧面，合作写作，用一段话展现某个或精彩，或难忘，或感人的瞬间，全班PK。引导学生找不同角度，不同刻画风格，不同选材，并说说这些都体现了我们童年生活的哪些多姿多彩。

（3）自由创作。学生能抓住一个侧面展开即可。

（4）展示交流，家长推荐，彩印摄影文学作品。

六、课程评价

1. 评价原则

立足过程，促进发展。现代的评价观的目的在于促进学生的发展，淡化甄别与选拔功能，突出评价的激励与调控功能。激发学生、教师内在的发展动力，促进其不断进步，实现自身价值。

全面关注，多元评价。评价内容综合化，评价主体多元化，评价方式多样化，关注过程，将评价过程与评价结果相结合，全面关注。

2. 具体评价方式（见表3-12）

表3-12“一样的童年，不一样的印记”课程评价表

评价内容	评价细则	自评	互评	老师的话
个人参与	★积极参与，热情度高			
	★出谋划策，争做领袖			
	★特别能表现故事人物的精神风貌			
小组合作	★能够主动合作，有竞争意识			
	★主动表达，勇挑重担			
	★团队分工有序，合作成功			
	★创新意识，善于学习			
	★有自己满意的摄影文学作品或者作文呈现			

续 表

评价内容	评价细则	自评	互评	老师的话
课程收获	★增长了知识，丰富了学习生活			
	★提升了探究实践和团队合作能力			
	★体验了学习的快乐和成功的自豪			

一句话写童年

一首小诗，一道彩虹，一缕阳光，我要把我的童年印在一张张照片上，陪伴着我快乐地成长。

——陆庆鸿

我的童年故事，像天上的星星一样多，像大海里的浪花一样美，像百灵鸟的歌声一样甜……

——郭力瑜

第四辑

走遍神奇世界

童年应该是一个色彩斑斓的梦，梦里可以有自己飞翔的影子。童年应该是由一个个童话串起的故事，故事里有我们的快乐、有我们的小小烦恼、有我们的秘密花园。童话、绘本、寓言，多么神奇的世界，我们的孩子就这样浸润在故事里，浸润在美的世界里。在故事的神奇、变幻、宽容、感恩里，搭建起一座美丽的桥梁，把我们的孩子带往那个充满神奇、纯真、快乐和勇气的地方；把人类智慧的思想和高贵的情感吹进孩子们的心灵里。

“绘”“说”慧道

李丹枫　张　慧

一、课程开发背景

《小学语文课程标准》中明确提出，要让低年级孩子“喜欢阅读，感受阅读的乐趣”。要让他们能够“借助读物中的图画阅读”。绘本生动有趣，以此为抓手引入阅读教学恰好为实现这些目标奠定了基础。但是随着年级不断升高，单一的绘本阅读已经不能满足中年级段的孩子们的阅读需求，“能初步把握文章的主要内容”“能复述叙事性作品的大意，初步感受作品中的生动形象和优美的语言，与他人交流自己的阅读感受”等是课标针对中年级阅读提出的要求。因此，适时地加入小说阅读，特别是孩子们所喜爱的动物小说，把两种读物巧妙地交错融合，借此途径开启孩子的想象，培养孩子的阅读兴趣，提高孩子的表达创作能力，最为合宜!

在几年的中、低段学习中，孩子们已经积累了一定的绘本阅读基础，我们交流过的绘本如《活了一百万次的猫》《石头汤》《妈妈，你知道吗？》等皆受到孩子们的喜爱；而上学期我们又一起阅读了《狼王梦》《最后一头战象》《斑羚飞渡》等动物小说，孩子们乐此不疲，以上实践告诉我们，绘本阅读和小说阅读结合可以说是一种引领阅读、培养阅读兴趣的合适途径。基于此，我开发了“‘绘’‘说’慧道”这个慧思课程。

二、课程目标

（1）通过绘本和动物小说的推荐介绍，互相分享，提高阅读量。

（2）培养思维能力。通过绘本扩展创作和小说浓缩创作，激活孩子们的想象力，提升他们的概括能力。

（3）提高语文能力。通过故事创编，故事演讲，让孩子们的写作和表达得到有效提高。

（4）激发阅读兴趣。通过以上活动，让孩子们真正喜欢阅读，享受阅读。

三、课程内容

“‘绘’‘说’慧道”课程内容设计的基本思路是：主要以动物绘本和动物小说为依托，引领学生进行推荐阅读，并在此基础上抓住故事情节进行扩展创作和浓缩创作，最后进行故事创编和巡回演讲展示，形成四个相对独立的教学板块，围绕动物绘本扩展，动物小说浓缩创作，创编故事搭配绘画和巡回演讲展示等内容组织教学，全方位提高学生的阅读综合素养。课程内容的基本框架见表4–1。

表 4–1 “‘绘’‘说’慧道”课程内容的基本框架

教学板块	主题	课题	主要内容	课时
1	推荐绘本扩展创作	绘	（1）聊聊动物绘本 （2）选择情节进行故事扩展创作 （指导：①从人物的神态、动作、语言、心理描写进行扩展；②从环境描写进行扩展；③从修辞手法入手进行扩展）	交流1课时 创作1课时
2	推荐小说浓缩创作	说	（1）聊聊动物小说 （2）选择情节进行绘本浓缩创作 （指导：把握要点、提炼大意、感悟精神）	交流1课时 创作1课时
3	创编故事搭配绘画	慧	（1）通过以上两个环节，学会整体把握主要内容，关注故事的细节描写，创编故事 （2）搭配绘画，形成原创绘本	创作1课时 绘画2课时
4	巡回演讲展示绘本	道	（1）结合我们的阅读闯关活动，在年级内巡回讲述原创故事 （2）在班级文化墙展示原创绘本	交流展示 1课时

四、课程实施

（1）适合学生：开发的课程内容较适合小学中段的学生学习。

（2）课时计划：课堂交流与创作相结合，预计交流汇报8课时。教师根据学生需求、自身特点、课时长度加以取舍。

（3）教学准备：多媒体、相关动物绘本和动物小说。

五、课例展示

课例一　进入绘本，和故事化在一起

——以《我好想你》为例

【教学内容】

《我好想你》，作者：［英］亚历克西斯·迪肯。

【教学目标】

（1）借助图片信息，展开想象，构建故事情节；

（2）指导细节描写，使故事更加打动人；

（3）通过阅读、猜测、创写、感悟等学习历程，激发学生阅读与写作的兴趣。

【教学过程】

1. 想象，构建你的故事

（1）聊绘本，说故事。

（2）看图片，编故事。

①伴乐播放绘本图画（绘本的前半部分）；

②学生构建故事情节。

生1：有两个蛋，孵出了一条鳄鱼和一只小鸟，他们以为自己是兄弟（姐妹、好朋友），于是就在一起快乐的生活。白天他们一起看日出，晚上鳄鱼就给小鸟捕食食物，就这样他们一天天长大了。（师：你想象的故事情节太有趣了）

生2：他们整天待在一起，一起练习飞翔，一起学习游泳，一起练习爬树，一起学习跳舞。他们成了形影不离的好朋友。（师：你的故事让我们感同身受，仿佛也置身于故事中了）

2. 观察，选择独特视角

（1）说说印象深刻的画面。

①指导示范。

生：我看到蓝蓝的星空下，两颗蛋依偎在一起，感觉特别美好。

指导："依偎"这个词用得多好！给我们传递出一种温暖的感觉。我们关注了他们的"动作"。

追问：孩子们，两颗蛋宝宝依偎在一起可能会说什么呢？

生：蛋A宝宝说："嗨，兄弟，你还好吗？"

蛋B宝宝说："恩，我挺好的，外面的世界会是什么样子呢？我好想快点

看看呀！”

蛋A宝宝说：“是呀，兄弟，我还好想好想见到你呢。”

总结：多有情趣的对话，一下子让这幅画面生动起来。孩子们，这里就是“语言的描写”。

引导：两个蛋宝宝在怎样的星空下？

生：湛蓝深邃，安详静谧，满天繁星，星星们闪着会说话的小眼睛，他们在给蛋宝宝们唱着摇篮曲……

概括：人间如此美好，万物彼此相爱，多么好的，真善美的境界呀！孩子们，环境的描写把整个故事烘托得更有气氛。这些就是——细节。

出示：细节描写，指具体地、细腻地描写人物的语言、动作、外貌、神态、心理，以及景物、事件发展等。

②学生交流。

过渡：那，在刚才的绘本中，还有哪个画面的哪些细节给你留下了深刻的印象呢？孩子们，让我们再看一遍故事，等会儿交流。（再次播放绘本图画）（请三四个学生说说）

第三幅图：相偎取暖

天很冷，我看到它们拥抱在一起，相互依赖，相互取暖。

从它们的表情看，小鸟紧闭双眼，非常放心、依赖着鳄鱼。

第四幅图：灿烂霞光

天上灿烂的霞光，那么美！

温暖了，能够烘托氛围。

第五幅图：捕食食物

小鸟的嘴巴张得大大的，鳄鱼悄悄地去帮它捕食食物。

第七幅图：练习飞翔

小鸟教鳄鱼练习飞翔，小鸟教得很认真，鳄鱼学得也很认真。

看看鳄鱼的动作，笨重、滑稽。

第九幅图：相依睡觉

玩累了，它们又靠在一起睡大觉了。

（2）师生共接下文。

出示图画：练习歌唱。

①逐句引导，启发想象。

清晨，太阳刚从地平线冉冉升起，（很美，再来点儿修辞）（　　　　）（完美，人物的动作）小鸟（　　　　）（神态）淡定自若地唱着：（　　　　），

（像）（　　　）（鳄鱼呢）（　　　）（虽然没小鸟唱得那么好听，但是看它那动作也够陶醉了。再给它们设计点儿语言呗）小鸟说（　　　）（是的，有这样的好老师，还怕什么）鳄鱼说（　　　）。

② 展开想象，突出细节。

（我们先描绘一下这美丽的景色）清晨，太阳刚从地平线冉冉升起，（很美，再来点儿修辞）天上像披上了一件五彩的衣裳。（完美，人物的动作）小鸟挺直了胸脯，伸长了脖子，张大了嘴巴（神态）淡定自若地唱着："啦，啦，啦，啦，啦"，（像）一个知名的歌唱家。（鳄鱼呢）鳄鱼张开双臂，翘起了笨重的大尾巴，"啦，啦"。（虽然没小鸟唱得那么好听，但是看它那动作也够陶醉了。再给它们设计点儿语言呗）小鸟说："兄弟，我们鸟类，是天生的歌唱家，有我教你，你不用担心。"（是的，有这样的好老师，还怕什么）鳄鱼说："兄弟，和你在一起唱歌，真是一件非常美妙的事情呀，我一定会学会这首《友谊地久天长》的。"

教师小结：有情有趣，有滋有味。看，我们通过细节描写，细细地勾勒出了人间最纯洁、最真挚的情感。幸福就是这样简单的陪伴。可是，故事到这就结束了吗？

3. 突转，细节打动人

过渡：故事是这样发展的，有一天，它们来到湖边，发现湖水中生活着好多鳄鱼，林子里栖息着很多小鸟，这才是它们的家，它们只能回到自己的家族里。但是它们的心里……请看——（出示：后半部分绘本）

（1）写出心中的故事。

任意选择其中的一幅图，通过细节描写，把它们心里想要告诉对方的话、想要传递给对方的情谊，写出来。

（场景——情景交融，字里行间传递着浓浓的深情）

（动作——细致的动作刻画，恰到好处地展示了它们的内心世界）

（心理——细腻的心理活动，情真意切，感人至深）

（语言——深情的呼唤，言已尽，而意无穷）

（2）起好故事的名字。

鳄鱼和小鸟（言简意赅，却不够深情）。

永远的朋友（有点情谊了，又太直白不够动人）。

永远相伴

……

出示绘本《我好想你》。

课例二　长话短“说”（缩）

——以《狼王梦》为例

【教学内容】

《狼王梦》，作者：沈石溪。

【教学目标】

（1）以《狼王梦》为例，走近动物小说。

（2）抓住主要内容进行浓缩创作。

【教学过程】

1. 交流《狼王梦》，寻梦之旅

（1）最喜欢的角色。

完成阅读卡，小说中你最喜欢的角色是哪个？为什么？（自由交流，言之有理即可）

（2）最难忘的篇章。

完成阅读卡，小说中你最难忘的篇章是什么？为什么？（制作PPT，展示交流）

（3）最关注的细节。

完成阅读卡，小说中哪些情节让你记忆犹新？（外貌、动作、心理、环境）

寻梦之“最”	最喜欢的角色	最难忘的篇章	最关注的细节
摘录			
原因			

设计意图：通过回顾小说中寻梦之“最”，激发孩子们的兴趣，让孩子们把握要点，为后面的提炼铺垫。

2. 提炼大意，浓缩之精

（1）把一本书读成一段话。

师生互助，概括主要内容：

母狼紫岚的丈夫黑桑即将成为狼王时，被野猪咬死了。紫岚时刻铭记着丈夫的遗愿，希望丈夫的壮志能在它们的孩子身上得以实现。为此，紫岚付出了常人难以想象的艰辛。它斩断了与公狼卡鲁鲁之间的爱情，独自抚养四匹小狼，呕心沥血，历经了千辛万苦，可是正当它的梦想快要实现的时候，美梦一个接一个地破灭了：老大黑仔成了金雕口中的美味，老二蓝魂儿中了猎人的圈套，小儿子双毛被狼王咬破了喉管。此时紫岚并没有气馁，它让女儿小母狼媚媚和一匹大公狼卡鲁鲁结婚，生下了一窝狼崽，把它的狼王梦寄托在它的狼孙身上，紫岚为了不让金雕吞食自己的狼孙，最后和金雕同归于尽。

（2）把一篇章读成几个词。

出示第2篇章为例：

…………

人类毕竟是人类，实在精明，养鹿场东端那间守更的草棚搭得两层楼高，便于观察和瞭望。守更的猎人在草棚上烧着一堆篝火，怀揣那支让森林和草原上所有的食肉类猛兽都惊心胆颤的猎枪，端坐在篝火边咂着水烟筒。那条大白狗在鹿场的栅栏外来回逡巡。

…………

当紫岚叼着鹿仔刚想离开蚂蚁包，突然，前方黑黝黝的草丛里蹿出一条朦胧的白影，紧接着，汪汪——传来两声尖锐的愤怒的狗的咆哮声。紫岚一惊，没想到那条讨厌的大白狗会一路嗅着气味跟踪过来。再竖起耳朵听听，大白狗身后远远地传来猎人的吆喝声。它不敢大意，立即扭头朝荒野奔跑。大白狗尾随追击。

…………

阳光渐渐由橘红变得炽白，古道河两岸的树林里不时传来猿猴的啼声和飞禽的鸣叫。终于，紫岚感觉到自己的身体一阵撕裂般的疼痛，接着，一只狼崽蠕动着钻出了体内，接着，又产下了一只，顿时，刚才那种无法忍受的下坠感减弱了一半。这些它都是凭身体的触觉知道的。它不敢回过头去看看自己刚生下的宝贝狼崽长得是啥毛色，是啥模样。它害怕自己一动弹一分神蹲在石坎上的大白狗就会看出破绽蹿下来撕咬它和刚出生的宝贝狼崽。

……"

引导学生提炼出关键词：饥饿、偷猎、逃命、绝境、伪装、生崽。

（3）把几个词串成一句话。

PPT出示学生提炼的关键词，小组讨论交流，提炼成一句话作为本章绘本文字内容。

设计意图：通过提炼小说大意，提高孩子们的概括能力，形成绘本文字。

3. 浅析狼性，感悟之尊

（1）印象中的狼性。

印象中的狼是什么样的？（冷酷、凶猛、绝情……）

（2）书中的狼性。

PPT出示片段：

片段一：紫岚刚生完五只小狼崽，古河道上狂风骤起，电闪雷鸣。小狼崽还没有能力抵抗这暴风雨，紫岚必须把它们叼回洞去。它一次只能叼走一只。它顾不得其余狼崽的惊慌尖叫，叼起一只没命地向石洞跑。它来不及喘气，又接着跑回来叼第二只。当它叼第三只狼崽时，山雨劈头盖脸降下来。它顾不得自己身上流血的伤口，像接力赛似的，在雨中来回奔跑，又叼回一只狼崽。

片段二：双毛尝到了甜头，越发凶狠威严了。又经过半个夏天和一个秋天的精心培育，双毛被诱发出来的狼王心态逐渐强化，最后定型了。为此，紫岚付出了沉重的代价。它不但跛了一条腿，而且身子也明显地消瘦了。它，提前衰老了，它做出了作为母亲的最大牺牲。

片段三：紫岚想起黑仔的死，它不能让悲剧重演。为了狼孙的安全，它决定用生命的残余力量和金雕进行殊死的搏斗。紫岚无法飞上天空，它只能设法把金雕从天上骗下来，这将是一场体力与智力的较量。紫岚知道，自己必须装出一副垂死衰老的样子，来吸引老雕的视线。于是，它跛起一条腿，趔趔趄趄地在草原上行走。它相信，它的这副模样，一定会激起金雕贪婪的食欲。

讨论交流：从这三个片段中，我们看到了怎样的狼性？（有梦想、锲而不舍、顽强、富有母爱……）

设计意图：通过感悟小说中狼性之“尊”，为整本绘本奠定感情基调。

4. 搭配绘画，浓缩之意

借助美术课，为提炼的绘本文字搭配绘画，集结成册。

设计意图：通过自由交流、展示分享的形式，让学生自主把握要点、提炼大意，并在美术课上为自己概括的文字亲自搭配绘画，轻松活泼，更受学生的喜爱，无形中为提高孩子们的阅读兴趣和概括能力奠定了基础。

课例三　我的故事“绘”

【教学内容】

创编故事。

【教学目标】

（1）创编故事。

（2）搭配绘画，形成原创绘本。

【教学过程】

1. 选定故事主角

师：听说我们要创编故事，动物王国的成员都争先恐后地来了。生活在丛林中的有谁？翱翔在蓝天的是谁？畅游在水里的呢？穿行在泥土中的呢？你想让谁走进你的故事中？

出示各种小动物。

学生选择。

例：狐狸　兔子　蛇　小鸟

青蛙　蜻蜓　蚯蚓　小鱼

牧羊犬　大灰狼　羊群　小猪

……

2. 创设故事情景

师：有了主角，我们要想想这个故事是发生在什么地方的，也就是我们说的场景。

3. 拟定故事框架

（1）填空梳理。

PPT出示：这个故事发生在（　　　　），主人公有（　　　　），主要写了（　　　　）的事。

（2）提问补充。

班级汇报，同学提问，梳理线索，扩充内容。

4. 丰富故事情节

（1）通过对比，关注主人公语言、心理、动作、外貌神态。

PPT出示句子对比：

第一组：

① 长颈鹿长得高，小山羊长得矮。长颈鹿说：“长得高好。”小山羊说：“不对，长得矮才好呢。”长颈鹿说：“我可以做一件事情，证明高比矮好。”小山羊说：“我也可以做一件事情，证明矮比高好。”

① 长颈鹿长得高，小山羊长得矮。长颈鹿认为长得高好，小山羊认为长得矮好，它们俩争论不休。

通过对比句子，引导学生感受到符合主人公形象的语言能让故事更加生动有趣。

第二组：

① 长颈鹿一抬头就吃到了树叶。小山羊抬起前腿，趴在墙上，脖子伸得老长，还是吃不着。

② 小山羊大模大样地钻进墙洞去吃园子里的草。长颈鹿憋得脸通红，却怎么也弯不下长长的脖子，更别说钻进洞里去了。

引导学生找一找描写长颈鹿和小山羊的动作神态的词语，感受动作、神态描写的作用。

（2）修改补充，丰富故事情节。

5. 绘制故事图画

每个学生的故事都是一幅迷人的图画，我们可以将原创的动物故事当作素材，理出脉络、搭配图画，绘制属于我们的绘本故事。让一个个想象丰富的故事变成一本本精美而又独一无二的绘本。图4–1为学生创作的绘本。

图 4–1

六、课程评价

1. 评价原则

在整个课程的进行过程中，注重学生的过程评价，教师始终是引导者，帮助学生积极参与，主动探究，提问质疑。每个阶段都采用自评互评、教师总评、家长点评等多元化评价对学生进行评定。评价内容为学生参与课程的学习表现、学习能力与创作能力等。

2. 具体评价方式（见表4–2）

表4–2 “绘‘说’慧道”课程总评价表

评价项目	评价内容	评价结果（五星——优秀；四星——良好；三星——完成）			
		自评	互评	师评	家评
学习表现	对课程感兴趣，能主动积极投入，勇于表达，善于倾听				
学习能力	阅读　表达 思考　提问				
创作能力	积极参与创作展示				
课程收获					

扩写绘本

有一天，它们来到湖边，发现湖水中生活着好多鳄鱼，林子里栖息着很多小鸟，这才是它们的家，它们只能回到自己的家族里。但是它们的心里却惦记着彼此。每当太阳刚刚升起时，小鸟便站在最高的树枝上，唱起了歌，它踮起脚尖，伸长脖子，用最洪亮的声音唱着，希望远方的鳄鱼能听到它的思念之歌。

——李睿涵扩写绘本《我好想你》

太阳已经落下，可是鳄鱼仍旧仰望着天空，它似乎听到了小鸟的歌声。望着周围黑漆漆的水面，它也唱起了那首小鸟教过它的歌曲。可是，现在再也没人能教我唱歌了，鳄鱼边唱边流下了泪水。

——刘韵扩写绘本《我好想你》

“悦”读——童乐绘本世界

黄柳萍　李运兰　曾映红

一、课程开发背景

拓展课程关注每一个学生的不同需求，给学生一个自由发展的空间，使每个人的个性得到充分而自由健康的发展，从而使每个人都具有高度的自主性、独立性和创造性。而《语文课程标准》对低年级（第一学段）学生提出：通过“阅读浅显的童话、寓言、故事，向往美好的情境，关心自然和生命，对感兴趣的人物和事件有自己的感受和想法，并乐于与人交流”。根据课标的学段要求和培养目标，我们确立“绘本阅读”作为阅读教学的拓展课程，努力以儿童为本位，从培植儿童的阅读兴趣入手，让孩子感受阅读的快乐并爱上阅读。

儿童绘本是现在非常流行的一款图画书籍，好的绘本，不仅图画精美，能引起孩子视觉上愉悦，而且每张图画都有丰富的内涵，把孩子带入美好的故事情节中，孩子的情感受到陶冶。绘本故事横跨国界穿越各种文化背景，透过文字与画面，孩子得以进入不同的世界，让想象力无限扩大。我们可以利用绘本的优势，让孩子在“零压力”的情况下，带着好奇、兴奋的心情，融入绘本的故事情境，并通过有意义的提问和引导，培养孩子逻辑思考、预测推理能力，以及听、说、读、写的语文能力。

我们学校一直重视学生阅读，为学生营造书香校园，为学生开展“读书闯关”游戏，阅读考级，低年级学生都会选择绘本书籍，学生非常喜欢。

二、课程目标

（1）利用儿童绘本培养孩子阅读的兴趣。

（2）利用儿童绘本促进孩子社会化的发展。

（3）利用儿童绘本促进孩子想象能力的发展。

（4）利用儿童绘本丰富孩子的视觉体验，让孩子在色彩绚烂的图画中感受艺术的魅力。

三、课程内容

本课程内容的设计思路：我们希望借助绘本为载体，以“想象之乐”“体验之乐”“表演之乐”“创作之乐”为主线开设拓展课程，让学生体验阅读的美好和快乐，让孩子感到乐趣并爱上阅读。课程内容的基本框架见表4–3。

表4–3“‘悦’读——童乐绘本世界”课程内容基本框架

教学板块	课题	主要内容	课时
1	想象之乐	（1）交流自己读过的绘本 （2）以《猜猜我有多爱你》为例，让学生体会“想象之乐”	1课时
2	体验之乐	（1）推荐绘本故事《可爱的鼠小弟》《爷爷一定有办法》《是谁嗯嗯在我头上》《逃家小兔》《母鸡萝丝去散步》《我有友情要出租》 （2）亲子阅读 （3）开展“我是故事小能手”的比赛	2课时
3	表演之乐	（1）选好自己喜欢的故事 （2）排练 （3）表演 （4）评价（邀请大队部的队员和教师做评委）	2课时
4	创作之乐	（1）定出主题 （2）和父母一起制作自己的绘本（原创）	1课时

四、课程实施

（1）本课程适用于一、二年级学生。

（2）课时安排建议为6～8学时，教师可以根据学生学习情况做适度调整。

五、课例展示

第一课　想象之乐

——《猜猜我有多爱你》教学设计

（建议1课时）

【教学内容】

《猜猜我有多爱你》，作者：［英］山姆·麦克布雷尼。

【教学目标】

（1）通过《猜猜我有多爱你》绘本故事，培养学生的想象力及语言表达能力。

（2）能理解故事的内容，感受作品中小兔子与大兔子之间爱的情感及爱的表达方式。

【课前准备】

（1）绘本《猜猜我有多爱你》、课件、抒情音乐。

（2）图片：大海、树、山、月亮、星星等图片。

（3）头饰：大兔子和小兔子。

【教学过程】

1. 谈话导入，引出爱的话题

（1）出示图片（小兔子的图片）：你知道哪些关于小兔子的儿歌？同学们真棒，能说出这么多关于小兔子的儿歌。今天，我们一起来分享一个关于小兔子的故事。

（2）在分享这个故事之前，老师有一个问题要问。（小朋友，能说说你们爱谁吗？有多爱）说了这么多，我们都想把有多爱说清楚，能不能说得更清楚呢？有一只小兔子和一只大兔子也在讨论这个问题，一起来欣赏故事《猜猜我有多爱你》。

2. 放飞想象，感受爱的氛围

出示封面图片：

（1）大家猜猜故事中的两只兔子，一只小兔子，一只大兔子，它们会是什么关系。

（2）我们一起分享这个故事：小兔子该上床睡觉了，可是它紧紧地抓住兔妈妈的长耳朵不放。它要妈妈好好地听它说“猜猜我有多爱你”。“喔，这我可猜不出来。”兔妈妈说。小兔子把手张开，张到无法再张开说：“妈妈，我爱你有这么多。”妈妈一看，也把手张开，张到无法再张开，说：“我爱你有这么多。”小兔子一看，哦，真多啊！

（生猜想：小兔子对妈妈说了一句什么话？小兔子用了一个什么动作来表示爱）小兔子把手臂张开，张到无法再张开（为什么要张开），说明心里的爱多。咱们也来当当这只小兔子。用了一个张开双臂的动作，说了什么话，大家都来表演一下。我可是兔妈妈哟，给妈妈说一下吧。（教师和孩子一起表演）

（3）和妈妈来比一下吧，看谁的爱更多。原来还是妈妈的爱多一些，这一次小兔子的爱没有妈妈的爱多，那接下来，小兔子又用什么来和妈妈比较呢？我们接着看。

（4）小兔子把手举得高高的，直到无法再举高，说：“我爱你一直到我的手指头。”妈妈说：“我爱你一直到我的手指头。”小兔子一看，真高啊！（教师和孩子一起表演）

（5）接着看小兔子又用了哪两个动作来表达自己对妈妈的爱的。（猜想）生：拥抱！亲吻！……（师揭示答案：倒立、跳高）

倒立、跳高。

老师来当你们的妈妈，我们来比一比，把脚也踮起来，请小朋友看看妈妈的爱多，还是你的爱多。

（伸高手臂：妈妈我爱你一直到我的手指头）

（跳高：我跳得有多高就有多爱你）

（6）小兔子用动作来表达自己的爱，小兔子实在想不出来啦，它看着远处的风景，忽然发现，眼前的景色好美呀。（猜想：小兔子大叫：“我爱你，像这条小路伸到小河那么远。”大兔子大叫：“我爱你，远到跨过小河，再翻过山丘。”）

（7）小兔子想，那真的好远。它揉揉红红的眼睛，开始困了，想不出来了；它抬头看着树丛后面那一大片的黑夜，觉得再也没有任何东西比天空更远了。小兔子闭上了眼睛，在进入梦乡前，它说：“我爱你，从这里一直到月亮那里。”大兔子说：“那真的非常远。”大兔子轻轻将小兔子放到用叶子铺成的床上，低下头来，亲亲它，祝它晚安。然后，大兔子躺在小兔子的旁边，轻声地微笑着说：“我爱你一直到月亮那里，再从月亮上回到这里来。”

3. 配乐欣赏，体悟爱的魅力

播放柔和的音乐，小朋友们双手支着头，静静地欣赏一遍完完整整的故事。

4. 拓展延伸，传递爱的力量

（1）师提问：兔妈妈真的很爱小兔子，在生活中有没有像兔妈妈一样爱你们的人呢？他们是怎么爱你的？

（2）说一说对爸爸妈妈的爱。

教师出示大海、大山、大树、星星、月亮等图片，先请个别能力较强的幼儿到台前来选择其中一张图片用自己的语言和动作来表达对父母的爱。

用句式说句子：（大海）有（多深），我就有多爱你……

教师小结：小朋友们这么爱爸爸妈妈，爸爸妈妈也会用这么多的爱来爱你们哦！

（3）说一说对老师、同伴的爱。

生活中，除了爸爸妈妈爱我们，还有爷爷奶奶、老师和同学也很爱我们，

那我们也来表示一下对老师和小伙伴的爱，我们可以大声地说出来。（生：我爱你们）

第二课　体验之乐

（建议2课时）

【教学内容】

《可爱的鼠小弟》《爷爷一定有办法》《是谁嗯嗯在我头上》《逃家小兔》《母鸡萝丝去散步》《我有友情要出租》。

【教学目标】

（1）指导学生学会简单的读书方法，爱上绘本阅读和想象故事内容。

（2）培养语言表达能力，懂得表达自己的情感和想象的能力。

【课前准备】

绘本《可爱的鼠小弟》《爷爷一定有办法》《是谁嗯嗯在我头上》《逃家小兔》《母鸡萝丝去散步》《我有友情要出租》。

【教学过程】

1. 回顾导入

读了《猜猜我有多爱你》之后，你有什么感受？（生自由发言）

2. 推荐绘本故事

（1）《可爱的鼠小弟》《爷爷一定有办法》《是谁嗯嗯在我头上》《逃家小兔》《母鸡萝丝去散步》《我有友情要出租》。

（2）亲子阅读。

① 根据家庭与孩子的实际情况，自愿购买教师推荐书籍。

② 和孩子一起商量制订家庭读书计划。

③ 营造亲子共读书的氛围，坚持周一到周五每天不少于20分钟，双休日不少于一个小时的读书时间。

④ 家长与孩子共同填写“亲子阅读卡”，由学生每两周带到学校一次，如实反映阅读情况。

⑤ 学生和家长一起读书之后，制作精美的读书个性卡片，也可用照相、摄像的形式记录下孩子读书时的精彩瞬间、读书时发生的故事、读书时家长的发现，等等。

3. 小小制作人

（1）向同学们推荐自己最喜欢的一本绘本故事书。

（2）把自己最喜欢的绘本故事书制作成“亲子阅读推荐卡”，如图4-2所示。

表 4-2 亲子阅读推荐卡

班级：________　　　　　　姓名：________

书名	作者	推荐的理由

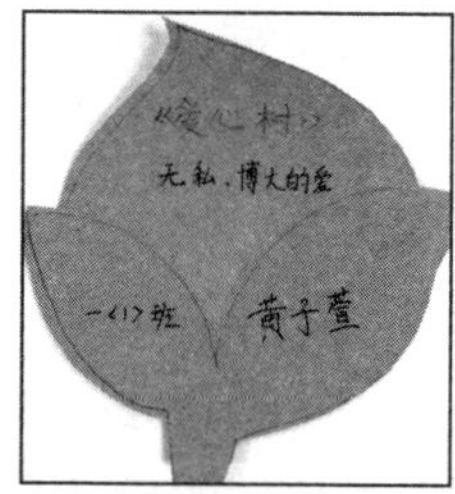

图 4-2

第三课　表演之乐

（建议2课时）

1. 活动内容

各组自己定出喜欢的绘本故事。

2. 分工

（1）分组选好自己喜欢的故事。

（2）制订分工表，见表4-4。

表 4-4 分工表

第（　　）小组	绘本：		
分工项目	脸谱	手工制作	服装设计
负责人			
排练次数	第一次	第二次	第三次
排练时间			
表演时间			

3. 评价（邀请大队部的队员和教师做评委），见表4–5

表4–5 评价表

小组		绘本名称	
成员			
奖项	最佳创作组	最佳表演组	最佳小演员
标准	（1）主题鲜明、有意义 （2）故事紧扣主题展开，内容丰富、趣味性浓 （3）内容能反映人性的真、善、美	（1）角色设计特点鲜明，能够很好地组织角色的语言和肢体动作 （2）能很好地利用道具，表演具有丰富的想象力 （3）具备很好的舞台适应能力和协作能力	（1）演员的表演符合内容且具有感染力 （2）普通话纯正，吐字清晰，气息准确
获星	☆☆☆☆☆	☆☆☆☆☆	☆☆☆☆☆

第四课　创作之乐

（建议1课时）

1. 定出主题

（1）动物组。

（2）爱心组。

（3）友情组。

2. 绘本创作的要求

（1）和父母一起制作自己的绘本。（原创）

（2）主题鲜明，语言简洁。用极少的文字表达一个完整的故事，情节生动有趣，富有感染力。

（3）图画精美，富有张力。使学生在读故事时突破文章的束缚，培养想象力。

（4）图文互见，易于理解。图和文互相补充，让人在阅读的时候加深理解和记忆，让学生对故事的认识更加深刻。

附学生的作品《贝贝的生日》，如图4–3所示。（作者：王歆怡）（原创）

图 4–3

六、课程评价

1. 课程评价的原则

主体性原则：课程评价中评价的对象和评价的内容要体现的原则。在评价的对象上，主体性原则是指被评价对象对评价活动和过程的参与，包括评价指标的建立、评价方法的采用、评价过程的实施等都要有教师的参与；在评价的内容上，主体性原则是指评价中要体现互动和学生的发展，即评价的一个重要内容就是学生是否积极参与到课程中来。

过程评价和成果评价相结合的原则：评价最重要的不是证明，而是改进，我们课程的实施既观察态度，也关注成果；既有动态评价，也有档案呈现；既有书面表达，也有能力的体现。对学生的学习做一个中肯的、发展性的评价，以促进学生身心健康的发展。

2. 课程评价表（见表4–6）

表4–6“悦‘读’——童乐绘本世界”课程评价表

评价内容	评价细则	自评	互评	老师的话
绘本的创作	★主题鲜明，内容围绕主题展开			
	★故事趣味性浓，有教育意义			
	★合理安排情节，构思有新意、完整			
绘本的演出	★能把内容转变为自己的语言进行表演			
	★能够互相合作进行表演			
	★服装和舞台感强			
课程的收获	★培养了合作能力和交流能力			
	★积累了知识，想象力更加丰富			
	★体验了阅读的快乐，激发了兴趣			

学生作品，如图4–4所示。

图 4–4

温情“绘本”之旅

邬玉萍　蔡　青

一、课程开发背景

《语文课程标准》中明确提出，要让低年级孩子“喜欢阅读，感受阅读的乐趣”。要让他们能够“借助读物中的图画阅读”。低年级两年的时间内应该让学生养成阅读兴趣，广泛阅读5万字的课外读物。囿于低年级语文教材的浅显性、局限性，语文教师应该注重教材的重组、教材的开拓，以实现这些教学目标。为了实现这些目标，我们旨在通过绘本阅读这一特色课程的开发，实现全方位的突破。

低年级孩子识字量少，注意力集中时间不长，自控能力和耐挫能力都较差，但是他们对图画这样的直接感官刺激的物体感兴趣，形象性思维占主导地位，联想丰富，喜欢表达。这正好与绘本的特点贴切地吻合，夸张的构思、精妙的图画、童趣的语言，在孩子们的眼里十分富有吸引力！借此途径开启孩子的想象，培养孩子的阅读兴趣，提高孩子的表达能力，最为合宜！

二、课程目标

（1）在阅读故事中，了解故事内容，感受绘本特点，提高阅读能力，点燃阅读兴趣。

（2）在创作故事中，发散思维，发挥想象，体验亲子创作的乐趣。

（3）在表演故事中，锻炼表达能力，激发探究欲望，感受绘本魅力。

三、课程内容

注重学生对绘本故事本身的感悟，更注重对绘本特点的提炼和阅读方法的渗透，将绘本阅读与他们的生活经验充分链接，激发情感共鸣；让阅读、表演和创作结合，增加绘本学习的趣味性，激发孩子的探究欲望，从而让学习逐步深化。课程内容的基本框架见表4–7。

表 4-7 “温情‘绘本’之旅”课程内容的基本框架

教学板块	课题	主要内容	课时
1	漫步温情	阅读绘本（群文阅读）： 《爱心树》 《我爸爸》 《猜猜我有多爱你》 在阅读中提炼“温情”主题	2课时
2	感悟温情	以绘本《小椅子》为例，走进绘本，感受“温情”绘本的暖意	2课时
3	再现温情	联系生活元素，创编关于“亲情、友情”等绘本故事。家长协助，挑选有意义的绘本故事，改编成绘本剧本，排演成绘本剧	2课时

四、课程实施

（1）适合群体：开发的课程内容较适合低年级的学生学习。

（2）课时计划：课时总量为6课时。教师根据学生需求、自身特点、课时长度加以取舍。

（3）教学准备：多媒体、相关绘本故事。

五、课例展示

第一课　漫步温情

（建议2课时）

【教学内容】

《爱心树》

《我爸爸》

《猜猜我有多爱你》

【教学目标】

（1）了解故事内容，感受文本中表达的温情。

（2）在阅读中，感受爱与被爱，懂得感恩。

【教学过程】

1. 话题导入

孩子们，爱是人类最美好的情感。它是细雨，滋润着我们的心田；它是明灯，照亮我们人生的道路……今天，老师也为同学们选择了3本以爱为主题的绘本片段节选，分别是《爱心树》《我爸爸》《猜猜我有多爱你》。请同学们翻开为你们准备的资料，下面老师有几点阅读要求：

（1）请同学们用默读的方式快速浏览绘本。

（2）边读边把感动自己的句子或画面标记出来。

师：同学们读书都很用心！下面我们就一起来说说是怎样的爱温暖和感动了我们。

2. 阅读概括

学生：《爱心树》——无私给予的爱（教师引导概括）。

学生：《我爸爸》——父子情深。

学生：《猜猜我有多爱你》——母子情深。

教师小结：孩子们读书都非常认真，也很仔细。从这些文本中，我们看到了友情、无私给予、血脉亲情、相亲相爱等都是人间最美好的情感。

3. 片段分享与精彩赏析

师：同学们，在这些感人的绘本中，一定有些画面或句子打动了你的心！请你找出来先给大家说一说，再说一说为什么让你感动。我们一起来分享分享，在你读之前，你应该邀请大家把材料翻到相应的位置，要把它说清楚。

【教学过程】

1. 共读《爱心树》片段

（1）有一天，男孩来看大树，大树说："来吧，孩子，爬到我身上，在树枝上荡秋千，吃几个苹果，再到阴凉里玩一会儿，你会很快活的。"孩子说："我想买好玩的东西，我需要些钱，你能给我一些钱吗？""很抱歉，"大树说，"我没有钱。我只有树叶和苹果。把我的苹果拿去吧，孩子，把它们拿到城里卖掉，你就会有钱，就会快活了。"于是，孩子爬上大树，摘下了树上的苹果，把它们拿走了，大树很快乐。很久很久，孩子没有再来看望大树……大树很难过。

交流：男孩来看大树，却没有再和大树一起玩耍，他为什么而来？大树又给予了他什么？

（2）后来有一天，孩子又来了，大树高兴地摇晃着肢体，对孩子说："来吧，孩子，爬到我的树干上，在树枝上荡秋千，你会很快活的！""我有很多事要做，没有时间爬树了。我需要一栋房子保暖，我要娶个妻子，还要生好多孩子，所以我需要一栋房子，你能给我一栋房子吗？""我没有房子，森林就是我的房子，但是你可以把我的树枝砍下来，拿去盖房，你就会快活了。"于是，男孩就把大树的树枝砍下来，把它们拿走，盖了一栋房子。大树很快乐……

交流：大树还是很快乐，这又是为什么？可此时，大树的心里还有些什么呢？

交流：两个片段中哪些句子让你感动？或许说你印象中最深刻的是哪句话？

2. 共读《我爸爸》

师：孩子们，请你用一句话或者一个词来介绍一下你的爸爸，好吗？

生：高大。

生：我的爸爸喜欢运动。

生：搞笑。

师：看来每个孩子都深爱着自己的爸爸呢！现在请孩子们快速浏览《我爸爸》的绘本资料，然后来说一说，绘本中的爸爸是一个怎样的爸爸。

生：跟我的爸爸一样，都很聪明。

生：跟我的爸爸一样，什么都会！

师：是的，孩子们，天底下所有的父亲都是一样的，关爱着自己的孩子，呵护着自己的家人，守护着自己的家庭！

3. 共读《猜猜我有多爱你》

（1）仔细品味大兔子与小兔子的对话，分角色朗读。

（2）说话练习：猜猜我有多爱你。我爱你（　　）

教师要求：边说边做，表演动作。

教师小结：孩子们今天表现非常精彩！你们不但把自己读绘本的感受与我们分享了，而且还把文中的人物又带到了我们的心里。让我们再一次被绘本里流露出的温情感动着、温暖着！

第二课　感悟温情

（建议2课时）

【教学内容】

《小椅子》

【教学目标】

（1）培养学生细致的读图能力，丰富的想象能力，为写作打下基础。

（2）在观察、想象中了解绘本阅读的方法，享受阅读的乐趣，养成乐于阅读的习惯。

【教学过程】

1. 交朋友，激趣引课题

教师：小朋友，今天老师给你们带来了一本有趣的图画书，书的小主人就是小熊（贴小熊图）现在请大家跟小熊打招呼吧！（强调打招呼要有礼貌）你们想看这本图画书吗？让我们一起来把这本没有文字的图画书配上文字，你们愿意帮忙吗？

出示绘本图1，请学生观察小熊带来了哪些伙伴，并说说小熊跟哪个伙伴最亲密。

（低年级的学生，对小动物都特别感兴趣，以和小熊交朋友引入课题，一开始就激发了学生的学习兴趣，为本课的学习造设了良好的开始）

2.入文本，明文脉——在想象中说

（1）出示绘本图2、图3。

交流：谁来说说你看到了什么样的小椅子？小椅子有什么作用呀？

生：绿绿的、方方的……

生：照看气球、小鸟休息——

师小结：是的，小椅子除了会帮我做事，给我带来方便外，它还是许多动物们的好伙伴呢！想看看吗？

（让学生观察小椅子，尽情说自己看到的小椅子的颜色、形状、作用等，学生通过仔细观察、充分说，初步打开想象的思维，激发说的欲望）

（2）出示图4、图5。

师：请你认真观察，并根据提示给这两张图配上文字。

学生自由发言：小椅子是小狗、小猫、小猪、小松鼠、小蚂蚁、小羊……的房子、凉亭、凉伞、家、运动场……

（3）出示图6、图7。

师：小椅子还做了不少好事，请你用上关联词把这两幅图连起来说一说。

（在第二步简单想象说的基础上，加入了一定难度的关联词，进行连图说话，让学生的说提上一个高度，进行有层次的说话训练）

（4）出示图12、图13。

师：现在请你来当小作家，给这两张图配上文字好吗？

提示：小椅子是我的。

总结：我的小椅子是动物的好伙伴，也是我的好伙伴，陪我散步、荡秋千、滑雪，小椅子给我带来了这么多的乐趣，后面还有更神奇的事吗？

（回归教学设计本色，让学生在想象的空间里享受阅读的乐趣，养成乐于阅读的习惯和培养写作的能力）

3. 拨心弦，笔生花——在想象中写

（1）出示图16、图17、图18。

师：请选择你最喜欢的一张图，为它写上一句话。

教师要适当引导。

生：小椅子像蚂蚁一样爬树。

生：小椅子像青蛙一样在草地上跳。

生：小椅子像火箭一样能飞上天空。

（2）出示图20。

师：小椅子够神奇，你们看看小椅子还会变什么。

生：小椅子像我一样慢慢地长成大人。

师：是呀，我的小椅子确实很神奇，不但是我的伙伴，而且会像蚂蚁一样爬树，像青蛙一样在草地上跳，像火箭一样飞上天空。（如果这本图画书让你继续画下去，你想画怎样的小椅子？并像刚才一样，画完了配上一段文字）

（在充分说的基础上，让学生展开想象的思维，写出心中的小椅子，学生激越的心灵在得到了升华以后想说，想写，给学生一个展示的空间，享受成功的快乐）

4. 品全书，阅全文——共赏美文

师：现在请大家再一起读读这本有趣的图画书。

师引生读：小椅子是我的好伙伴，陪我散步，做我的秋千，还是我的雪橇，给我带来了这么多的乐趣，而且非常神奇，能像我一样慢慢长大，我真喜欢我的小椅子。

（师引导学生回顾整篇课文的故事，帮助学生学会整体掌握绘本的意境，乐中读书，书中有乐，享受阅读的乐趣）

第三课　再现温情

（建议2课时）

【教学内容】

写绘本、演绘本。

【教学目标】

（1）在创编绘本故事中，提升学生的想象力、思维能力等。

（2）在绘本剧汇演中，提升学生的组织、协调、表达等能力。

【教学过程】

1. 绘本故事来创作

邀请家长来校与孩子一起参加活动，先确定主题，然后进行创作。考虑到低段学生的写作能力，主要以图画形式为主，配以简单的文字，或者学生口述，家长协助，使内容丰富起来！

2. 优秀成果来展示

对完成的作品进行展示，加以封面，制作成手工绘本形式放置于教室图书角，便于阅读。在每周的“智慧阅读”课上，请作者向同班同学展示并讲述自己的作品内容。

3.再现故事显温情

（1）在同学们创作的绘本故事中进行挑选，确定表演剧本并根据剧情进行排练，合理使用音乐、道具。

（2）制订活动方案（家长协助）。

表演剧目	
表演时间	
表演地点	
人员分工	
彩排	
化妆	
道具准备	
场地协调	
摄像录影	

小结：学生在创编绘本中展开丰富想象，激活言语思维，强化了言语的表达。在进行绘本剧展示过程中，相互协调，相互融合，学会了团结协作，合理分工，锻炼了学生们的各项能力。

六、课程评价

1. 评价原则

评价要关注学生的个性差异和个性特长。评价方式多元化，采用学生自评、互评、家长评、师生交流等方式。多几个尺度去衡量儿童，不追求统一，而是给每一个孩子成功的喜悦、成长的快乐和探索的自信，让孩子们在体验成功的过程中快乐阅读。

2. 具体评价方式，见表4–8

表4–8“流淌在心田里的爱——温情绘本之旅”课程评价表

评价项目	评价内容	评价结果（五星——优秀；四星——良好；三星——合格）			
		自评	互评	家评	师评
学习表现	对课程内容感兴趣，能主动积极投入，乐于合作，敢于表达，善于倾听				
学习能力	收集、阅读、交流、表达能力				
	思考、提问、质疑、创新能力				
课程收获	积极增长见闻，丰富学习生活				
	主动经历探究过程，学有所获				

学生创作的绘本，如图4–5所示。

图 4–5

让“童话”在童年里流淌

黄映霞 张慧 罗彬

一、课程开发背景

深圳市颁布的《关于全面深化中小学课程改革的指导意见》中指出：“坚持构建满足学生个性发展需要的学校课程体系，落实以人为本的教育理念。”“坚持建立多元科学的教育教学方式，为学生成长创造绿色生态环境。”可见，课程改革是加快教学改革、提升教育质量的强有力的推手。作为一线教师致力于精品校本课程开发更能紧贴学生的实际发展需求，做最适合学生的实效课程。

童话，是浩瀚文学宝库中的一颗璀璨明珠。它深受学生喜爱，带给学生欢乐和梦想，犹如一把开启智慧的金钥匙。它那丰富的想象和奇特的幻想，使孩子们拥有了一个梦幻般的天堂，让学生在欢乐的阅读中感受真、善、美的熏陶，引领孩子们带着满满的好奇心去观察大千世界的原型，以非凡的想象力作为思考的翅膀，乐于创作表达属于自己的童话故事。通过对四年级上册童话单元的学习，孩子们兴趣浓厚，仅仅几篇童话并不能满足他们如饥似渴的阅读欲望。很多学生不断寻找童话故事阅读，基于学生的阅读需求，我想何不利用这个契机带领孩子们对童话进行更深入的学习，让童话的无穷力量在孩子们的金色童年中持续流淌呢？洞察童话的神奇，见证童话的力量，品味童话的精彩；启发学生以故事反观自身，尊重生命，热爱生命；玩转童话，开设童话秀展示平台，让学生成为课程的主人。

二、课程目标

（1）初步了解童话的特点：奇、趣、美等。

（2）通过深入阅读、经典片段赏析，品味童话中的生命形象，挖掘童话的精彩之处。

（3）由阅读延伸到多元实践：童话剧表演、故事创编、童话人物代言等，提升学生的想象力、创造力和写作能力。

三、课程内容

“让‘童话’在童年里流淌”课程内容的整体设计思路是：以“童话之奇、童话之趣、童话之美、童话之乐”构建一个立体式的课程框架，以人教版四年级上册教材第三单元童话单元为依托，进一步阅读不同类型的童话。拓宽学生的知识面，提升学生自主合作探究能力与学生在课程中产生的人际交往能力、表达能力和创新能力。同时，关注跨学科融合，如影视、音乐、美术、信息技术、语文等，以达到发展学生核心素养的目的。课程内容的基本框架见表4–9。

表4–9“让‘童话’在童年里流淌”课程内容的基本框架

教学板块	课题	主要内容	课时
1	童话之奇	启蒙童话：《丑小鸭》 《海的女儿》 《白雪公主》	交流1课时
2	童话之趣	男孩、女孩童话： 《小克劳斯和大克劳斯》 《拇指姑娘》	交流2课时
3	童话之美	（1）喜剧之美：安徒生《皇帝的新装》 （2）悲剧之美：王尔德《快乐王子》	交流2课时
4	童话之乐	（1）童话剧表演 （2）童话新编 （3）我为童话人物代言 （4）童话绘本创作	汇报交流2课时

四、课程实施

（1）适合范围：三、四年级，既可以独立使用，也可以配合人教版四年级上册使用。

（2）课时计划：建议6～8课时。

（3）教学准备：多媒体教室，更适合平板课堂。

五、课例展示

第一课　童话之奇

（建议1课时）

【教学内容】

《丑小鸭》（作者：安徒生）

《海的女儿》（作者：安徒生）

《白雪公主》（作者：格林兄弟）

【教学目标】

（1）回忆故事人物形象，指出童话的神奇之处。

（2）感受启蒙童话作品信念，体会因梦想而拼搏、因爱而奉献和因善而幸福所创造的神奇。

【教学过程】

1. 交流《丑小鸭》，感受因梦想而神奇

（1）谈谈故事主角。

师：大家都读过《丑小鸭》了，这个引人入胜的童话故事中主要讲了哪些主要人物？

生：丑小鸭和鸭群。

师：他们的关系是怎么样的？

生：鸭群的兄弟姐妹歧视排挤丑小鸭。

（2）说说故事的神奇之处。

师：这是个耳熟能详的故事。

生：一只天鹅蛋在鸭群中破壳后，因相貌怪异，被同类鄙弃，历经千辛万苦、重重磨难之后长成了白天鹅。

（3）聊聊故事感悟。

师：是的，每一次读这个故事，我们都会再感动一次，它总能轻而易举地住进大家的心房，你们把打动我们的句子画出来，在旁边做好批注。

学生画出“我要飞向他们，飞向这些高贵的鸟儿！可是他们会把我弄死的，因为我是这样丑，居然敢接近他们。不过这没有什么关系！被他们杀死，要比被鸭子咬、被鸡群啄、被看管养鸡场的那个女佣人踢和在冬天受苦好得多！”等句子，交流感悟。

学生交流总结：每个人都会有一份属于自己的梦想，只要他们学会树立生活目标，在自信、拼搏中，他们会真正地认识到自己原来也可以变成“白天鹅”，也可以像丑小鸭一样实现心中的梦想。

2. 自读《海的女儿》，感受因奉献而神奇

出示童话故事《海的女儿》，让学生默读，读完交流感受。

（1）讨论：是否有“惋惜”的感觉？

（2）交流：自己的感受。

生：美人鱼很伟大，为了爱宁愿牺牲自己的性命也不愿意杀害王子。

生：美人鱼公主心中有爱，为了让王子好好活着，她宁愿将爱珍藏起来也要护王子周全。为爱奉献，最终公主并没有变成轻飘飘的泡沫，而是变成了不灭的灵魂，升上天空变成了最闪亮的星星。

想象：给故事换结尾。

师：给故事换个结尾，怎样既能体现公主的奉献精神又能让王子知恩图报呢？

生：美人鱼的老祖母用自己的王位跟海巫婆交换条件，让美人鱼公主可以开口说话，公主在临死之际可以把真相告诉王子。

学生自己小结：美人鱼公主有爱的奉献精神，她默默奉献的精神让整个故事有了灵魂。

3. 品读《白雪公主》，感受因善良而神奇

（1）列举皇后做的坏事，反衬出白雪公主的善良。

生：皇后派猎人杀害公主。

生：伪装成老太婆想用丝线勒死公主、用毒梳子和毒苹果害死公主。

（2）总结公主的善良及绝处逢生的神奇。

公主每一次被害都能逢凶化吉，得到生的希望。皇后毒害了她那么多次，她都可以活过来，这究竟是为什么？

学生讨论：公主的善良感动了猎人，让猎人心软放她离开。公主的善良也让7个小矮人真心守护她，为她排忧解难。

师小结：启蒙童话作品中传递了强大的信念，让我们见证了为梦想而拼搏、因爱而奉献和因善而幸福所创造的神奇。

第二课　童话之趣

（建议2课时）

【教学内容】

《小克劳斯和大克劳斯》（作者：安徒生）

《拇指姑娘》（作者：安徒生）

【教学目标】

（1）了解故事内容，寻找童话故事中的趣味点。

（2）感受童话的趣味是在一波三折的故事设置中营造出来的，也是传递信念的地方。

【教学过程】

1. 男孩童话之趣

（1）在“朗读”中玩味《小克劳斯和大克劳斯》。

课前自读安徒生童话故事《小克劳斯和大克劳斯》。

同桌合作读“顺水推舟变魔法师”部分。

① 朗读文段，故事怎么写小克劳斯变出食物和魔法师的？

生1：小克劳斯随机应变、顺水推舟，将农夫妻子藏起来的东西说成是自己变的。

生2：小克劳斯故作玄虚，踩踩脚发出怪声，让人误以为他真的会法术。

② 小克劳斯这么做的原因是什么？

生1：农夫妻子在看到小克劳斯饥饿难耐的时候见死不救。

生2：小克劳斯聪明机智。

③ 这一部分的趣味点在哪里？

讨论归纳：农夫被骗得团团转，还那么开心。农夫的妻子和牧师明知被耍了却无可奈何地配合演戏。

（2）小组表演读“小克劳斯的将计就计脱困”部分。

① 朗读文段，大克劳斯怎么报复小克劳斯？

生：用麻包袋包着准备丢进水里。

生：但大克劳斯太懒，想谋害别人还半路停下来休息，让小克劳斯有逃脱的机会。

② 小克劳斯是如何将计就计的？

生：小克劳斯骗大克劳斯自己在水底见到了一位漂亮的姑娘，收获了不少金银财宝，引诱大克劳斯主动沉到水里找宝物。

生：利用大克劳斯贪财的人性弱点去攻击他。

（3）在“整理”中玩味《小克劳斯和大克劳斯》。

深度阅读故事，填写阅读表格。

遇到的危险	化解方法	得到的东西
饥饿难耐	智变食物	填饱肚子
被迫处理牧师	交换条件	一斗钱
被沉入水里	偷龙转凤	保全性命

（4）在“角色扮演”中玩味《小克劳斯和大克劳斯》。

① 利用木偶戏来进行角色扮演，扮演“变魔术”部分。一组同学在幕布

后面做动作，一组同学在幕布后面配音。台下同学边看边思考：

为什么农夫妻子明知道小克劳斯的计策却不揭穿他呢？

讨论总结：妻子隐瞒农夫在先，揭穿小克劳斯的计策等于揭穿了自己的谎言。

② 小克劳斯顺水推舟让自己摆脱困境，告诉了我们什么生活智慧？

讨论总结：我们在遇到困难时要善于观察，选取对我们有利的因素，化险为夷。

2. 女孩童话之趣

导入：童话的王国可大可小，有身形庞大的巨人，有飞天遁地的精灵，也有小巧可爱的小人儿，让我们走进《拇指姑娘》认识这一位灵巧的小人物吧！

课前阅读安徒生的《拇指姑娘》。

（1）反差之趣。

故事中一共出现过几次人物配对的反差？

① 癞蛤蟆想娶老婆。

癞蛤蟆的儿子长得跟妈妈一样丑，而且只会呱呱呱地乱叫。老癞蛤蟆对小癞蛤蟆说："讲话不要那么大声，你会把她吵醒的。我们赶快把水下那个房间修好，以后那就是你们俩的洞房。"

关注癞蛤蟆和拇指姑娘相貌的反差，形成相貌对比之趣。

如果选择一种朗读语气来读这个片段，你会选择哪一种？（会选择"夸张"，在语气夸大。

② 金龟子想娶老婆。

金龟子的小姐妹们说："瞧，她的腰那么细，真是难看啊！她只有两条腿，连触须都没有。"其实抢她来的金龟子觉得她很漂亮，本来想娶她做妻子，可是听到大家都说她丑，就决定不要她了。

关注金龟子和金龟子姐妹们的感觉，形成感觉对比之趣。

指导学生朗读，在朗读中把金龟子姐妹嫌弃和金龟子矛盾的面部表情表现出来。

（2）相似之趣。

难道世界上就没有人可以与拇指姑娘配对了吗？阅读文章寻找线索。

【讨论交流】

不，命运自有安排。拇指姑娘的妈妈是将一颗大麦粒埋在花盆里，不久花盆里长出一朵大红花，花苞开放，拇指姑娘出生了。拇指姑娘从花的世界里面来，她的王子也应该会与花有关系，这才有相似之处。

这是作者在设计环节前布下的隐藏线索，结尾出现的花王子正好与开头遥相呼应。

概况总结：童话的乐趣在于，作者会给读者很多意想不到或者带有强烈反差效果的环节，让读者在阅读的期待视野中不断开拓自己的眼界，丰富自己的想象力。

第三课 童话之美

（建议2课时）

【教学内容】

王尔德《快乐王子》。

安徒生《皇帝的新装》。

【教学目标】

（1）初步了解童话可分为“喜剧之美”和“悲剧之美”。

（2）感受童话美的特点是与儿童化和童趣化分不开的，在表面热热闹闹的童趣中，实则隐含着非常深厚、丰富的现实寓意。

【教学过程】

1. 童话的喜剧之美

在“复述”中感受《皇帝的新装》。

课前自读安徒生童话故事《皇帝的新装》。

（1）复述“爱新装”部分。

准备工作，弄清几个问题：

①故事是怎么写皇帝爱新装的？

讨论并归纳：

从治装费用：不惜倾其所有。

从心思兴趣：最爱炫耀新衣，爱新装。

从换衣次数：每一天每一点钟。

②写皇帝爱新装的目的是什么？

讨论并归纳：写皇帝爱穿着的癖好，突出他的昏庸无能、荒唐可笑，也写出皇帝上当受骗的缘由。

（2）复述“看新装”部分。

准备工作，弄清几个问题：

①两个骗子用什么手段取得了皇帝的信任？

讨论并归纳：两个骗子，自称是织工，说能织出人间最美丽的布。这就投了皇帝爱穿着的癖好。骗子还说，这种布不仅色彩和图案都分外美观，而且缝出来的衣服还有一种奇怪的特性：任何不称职的或者愚蠢得不可救药的人，都看不见这衣服，这是最合皇帝心意的。

② 皇帝先后派了什么人去看织布，他们看到了什么？为什么不敢说真话？

讨论并归纳：诚实的老大臣、诚实的官员。

讨论并归纳：他们什么东西也没有看见。他们不敢说真话是为了保住自己的乌纱帽。

③ 皇帝在随员陪同下亲自来看织布，他看到了什么？皇帝为什么也不敢说真话？

讨论并归纳：皇帝也“什么也没有看见”。皇帝不敢说真话是为了保住自己的皇位。

④ 跟着皇帝来的全体随员怎样评价骗子织的衣料？他们提出了什么建议？

讨论并归纳：他们说：“哎呀！真是美极了！”“这布是华丽的！精致的！无双的！”他们建议皇帝用这新的美丽的布料做成衣服，穿着这衣服参加快要举行的游行大典。

2. 在“表演”中感受《皇帝的新装》

表演“展新衣”一段。

准备工作，弄清几个问题：

① 皇帝穿着“新装”开始游行，老百姓为什么不敢说真话？

讨论并归纳：怕招来杀身之祸或怕别人知道自己不称职，或是太愚蠢。

② 小孩子为什么敢于说真话？

讨论并归纳：因为小孩子天真无邪，无私无畏。

③ 这场骗局是由一个小孩子说出了真相，这说明了什么？

讨论并归纳：在这样一个谎言充塞、欺骗成风的世界里，作者让一个天真无邪的小孩子喊出了“天真的声音”，讲出了谁也不敢说出的真相，使“新装”顿时失去了神奇的作用。这一笔，增强了童话的神奇色彩和作品的现实意义。

学生根据角色需要，分配角色，进行表演。

3. 在“讨论”中感受《皇帝的新装》

探究质疑：皇帝是一个什么样的人？

讨论并归纳：

（1）昏庸无能，骄奢淫逸。从开头治装费用、心思兴趣、换衣次数三个方面写出皇帝爱穿着的癖好。

（2）愚蠢透顶。从被两个骗子投其所好，上当受骗可以看出。

（3）自欺欺人。皇帝明明没有看到衣料，但怕别人说他不够资格当皇帝，便极口称赞骗子织的衣料，并赐给骗子“御聘织师”的头衔，封他们为爵士，授予他们勋章。

探究质疑：这篇童话很可笑，从笑中体会到什么？

讨论并归纳：这篇童话通过一个昏庸无能而又穷奢极欲的皇帝受骗上当的故事，揭露和讽刺了皇帝和大臣们的虚伪、愚蠢和自欺欺人的丑行。它告诉我们应该保持天真烂漫的童心，要无私无畏，敢于说真话。

4. 童话的悲剧之美

导入：“小人鱼”为爱而付出了沉重的代价，最后在为爱而做出的生死抉择中，“小人鱼”又为了成全他人的幸福甘愿使自己化为泡沫的故事，我们都耳熟能详吧？这是安徒生的童话故事《海的女儿》。故事虽然很悲伤，却给了我们极美的享受。

阅读王尔德童话故事《快乐王子》。

（1）王子的“不快乐”。

学习任务：“快乐王子为什么流泪？”故事中写了快乐王子几次捐献活动？

①救助写剧本的年轻人：

王子在帮助了女裁缝后，又去帮助了谁？哪些语句深深地感动了你？

抓“唉，我现在没有红宝石了……”，体会王子的善良、无私、伟大。

抓“燕子哭了起来，不肯啄他的眼睛……王子再三央求……”，体会燕子内心的伤心、矛盾、不忍。

王子看到了一幕怎样的情景，才让他下定决心去帮助那位年轻人的？

如果要你用一个词来形容这位作家，你认为应该是什么？（忍饥挨饿、饥寒交迫、穷困潦倒）

这苦难的一幕，王子全部看在了眼里，于是他（引读）——再三央求燕子……

②救助卖火柴的小女孩：

后来，这样一位善良的王子和这样一只好心的燕子又去帮助了——（生答）卖火柴的小女孩哪些语句深深地触动了你呢？

抓“我愿意陪你再过一夜……”体会燕子的变化：为王子着想，有情有义。

抓“王子连声央求……”体会王子舍己助人的品质。

③救助穷人：

王子拿出自己的红宝石，帮助了可怜的女裁缝。王子又献出了一双珍贵的蓝宝石眼睛，去帮助了那个穷苦的年轻人和那个卖火柴的小女孩，最后——读

“你现在瞎了，我要永远跟你在一起”。

（2）王子的“快乐”。

王子心里记挂的都是疾苦的百姓，可题目为什么会叫《快乐王子》呢?

生分组讨论、交流：

小王子为了帮助穷人，不惜献出了剑上的宝石，献出身上的金片，也献出了自己的双眼。但是他无所畏惧，他懂得了什么是真正的快乐。

我既为那些得到帮助的穷人而开心，也为舍己献身的王子和小燕子而伤心。我也懂得了一个道理，有爱心才会有真正的快乐。

概括总结：在一个没有理解，没有爱心的世界，人心比冬天更冷。而拥有冰冷的铅心的王子却用自己的生命温暖着城市的每一个角落。这就是王子的快乐！

第四课　童话之乐

【教学内容】

童话剧表演。

童话新编。

我为童话人物代言。

童话绘本创作。

【教学目标】

通过形式多样的活动平台，让学生走进童话、感知童话人物，从而喜欢童话，创编童话。

【教学过程】

准备：将全班同学分成若干小组，任意选择探究任务。

“童话剧表演”小组：《老虎拔牙》

镜头一

旁白：在一片茂密的森林里，住着一只凶恶无比的大老虎，小动物们见了他都躲的躲，逃的逃，藏的藏。

老虎：（迈着八字步威武上场，一路走过，来到家里）

两个随从：（毕恭毕敬地）连忙说：“大王，你回来了，快歇会儿吧！”（老虎悠闲自在地躺在床上）

随从：一个扇扇子，一个端盘子递葡萄。

老虎：不吃了（慢慢闭目养神，随从站立一旁）。

镜头二

（旁白）狐狸：（狐狸跷着二郎腿，一群小动物围在身边）你们这些胆小鬼，见了老虎就跑，哼！总有一天，我要把它的牙给拔下来。

动物们：吹牛！吹牛！

狐狸：你们不相信？那你们就等着瞧吧！（狐狸退场）

镜头三（略）

“童话新编”小组：《新编小红帽》

人物：小红帽、大灰狼、外婆。

人物性格：小红帽勇敢聪明、大灰狼贪婪愚蠢、外婆慈祥可亲。

故事大概：小红帽在学校已经了解了大灰狼的凶恶，在真正遇到大灰狼的时候，她用“故作天真”“引狼入瓮”“智斗恶狼”等办法和凶恶的大灰狼进行了一场智慧的较量。

“童话人物代言”小组

我为丑小鸭代言：美丽的外表不是最重要的，最重要的是有一颗善良勇敢的心。

我为狐狸代言：狐非草木，孰能无情。我狐狸也有善良、慈爱的一面。

我为小鸟代言：与朋友交，言而有信。我的树朋友，我永远会想念你的。

我为巨人代言：巨人的身躯，常人的内心。我要这个春天不再寒冷和荒凉。

……

学生绘本，如图4–6所示。

图 4–6

“童话绘本创作”小组

创作宗旨：小红帽、青蛙王子、美女与野兽等这些家喻户晓、经久不衰的故事，我们为它精心配图，让这一本可以陪伴我们整个童年的童话书，成为我们一生最珍贵的回忆！

学生绘本展示，如图4–7所示：

图 4–7

六、课程评价

1. 评价原则

教育关注教育发展规律和儿童身心发展规律，儿童的发展存在差异性。所以，在评价尺度上力求个性化、全面化。对学生的学习活动做一个中肯清晰的、发展性的评价，以促进学生的身心健康发展。让每个孩子在学习中发现自我、发现自己的特长和兴趣、发展自己的人格和品质，体验失败和成功，体验成长的滋味。

2. 具体评价（见表4–10）

表 4–10 “让‘童话’在童年里流淌”课程评价表

评价内容	评价细则	自评	互评	老师的话
童话创编	★故事情节新颖、有创意			
	★情感丰富，打动听众			
	★特别能表现故事人物的精神风貌			
童话剧表演	★能完整演绎作品			
	★主题鲜明，能再现文学作品内涵			
	★人物精神风貌栩栩如生			
	★团队分工有序，合作成功			
	★服装和舞台道具设计有创意			

续 表

评价内容	评价细则	自评	互评	老师的话
课程收获	★增长了知识，丰富了学习生活			
	★提升了探究实践和团队合作能力			
	★体验了学习的快乐和成功的自豪			

有趣的童话剧表演，如图4–8所示。

图 4–8

水果跑啊跑

黄楚华

一、课程开发背景

随着新课程的不断推进，校本课程开发研究将是今后我国课程改革的焦点和亮点，它对于实现学校的办学宗旨，体现办学特色，落实素质教育精神，提高教学质量，全面实现学校、教师和学生的可持续发展意义非凡。

全面贯彻党的教育方针，以《中共中央国务院关于深化教育改革，全面推进素质教育》《国家基础教育改革纲要》为指导，紧密结合学校教育理念和指导思想，以培养学生的创新精神为核心内容，发挥学生内在潜力，使每一位学生都得到不同的发展。

本课程旨在以水果为载体，通过学生主动参与、搜集并整理资料、动手创作、编写童话，引导学生认识、理解写作的奥妙，激发学生的兴趣，增强阅读与写作能力，促使他们全面而和谐发展。

二、课程目标

（1）运用网络收集并整理信息，了解水果来源、外形特点、用途等，培养学生的信息处理能力、自主探究的能力。

（2）通过自制水果捏泥，培养学生动手制作的能力。通过听、说、写等方式，提高学生的细节描写水平。

（3）在对绘本、诗歌深入了解中，激发学生创作的热情，增强写作能力，促进学生全面可持续发展。

三、课程内容

本课程内容的整体设计思路是：以“水果跑啊跑”为课程开发的总切入口，以学生喜闻乐见的方式展开教学，提升学生自主合作探究能力，提升学生的阅读能力、创新、创作能力。同时，关注多学科的交叉，如美术、信息技术、语文等，以达到学生综合素质发展的目的。课程内容的基本框架见表4-11。

表4-11“水果跑啊跑”课程内容的基本框架

教学板块	课题	主要内容	课时
1	水果达人show	活动：水果模特展 （1）准备：轻黏土做水果，写水果推介（主要从水果来源、外形特点、用途等几个方面） （2）展示：水果超市、水果推介（在课前准备推介稿，并展示于自己作品前，通过集赞的方式，选出票数最高的10人，并让他们上台进行详细的水果推介） （3）颁奖：根据学生的水果作品及推介内容设立奖项	2课时
2	水果表达室	活动：水果跑啊跑 （1）看图想故事：让学生阅读绘本《水果跑啊跑》，充分发挥想象力，构建出故事情节 （2）选图写故事：以小组为单位选择喜欢的图片，配上相应的文字。指导学生初步尝试细节描写：外形、动作、语言、心理活动	3课时
3	水果带我去旅游	活动：为你写诗 引入古今写水果的诗歌，让学生模仿试着写诗歌 活动：水果带我去旅游 选一个地方的特色水果（如新疆葡萄、梅州沙田柚、泰国榴莲等），根据水果所在地方的特色，写一篇导游词或电子小报，带领全班同学一起“旅游”	3课时

四、课程实施

（1）适合范围：三年级，既可以独立使用，也可以配合人教版三年级上册使用。

（2）课时计划：建议6～8课时。

（3）教学准备：普通教室，更适合平板课堂。

五、课例展示

第一课　水果达人show

（建议2课时）

【教学目标】

用轻黏土自己制作喜欢的水果，培养学生的动手能力。试写水果名片，做好推介。

【教具准备】

（1）学生带着自捏的水果道具，写好介绍稿。

（2）将教室摆放成U型，便于活动开展。

【教师准备】

电教媒体。

【教学过程】

1. 水果超市大放送

观看录像（跟随摄像镜头一起看看超市里琳琅满目的水果）。

交流：你们从刚才的镜头中看到了什么呢?

（1）水果市场的热闹景象。

（2）人们的表现。

（3）水果的种类。

2. 我爱水果大家谈

（1）这些水果真诱人啊，今天我们就走进水果王国，和它们交朋友好吗?

幻灯片出示：水果王国。

（2）一张张水果图片。（组图）

师：生活中好吃的水果还有很多，能和老师分享你喜欢吃的那些水果吗?

生：我最喜欢吃的水果有橘子、菠萝、荔枝。

生：我最喜欢吃的水果有桃子、李子、梨。

师：每个同学都有自己喜欢吃的水果。老师想知道，你们为什么喜欢吃它呢?

生：水果的颜色好看，味道也好。

生：吃水果对身体有好处。

生：水果含有丰富的维生素、矿物质等，对我们人体十分有利，味道又好，因此我很喜欢。

师：回答得非常好。能告诉老师和同学们，你是从哪儿了解到这些知识的吗?

生：从课外书上看到的。平时我喜欢看课外书。

师：看书的确可以丰富我们各方面的知识。希望同学们以这位同学为榜样，养成多看书的好习惯。

3. 漂亮水果大展示，如图4–9所示。

要求：利用轻黏土制作自己喜欢的水果，写好水果名片。

现在把自己做的水果娃放在桌面上，并把你写的介绍稿放于作品前面。每个人有3个赞，把这3个赞投给你觉得水果娃做得漂亮、形象，介绍稿写得具体、优秀的同学！行动起来吧！

学生自由参观欣赏其他同学的作品，在交流中，互相学习，锻炼了口头交际能力。

水果名称	
颜色	
味道	
用途	
吃法	

图 4-9

4. 水果达人大放show

（1）水果推荐。

师：我们的同学可真是心灵手巧啊！看，每个水果娃都惟妙惟肖，看得老师都忍不住想咬一口了。在观赏交流中，大家都将自己宝贵的3个赞投给你最喜欢的作品，闲话莫提，接下来我们将得票数最多的10位同学请上台为我们介绍他们的作品！

学生介绍自己的作品。

（2）现场颁奖。

设置奖项：水果逼真奖、最佳果娃推销员、最佳口才奖……

第二课　水果表达室

（建议3课时）

【教学目标】

借助绘本《水果跑啊跑》配文字，发挥想象力，培养学生创造、想象能力。

【教具准备】

《水果跑啊跑》绘本。

【教学过程】

出示绘本：《水果跑啊跑》。

活动一：看图猜故事，如图4-10（a）~图4-10（g）。

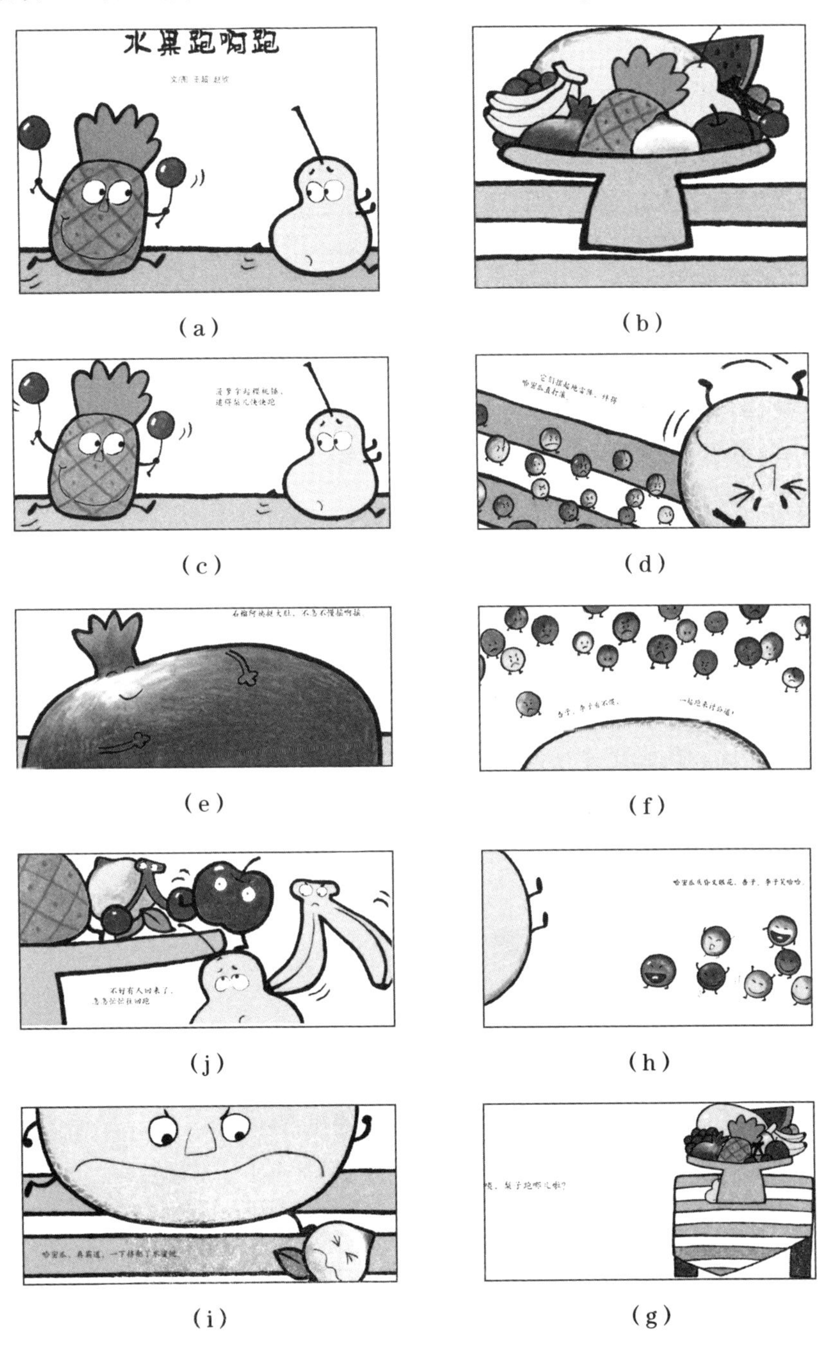

（a）（b）（c）（d）（e）（f）（j）（h）（i）（g）

图 4-10

活动二：选图写故事。小组谈论，选择小组最喜欢的一幅图画，配上生动的文字。看看哪个小组能获得下面这些殊荣。

故事情节生动组	
水果形象帅气组	
语言表达有趣组	
心理活动丰富组	
题目配文贴切组	

学生创作、交流，师生评价、奖励。

第三课　水果带我去旅游

（建议3课时）

【教学目标】

（1）欣赏古今描写水果的诗歌，体会诗人对水果的喜爱之情。

（2）学习诗人自己作诗，编写诗歌。

（3）学会编写导游词，制作旅游攻略。

【教学过程】

1. 为你写诗

（1）播放儿童歌曲《水果歌》，导入主题。

师：人们对于自己喜爱的东西，都会情不自禁地去赞美它们。除了歌曲，还有古诗、诗歌的形式可以表达自己的情感。

今天，老师带来了不少佳作，我们一起来欣赏吧！

（2）出示古今关于水果的诗歌，激发学生创作欲望。

（3）古诗：

葡萄

——唐·唐彦谦

金谷风露凉，绿珠醉初醒。
珠帐夜不收，月明堕清影。

现代诗：

水果们的晚会

杨唤

窗外流动着宝石蓝色的夜，

屋子里流进来牛乳一样白的月光，
水果店里的钟当当地敲过了十二下，
美丽的水果们就都一齐醒过来，
请夜风指挥虫儿们的乐队来伴奏，
这奇异的晚会就开了场。
第一个是香蕉姑娘和凤梨小姐的高山舞，
跳起来裙子就飘呀飘得那么长；
紧接着是龙眼先生们来翻筋斗，
一起一落地劈啪响；
西瓜和甘蔗可真滑稽，
一队胖来一队瘦，怪模怪样地演双簧；
芒果和杨桃只会笑，
不停地喊好，不停地鼓掌。
闹呀笑呀的真高兴，
最后是全体水果们的大合唱，
他们唱醒了沉睡着的夜，
他们唱醒了沉睡着的云彩，
也唱来了美丽的早晨，
唱出来了美丽的早晨的太阳。

（4）自由创作水果诗歌。

师：古今诗人都把他们对水果的热爱用文字的形式表达出来了，这么优美的文字，都是在传达作者的喜爱之情，都是发自内心的声音。现在，请大家拿起你手中的笔，也为你最爱的水果写一首诗歌吧！

作品展览，积攒投票评选诗人大奖。

感情饱满诗人	
文采最佳诗人	
创意无限诗人	
……	

2. 水果带我去旅游

（1）选一个地方的特色水果（如新疆葡萄、梅州沙田柚、泰国榴莲等），根据水果所在地方的特色，写一份导游词或制作电子小报，带领全班同学一起“旅游”。

①导游词。

以《葡萄沟》举例。

师指导：我们可以抓住水果的特点、生长的地方、水果的功效等来写。

生开始写作。

②电子小报。（以图4-11为例）

图 4-11

（2）制作简易地图路线，规划水果旅游攻略，如图4-12所示。

图 4-12

（3）成果展

将学生制作的导游小报或旅游札记，订制成册，在班里展览、传阅。

六、课程评价

1. 评价原则

评价尺度个性化。教育越来越关注人的个性化发展，越来越关注教育发展规律和儿童身心发展规律，儿童的发展存在差异性。所以，在评价尺度上不宜整齐划一，不能只看当下结果忽视未来发展，不能只看单人的或单一的评价，而要进行综合的、全面的评价。课程改革的目的不是打击人，而是在学习中让学生发现自我、发现自己的特长和兴趣、发展自己的人格和品质、体验失败和快乐、体验成长的滋味，从而获得成长的动力和力量。

过程评价和成果评价相结合。对于评价，斯塔弗比尔姆认为："评价最重要的意图不是为了证明（prove），而是为了改进（improve）。"因此，我们的课程实施评价既观测态度又关注成果，既有动态评价又有档案呈现，既有书面表达又有能力表现，对学生的学习活动做一个中肯清晰的、发展性的评价，以促进学生的身心健康发展。

2. 具体评价方式（见表4-12）

表 4-12"水果跑啊跑"课程评价表

评价内容	评价细则	自评	互评	老师的话
语言表达	★声音响亮，语言清晰流畅			
	★生动有趣，打动听众			
	★特别能表现故事人物的精神风貌			
写作收获	★水果特点栩栩如生			
	★主题鲜明，能再现文学作品内涵			
	★能完整创作作品			
	★写作内容设计有创意			
	★团队分工有序，合作成功			
	★学会绘本与写作的方法			
课程收获	★增长了知识，丰富了学习生活			
	★提升了探究实践和团队合作能力			
	★体验了学习的快乐和成功的自豪			

水果童话故事

——水果成长记

方　怡

在一个隐蔽的村庄里，在一大片美丽的果园里，种植着各种香甜可口的水果。

果园里的水果每当太阳升起的时候，就在一起晒太阳，聊天，吸取营养。有一天，水果们聊到了各自的特长。

苹果说：人们都叫我长寿果，我含有维生素C、A、E，磷、钙、锌及苹果酸等。我还可以止泻，防止高血压呢！

香蕉说：我又细又长，香甜可口，还含有粗纤维、胡萝卜素、钾元素，吃了我抗疲劳，防止胃溃疡，预防便秘。

雪梨说：我水分充足，含有柠檬酸、维生素B、具有润肺清燥、止咳化痰、养血生肌的作用。

葡萄说：我又小又圆，身体灵活，大约含有17种营养元素，我有补气血、益肝肾、生津液、强筋骨、止渴除烦的功效。

西瓜说：我又大又圆，比你们都强壮，我有很多糖分，夏天人们都爱我，我有清热解暑、生津止渴、利尿除烦、解酒毒的功能。

大家说着说着开始吵了起来，都觉着自己应该是水果之王，后来这场聊天就这样不欢而散了，水果们闹起了别扭。

后来有一天，来了一群害虫，水果们遭殃啦，被大量地破坏，他们决定团结一致，发挥各自的特长。终于打败了侵略者，小伙伴们呼唤着，又和好了，他们也认识到彼此的重要性了！

小成语大智慧

徐 倩

一、课程开发背景

深圳市颁发的《关于深化中小学课程改革全面提升教育质量的指导意见》，要求我们教师要切实担当起国家深化中小学课程改革试点城市的责任和使命，建设具有时代特点和深圳特色的育人机制，引领学校教育特色、内涵发展，开创立德树人教育新局面。因此，推动课程改革进教材、进课堂、进头脑，加强深圳精神教育，着力培养爱学习、爱劳动、爱祖国，身心健康、人格健全、社会责任感强，具备国际视野、较强创新精神和实践能力的特区新一代青少年是时代的呼唤。

近年来，学校积极探索构建富有校本特色、充满活力的3H智慧课程体系，以满足学生个性化和多元化发展的需要，促进学生多元化、和谐化发展。因此，为学生量身定制的精品校本课程就应运而生。

成语故事教学可以让孩子们在充满智慧和欢乐的氛围中，学到知识，扩展眼界，积累经验，了解世界。一个个耳熟能详的故事，一幕幕感人至深的情节，一个个丰满逼真的人物形象，无时无刻不吸引着学生去品味，陪伴孩子们走过美好的二年级。

二、课程目标

（1）引导学生了解成语故事的故事情节，以及与成语相关的故事背景、作者生活的时代背景。

（2）培养欣赏成语的能力，训练学生仿写成语、创作成语故事，激发表演成语故事的兴趣，发现、探索成语故事中包含的深刻道理。

（3）引导孩子在生活中展开丰富的想象，培养孩子积极创新并运用语言的兴趣和能力，在愉悦的氛围中提高个人综合素养。

三、课程内容

“小成语大智慧”课程的设计思路是：以学习成语为主要内容，构建一个立体型的课程框架，建议5～8课时。课程内容分为4个单元，分别以“小成语，大智慧”“成语趣分类”“奇思妙想‘玩’成语”“演绎小达人”为主题。借助成语故事这种孩子们感兴趣的形式，给孩子一个平台，以分析鉴赏为主，深切地感受成语的魅力。整个过程步步深入，使学生的自主探究、口头表达、创新思维和舞台表演等综合素养得以提升。课程内容的基本框架见表4-13。

表4-13“小成语大智慧”课程内容基本框架

教学板块	课题	主要内容	课时
1	小成语，大智慧	（1）了解成语的故事情节 （2）掌握成语故事的故事背景 （3）对成语故事智慧的初步掌握	课前准备 交流2课时
2	成语趣分类	（1）了解寓言故事的成语 《刻舟求剑》《寓言故事大全》 （2）讲讲历史故事的成语 《三顾茅庐》《完璧归赵》 （3）谈谈神话故事的成语 《开天辟地》《神话故事大全》	课前准备 交流3课时
3	奇思妙想“玩”成语	（1）智背成语故事 （2）趣连成语故事 （3）巧演成语故事 （4）乐画成语故事 （5）慧讲成语故事	课前准备 课上创作1课时
4	演绎小达人	选出自己喜欢的成语故事，改编成剧本，自由组合，进行表演，年级内展演	课前准备 表演1课时

四、课程实施

（1）适合群体：二年级的学生。

（2）课时计划：自主学习与课堂交流相结合，预计7课时。

（3）教学准备：普通教室、多媒体、多功能厅。

五、课例展示

第一课　小成语，大智慧

（建议2课时）

【教学内容】

《对牛弹琴》课例展示。

【教学目标】

（1）加强朗读和复述训练，了解成语故事大意。

（2）引导学生感受成语中的人物形象，从形象中感知寓意。

【教学过程】

1. 导入新课，揭示课题

（1）同学们，我们的头脑里已经记了不少成语了，你能说几个给大家听听吗？

生：滥竽充数、孔融让梨、完璧归赵等。

（2）谁来告诉大家，什么样的词称为成语？

师：人们长期以来习用的、简洁精辟的定型词组或短句，大多由4个字组成，一般都有出处。

（3）今天老师就要和大家一起来读个非常有趣的成语故事。

师板书：对牛弹琴。

2. 初读故事，感知大意

（1）布置课内预习。

过渡：我们还知道哪些成语故事呢？是什么内容的，小组内互相说说这个成语的故事内容吧。

（2）学生小组互说，教师巡视指导。

师提示：让每名学生都说一个。

（3）检查自学情况。

成语故事：古代音乐家公明仪每次弹琴时，他的琴声都会引来很多鸟儿与蝴蝶。他看到水牛在吃草，就对水牛弹奏几曲，结果水牛无动于衷地走开，公明仪大叹："对牛弹琴，一窍不通。"

①出示生字词。

指名认读，说说哪些字音容易读错，提醒大家要注意。

弹琴、蝴蝶、演奏、无动于衷、一窍不通。

②指名读故事，注意正音，结合上下文理解词语。重点指导理解：

弹奏：戏曲音乐术语。弹拨乐器演奏谓弹奏。通常写于音符之上，用以注明从该音起的乐句或段落，用弹拨乐器来演奏。有时用横虚线注明其范围。

无动于衷：指对应该关心、注意的事情毫不关心，置之不理。

③再读故事，试着用自己的话语说说故事的意思。

④全班交流。

⑤启发学生质疑。

预设：如果你是那头牛，你会想什么呢？

3. 再读故事，实践运用

（1）自由轻声读故事，想一想这个故事讲的是件什么事。

（2）讨论：你能用对牛弹琴造句吗？

预设：我也知道这是对牛弹琴，他这样欺骗我也不止一次了。

（3）联系实际说说自己有没有类似的经历。

（4）总结学习成语故事的方法。

师：读故事—明大意—知道理。

4. 综合训练，拓展延伸

（1）成语王国浩如烟海，课外搜集成语故事读读，到时候我们举行成语故事会，看谁知道的故事多。

（2）回家把成语故事讲给爸爸妈妈听吧，并尝试和他们谈论下对故事的见解。

第二课　成语趣分类

（建议3课时）

【教学内容】

以小组为单位，每个小组选一类成语进行研究。

【教学目标】

（1）搜集不同类型的成语，对成语故事进行分类。

（2）培养学生欣赏成语的能力，学生能够有自己的独特感悟。

【教学过程】

1. 激趣导入

（1）同学们，这一段时间，我们都在与成语姑娘做朋友，并且积累了各类成语，今天这节课，我们就试着让“成语回家”吧！

（2）同学们，我们商议一下，怎么开展这次“回家行动”，好吗？

2. 成语归类，让成语回家

（1）4人一个小组，讨论成语可以分成哪几类。

（2）小组成员内制作成语卡片，每人5个。

（3）对号入座，放成语卡片。

1号房子：寓言故事的成语。比如画蛇添足、掩耳盗铃、亡羊补牢、买椟还珠等。

2号房子：历史故事的成语。比如完璧归赵（蔺相如）、围魏救赵（孙膑）、退避三舍（重耳）、毛遂自荐（毛遂）等。

3号房子：神话故事的成语。比如嫦娥奔月、开天辟地、精卫填海、点石成金等。

（4）小结分类的方法。

（5）汇报结果，教师点评。

3. 介绍家庭“成员”，说说成语的故事

（1）教师随机抽一个，请同学说说故事。

（2）同学间任选一个互相抽，说给同桌听。

（3）同桌推荐讲得比较精彩的同学，给全班分享。

4. 趣谈成语，感悟提升

（1）在初步了解成语分类的基础上，试着自己选择一类喜欢的成语，讲给爸爸妈妈听。

（2）试着选一个成语，说一句话。

第三课　奇思妙想“玩”成语

（建议1课时）

【教学内容】

通过“背”“连”“演”“画”“讲”的方式，趣玩成语故事。

【教学目标】

激发学生学成语、背成语、用成语的兴趣。

【教学过程】

1. 智背成语故事

（1）小组从已经分好的成语故事中，选择一类。

（2）找出恰当的串联词。

预设：与寓言有关的成语故事，如：画蛇添足真可惜，掩耳盗铃是自欺，亡羊补牢不算晚，买椟还珠不可取等。

每个小组至少选取4个同一类型的成语故事，串联背诵，1名代表背诵时，其他组员可帮忙打节奏。

2. 趣连成语故事

（1）发放教师事先准备好的导学单。

（2）学生根据图片与相应的成语连线。

（3）小组内互相检查，是否连错。

（4）教师展示。

3. 巧演成语故事

（1）请学生上台，根据成语故事，表演动作，同组的人可以互相配合。

（2）其他同学猜成语。

4. 乐画成语故事

师：同学们拿出课堂本，在本子上画出自己喜欢的成语故事简笔画吧！

5. 慧讲成语故事

课后，参照自己的简笔画，和爸爸妈妈一起，把自己的成语故事，配上动作进行表演。

第四课　演绎小达人

（建议1课时）

【教学内容】

把成语故事改编成剧本形式，年级内展演。

【教学目标】

给孩子一个平台，兴趣为主，感受成语的魅力。

【教学过程】

1. 创设情境，引发创作欲望

（1）同学们，你们看这是什么？对，是我们班某某同学创作的成语故事。

（2）让我们一起来谈论下，将成语故事改编成小剧本的方法吧！

2. 欣赏视频，创作剧本

（1）我们一起欣赏一段视频，看看成语故事的表演形式。

（2）小组内部相互配合，根据老师的模板，改变自己的成语故事剧本。

（3）每个小组选出一个优秀的剧本，与家长配合，试着创作一个成语故事，并且担任演员表演。

3. 我是演绎小达人

年级内部协商，每班选出优秀的作品，以比赛的形式，在年级内部表演，选出优秀的作品，点评评奖。

六、课程表达

本课程的成果以学生的创作作品为主。在课程表达上，主要体现在孩子们独特的思维与感悟创编自己喜欢的成语故事。

例：揠苗助长，如图4–13所示。

图 4–13

刻舟求剑，如图4–14所示。

图 4–14

鹤立鸡群，如图4–15所示。

图 4–15

一叶障目，如图4–16所示。

图 4–16

呆若木鸡，如图4–17所示。

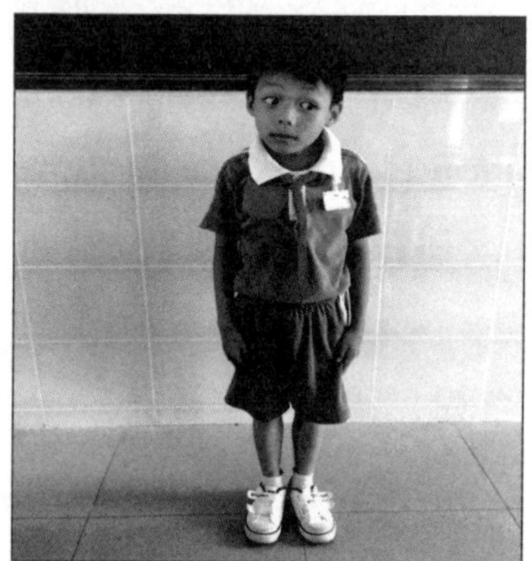

图 4–17

掩耳盗铃，如图4–18所示。

图 4–18

七、课程评价

1. 评价原则

多元化评价。教育越来越关注人的个性化发展，越来越关注教育发展规律和儿童身心发展规律，儿童的发展存在差异性。所以，在评价尺度上不宜整齐划一，不能只看当下结果忽视未来发展，不能只看单人的或单一的评价，而应综合的、全面地评价。我校慧思课程以学生的发展为本，从多个角度去衡量孩子们的发展，给每个孩子成功的喜悦、成长的快乐、探索的自信，在创作的过程中体会童年的美妙，感受当下的快乐。

2. 具体评价方式（见表4-14）

表4-14“小成语大智慧”课程评价表

评价项目	评价内容	评价结果（五星——优秀；四星——良好；三星——合格）			
		自评	互评	家评	师评
学习表现	对课程内容感兴趣，课前能认真准备，课上积极发言，乐于求索，快乐参与				
学习能力	收集、交流、表达、创作、抽象思维能力				
	思考、提问、质疑、创新能力				
课程收获	积极增长见闻、丰富学习生活				
	主动经历探究创作过程，学有所获				

学生积累的成语故事，如图4–19所示。

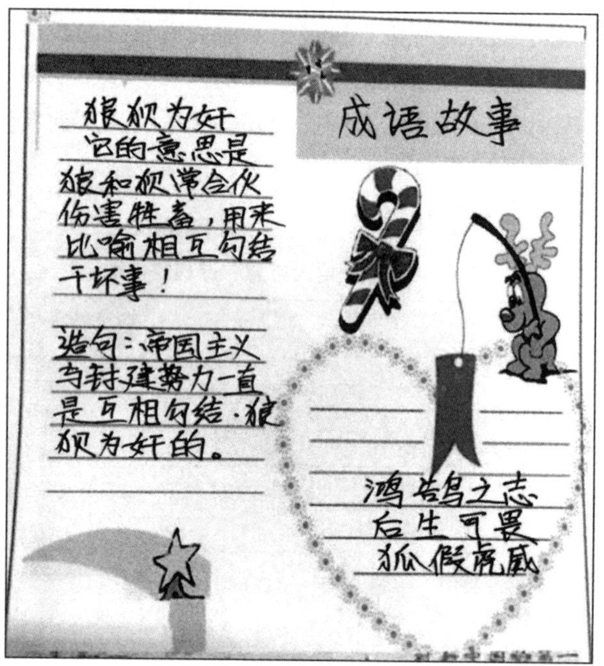

图 4–19

第五辑

走近文化长廊

关于文化，广义文化指人类在社会历史发展过程中所创造的物质财富和精神财富的总和。而狭义的文化是指人们普遍的社会习惯，如衣食住行、风俗习惯、生活方式、行为规范等。

在本组课程中，我们将跟随笔者的足迹，一起漫步古老悠远的丝绸之路，驻足奥秘无穷的汉字王国，尽享东方戏剧动人心魄的魅力，领略祖国多姿多彩的民族风……

让我们走近文化长廊，充分感受祖国文化的风采，开拓学生的视野，培养学生综合学习能力，激发学生探究祖国文化的热情。

“几多”民俗情

王晓英

一、课程开发背景

语文课程对继承和弘扬中华民族优秀文化传统和革命传统，增强民族文化认同感，增强民族凝聚力和创造力，具有不可替代的优势。课标中还指出“应努力建设开放而有活力的语文课程”，这就需要我们去开发探索与文本相适应的课程资源，拓宽语言学习和运用的领域，通过多种途径，养成现代社会所需要的语文素养。

中华传统文化源远流长，博大精深。56个民族生活丰富多彩、习俗独特。而语文学科的教学也在努力拓展课程资源，加强学科整合。因此，结合人教版小学语文六年级下册第二单元，围绕“中华民风民俗”这一专题，努力提高学生的综合素养，让学生更加充分、全面地了解中华各族人民的民俗特色。

深圳是个移民城市，它不仅有本土的地域特色，还汇聚了全国各地不同民族的各行各业的人才，从而形成了多元化的城市文明。孩子们不用走遍全国，在城市某个角落就可以看到极具特色的民族文化。

六年级的学生自我求知欲望不断增强，他们不再满足于教材内容的学习，更喜欢文本之外的拓展与延伸。他们有一定的探究意识，也乐于与他人合作，开发未知的领域，在自主探究合作的过程中，不断展现自我。

二、课程目标

（1）通过阅读、查找、访问等方式了解各民族服饰、习俗、饮食、节日、文化等特点，感受中华民族文化的内涵，拓宽学生对各民族的认识与理解。

（2）通过跨学科主题教学，将语文课程与其他学科教学融合，培养学生的实践能力。

（3）通过多种方式增进对各民族民风民俗的了解，激发学生对自己民族的热爱，对民族文化的热爱。体会到在祖国这个和谐团结的大家庭成长的温暖与幸福。

三、课程内容

每个民族都有每个民族的特色，要全方位多角度充分开拓学生的视野。因此，在开展这一微课程的过程中，可利用多渠道搜集各民族的文化、服饰、美食民居等民俗风情资料，并与“品德与社会”“艺术”学科整合，让孩子们通过画一画，写一写，做一做，赛一赛等方式，充分感受和吸收民俗文化中的智慧和营养，激发学生的探究兴趣。课程内容的基本框架见表5–1。

表 5–1 “‘几多’民俗情”课程内容的基本框架

教学板块	课题	主要内容	课时
1	多元文艺	（1）通过影视、文字等方式感受各民族的语言、文字、艺术等方面的文化特色 （2）与音乐课相结合，欣赏各具特色的民族歌舞及民族乐器，学会唱民族歌曲（唱一唱）	3课时
2	多彩服饰	（1）搜集各民族服饰图片，了解各民族服饰风格特点 （2）利用美术课的时间，画出自己最喜欢的民族服饰（画一画）	3课时
3	多味美食	（1）在本地寻找各个民族风味的美食，在网上搜集美食图片 （2）尝试自己动手做出一道具有民族风味的食物（做一做）	3课时
4	多样民居	（1）走进深圳的客家围屋，感受身边具有民族特色的民居。走出深圳，到祖国各地参观风格独特的民居 （2）追根溯源，了解民居的构造原理及人文内涵，制作一份手抄报（写一写）	不定课时
5	多种习俗	（1）通过阅读书籍、网络搜索等方式了解各个民族的节日习俗及日常的生活习惯 （2）学生多渠道搜集各民族的风俗，形成题库，并采用一站到底的竞赛方式，选出班级“民族大使”（赛一赛）	3课时

四、课程实施

（1）适合群体：开发的课程内容较适合六年级的学生学习。

（2）课时计划：课下搜集资料与课堂交流展示相结合，预计需要12课时。教师根据学生需求、自身特点、课时长度加以取舍。

（3）教学准备：多媒体、相关书籍、视频、图片。

五、课程设计

第一课　多元文艺

（建议3课时）

【教学内容】

各民族文化艺术特色。

【教学目标】

（1）了解各民族的语言、文字、艺术等方面的文化特色。

（2）学会运用现代的技术手段搜集整理资料，培养学生的合作探究能力。

（3）通过对各族文学艺术的了解，感受各民族团结，激发学生对祖国的热爱之情。

【教学过程】

1. 儿歌导入初感知

汉满傈僳景颇壮，高山普米锡伯藏
毛南布依维吾尔，仡佬仫佬蒙古羌
乌孜别克俄罗斯，保安独龙京东乡
哈尼彝苗鄂伦春，裕固朝鲜傣阿昌
鄂温克水德昂怒，基诺赫哲土布朗
塔塔尔白回土家，达斡尔畲黎珞巴
拉祜纳西塔吉克，哈萨克佤瑶撒拉
我国民族五十六，柯尔克孜侗门巴

同学们，在这首儿歌中，有哪些是你比较熟悉的少数民族？说一说你对它的了解吧！

设计意图：初步感受中华民族的多样性，初步体会56个民族的紧密团结，激发爱国之情。

2. 探秘文化细了解

师：同学们，我们中华民族不仅地大物博，而且人口众多，各个少数民族更是具有独特的民族气息。第二单元的课文不仅向我们展示了客家、傣族的民居特色，而且使我们充分感受了和田维吾尔人的豪放乐观。同学们，说一说你对哪个民族的文化比较感兴趣？

学生交流后，小组内讨论，选择最感兴趣的民族作为研究对象。从起源、概况、语言文字、艺术等方面了解其精神文化。完成下面的调查表：

民族	
起源	
概况	
语言文字	
艺术（歌舞、绘画等）	

小组内分工合作，收集资料，可采用PPT、视频、文档等形式展示自己的成果。

设计意图：通过追根溯源，让学生了解比较有特点的民族的发展演变，并对其语言文字，民族艺术进行更深入的探究。

3. 展示文化差异

同学们把完成的调查表进行展示汇报后，思考：

（1）为什么这个民族会有这样的文化特征？

（2）造成民族之间的差异的根本原因是什么？

设计意图：学生的思维不仅仅在了解、知道这个层面止步，而是更深层次地思考，把视线延伸到文字的背后，去探寻其文化的根源，去探寻民族之源，发现民族之根，体悟民族之情。

4. 唱咏文艺深内涵

利用音乐课时间，让学生学唱几首自己喜欢的少数民族歌曲，比如《娃哈哈》《吹芦笙》《金孔雀轻轻跳》等，学生在学唱的同时，教师还可以教给学生一些简单的民族舞蹈动作。

设计意图：语文新课程指出，就努力建设开放而有活力的语文课程，应注重跨学科的学习，在渗透与整合中开阔视野，提高学习效率，初步养成现代社会所需要的语文素养，因此，我关注了学科整合，与音乐课相结合，让学生在唱咏中激发学生作为多民族国家的一员的民族自豪感。

第二课　多彩服饰

（建议3课时）

【教学内容】

各民族服饰特色及文化。

【教学目标】

（1）通过学习，了解各民族服饰构成的要素，服饰发展变化的特点。了解服饰背后的民族文化，能够绘出自己喜欢的民族服饰。

（2）在了解、笔绘民族服饰的同时，培养敏锐的观察力，提升审美鉴赏能力。

（3）学会尊重不同民族的着装习惯。

【教学过程】

1. 图片导课初感知

师：同学们，老师带来几幅图片，请大家猜一猜这是哪个民族，并说出你的理由。

由PPT出示几幅服饰照片：有旗袍，京剧服饰，满族服饰等一些学生较为熟悉的服饰种类。

设计意图：提高学生的学习兴趣。初步明确一些民族的服饰构成特点。

2. 细致观察知特点

分组，给出任务：请同学们观看一段视频——《中华民俗大观——服饰文化》，之后，找出服饰民俗的构成。

小组内讨论，交流汇报后，师明确服饰的构成：第一类是衣着，第二类是各种附加的装饰品，第三类是对人体自身的装饰。

设计意图：学生会更从细节入手，进行深入细致的观察，从衣着及装饰等方面来区分民族服饰的不同。

3. 探究发展理思路

师：同学们，我们所看到的民族服饰并不是一成不变的，在历史的发展过程中，它们也发生了一些变化，让我们看一下它们的演变过程吧！

通过图片展示，对比观察，汇报总结，学生明确服饰民俗的发展经历了四个阶段：

第一阶段：防寒御暑实用阶段。第二阶段：增加生产生活实用功能。第三阶段：社会角色和等级身份的标志。第四阶段：社会观念、政治观念方面的标志。

设计意图：使学生明确服饰不仅仅是物质方面的需求，它与政治也有密切关联。

4. 深入了解明礼仪

服饰民俗是物质生活民俗中相当复杂的一种民俗，既指服饰的所有构成要件，包括衣服、鞋帽，也包括各种发饰、金属与珠宝首饰以及一些附属用具如头巾、围巾、手帕、扇子、拂尘、伞、荷包等物品，又指人们在有关穿着、佩戴和装饰等方面所形成的行为和文化习惯。所以我们必须知道少数民族在穿着、佩戴和装饰等方面有哪些行为和文化习惯是需要我们所注意的。

例如，女子穿旗袍须注意什么？

旗袍是集温柔、典雅、高贵、端庄于一身的服饰，如果不了解着旗袍的礼仪和不具备一定的气质风度，就不如不穿旗袍。首先，穿旗袍者要有良好的站、坐、走姿，行为端庄，动作优雅，腰身挺拔。其次，旗袍应与场合相符，一般是室内的宴会、晚会、祝贺聚会等。着旗袍应下配肉色连裤袜、中或高跟皮鞋，手拿无带式小坤包，化淡妆，必要时还应配上首饰。旗袍外应有大衣、风衣、斗篷之类的外套相匹配，不直接穿在马路上招摇。最后，不宜穿旗袍上班、上下公交车或是骑自行车。若是赴晚会穿上了旗袍，最好是让男士到门口叫一部车直接上车。旗袍是服饰中的贵族，对气质、风韵有很苛刻的条件要求，酒店员工在穿着时一定要慎重。

设计意图：让学生对民族服饰的了解不再局限于表面，而是深入到精神文化层面，从而也让学生明白应尊重他人的着装习惯。

5. 笔绘服饰展风采

通过上面几个环节的学习，学生对自己所探究的民族服饰有了比较深入的了解与把握。可让他们用眼看一看，动笔画一画，动脑想一想，既可以模仿绘出自己喜爱的少数民族的服饰，也可以根据自己对民族服饰的了解，适当加入自己的创新元素。

设计意图：既激发学生的学习兴趣，又能体现多学科的整合。

附学生作品，如图5-1所示：

蒙古族服饰

瑶族服饰

图 5-1

第三课　多味美食

（建议3课时）

【教学内容】

了解各民族饮食特点。

【教学目标】

（1）了解饮食民俗的形成原因及发展过程，各民族饮食特点。

（2）培养学生动手操作能力，对美食的品鉴能力。

（3）让学生体会到食品的来之不易，要珍惜粮食。

【教学过程】

1. 赏心悦目观美食

观赏视频《舌尖上的中国》，看了这个视频后，我们看到了哪些诱人的美食？

除了诱人的美食，你还看到了什么？

设计意图：让学生在视觉上直观感受各民族美食，并能体会到美食不仅仅在于品尝，更多要了解其背后的形成、发展、人文特色等饮食文化。

2. 轻松愉悦聊美食

（1）聊一聊各民族饮食民俗的形成和发展。

饮食习俗的形成原因：首先是经济的原因，其次是自然条件的原因，再次是民族的原因，最后是宗教信仰的原因。

饮食民俗的发展经历了三个阶段：自然饮食状态阶段，熟食阶段，烹调阶段。

（2）聊一聊各民族美食的功能、范围功能：饮食是生活方式的一个重要组成部分，食用和养生融为一体，社交作用，饮食活动成为一种工作和职业，饮食成为旅游资源。

饮食民俗的范围：一是食物原料、结构的传承及其类型，二是分工精细的烹饪技法即饮食调制法的传承及其类型，三是饮具、食器的传承及其类型，四是饮食方式、餐制的传承及其类型，五是饮食职业者的传承及其类型。

（3）聊一聊各民族美食的制作方法，饮食背后所蕴含的文化特征。

（4）今日饮食文化与以前饮食文化的差异。

设计意图：通过聊天的形式来分享自己所知道的美食文化，让孩子们在交流中增加对各色美食内涵的了解。

3. 兴趣盎然品美食

（1）学生通过网上购物或商场购买等方式，寻找到富有民族特色的美食，带到学校与同学分享。

（2）学生在品尝美食的过程中，要了解这是哪个民族的食品，有哪些特色。

4. 学以致用做美食

（1）动手制作自己喜爱的美食。

（2）如自己制作有难度，可寻找身边的民族美食，观察其制作方法，也可以采用视频录制的方法与大家分享。（如图5–2所示）

设计意图：在实际操作的过程中，真切地体会到制作美食的乐趣，让孩子们乐于品味美食，更享受分享劳动成果的快乐。

客家酿豆腐

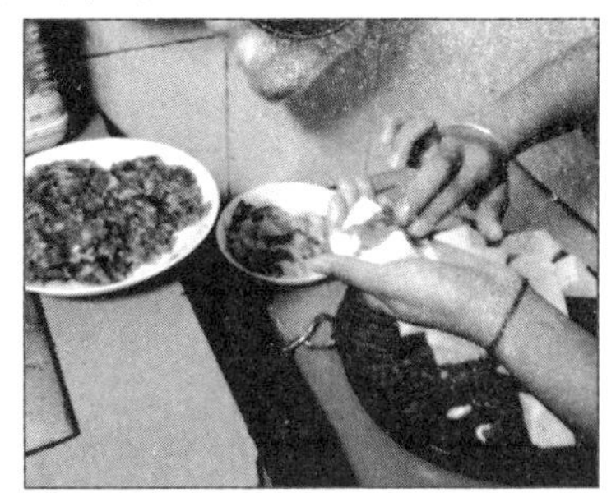

朝鲜族紫菜卷

图 5–2

第四课　多样民居

（不定课时）

【教学目标】

（1）认识居住对人类生存与发展的重要意义，了解各民族民居特点及成因。

（2）了解民居民俗，体会各种类型民居所蕴含的深厚的文化内涵。

【教学过程】

1. 视频导课观民居

播放一段视频，关于各个民族居住环境变化以及民居特点演变的一段视频。

设计意图：以视觉的直观冲击，让学生在脑海中对各个民族的民居特点形成粗浅印象，激起学生探究民居的特点、成因及文化特征等欲望。

2. 理论讲解知民居

（1）学生根据阅读提示，以小组为单位，合作研读课文《各具特色的民居》。完成学习单：

民居	位置	作用	材料	结构	文化特征
客家民居					
傣家竹楼					
……					

（2）明确民居的概念。

居住指住所，又指人类关于何时居住于何地，又如何居住休息的行为活动。

民居是指一个国家、民族和地区的广大民众在居住活动中所创造、享用和传承的属于本群体的独特习俗惯制，包括兴建房屋时的种种仪式、居所内部物品的陈设、家庭成员住房的分配以及住房间形成的特定关系等习俗。

民居民俗的表现：

居住房屋的设施和格局，住屋的造型和工艺，居住房屋的分布与坐落，有关住房的信仰。

民居的类型：

中国传统的居住类型包括洞穴居、干栏居、帐篷、上栋下宇式民居。

居住民俗的表现：

（1）居住房屋的设施和格局。

（2）住屋的造型和工艺。

（3）居住房屋的分布与坐落。

（4）有关住房的信仰。

（5）居住的特点：实用性、艺术性、伦理性、宗教性。

设计意图：通过这一环节，学生能够站在理论的高度，把握民居不仅仅是住所，它还承载着更多的民族文化。

3. 实地参观赏民居

（1）利用周末，让孩子们结伴去深圳的周边探寻古老的客家围屋，访一访熟知深圳历史的老人，了解民居背后的文化内涵。

（2）利用假期，与家长一同到有鲜明建筑特色的少数民族地区游览，参观他们的民居，了解其随着历史变迁发生的演变。

设计意图：每一处民居，都承载着厚重的民族历史，让学生在视觉感知民居特点的同时，更多地去触摸其背后的深刻内涵。而亲身体验所得到的知识与感受，是任何其他途径都替代不了的。

4. 图文结合写民居

根据自己的亲身经历以及搜集到的民居的资料，动手绘制手抄报。在班级外墙的亲子阅台进行展示。

第五课　多种习俗

（建议3课时）

【教学内容】

用多种形式积累关于民俗的各项资料。

【教学目标】

（1）学生搜集并掌握民风民俗的知识。

（2）丰富学生的知识的同时，开阔视野。并借助竞赛等形式激发学生的探究意识。

【教学过程】

1. 兴趣盎然赏民俗

观赏全国各地的民族风俗视频，引导学生在享受视觉盛宴的同时，不忘关注视频内有价值的信息，培养其学会提取信息的能力。

2. 声情并茂讲民俗

（1）学生课前搜集各类民俗资料，特别关注一些生动有趣的民俗故事。

（2）选取最感兴趣的内容，在班内开展“民风民俗知多少”的讲故事活动。让学生采用讲故事的形式述说自己所知道的民风民俗。

（3）通过故事比赛，选出班级内的故事大王。并将其讲故事的过程录制成视频，在学生及家长QQ群和微信群里分享。

3. 精选民俗小故事

泼水节的传说

西双版纳、德宏傣族的泼水节传说都是“七公主杀火魔”的故事，华坪傣族的泼水节传说故事却独具特色。

……

傣族人民为纪念李良，每年农历三月初三这一天，每家房屋清扫一新，撒上青松叶，并在选定的江边或井旁，用绿树搭起半里长的青棚，棚下撒满厚厚的松针，两旁放上盛满水的水槽，午间太阳当顶时，众人穿行于棚间，相互用青松蘸水洒身，吉祥幸福的水相互泼洒，表示对李良的怀念和对新年的祝福。

这项活动一直延续至今，成为傣族人民辞旧迎新祝福吉祥的节日——泼水节。

金角老龙王救始祖的传说（仡佬族）（略）

设计意图：孩子们都喜欢听故事，以生动有趣的故事形式，让孩子们在倾听的过程中，更多地了解民俗。而讲故事比赛，则更好地锻炼了学生的语言表达能力，使其树立充分展示自我的信心。

4.热火朝天赛民俗

（1）将学生搜集到的民俗资料以及教师整理的民俗资料，统一采用Word文档的形式上传到班级QQ群里，最后整合成民俗题库。

（2）学生以小组为单位，先在小组内交流学习，然后组内进行模拟竞赛。

（3）举行“民俗知识一站到底”竞赛，经过层层筛选，最后推选出班级内的民俗大使，与班内的故事大王一起到各班进行巡讲。

设计意图：以赛促学，激发学生探民风、知民俗的热情。让学生在竞赛中充分感受成功的快乐。

六、课程评价

本课程学习评价主要以学生自主评价和相互评价为主要途径，针对课程内容设计评价表格，指导学生在填写过程中概括自己在课程学习中的收获。

（1）学生自主评价：以课程模块内容为参考，让学生先自己评价自己的学习过程。如“我对民族的了解”，就是为了体现学生学习过程中，对各民族文艺、服饰、饮食、民居等方面的认识了解；“我解决的主要问题”评价内容主要是让学生记录自己思考的跨学科问题，如：如何与音乐、美术等学科整合；“我得到老师的鼓励”一项主要是让学生自己记录学习中获得的老师对自己的激励，增加对课程的学习信心。课程评价见表5-2。

表5-2“‘几多’民俗情”课程学习自主评价表

评价内容	我对民族的了解	我解决的主要问题	我得到老师的鼓励
多元文艺			
多彩服饰			
多味美食			
多样民居			
多种习俗			

（2）学习成果评价：本课程的学习过程与学生的探究活动、美术绘画及音乐欣赏等相结合。其评价也需借助这些平台，对学生的学习成果进行评价。从3个维度，即学生参与热情、参与途径和参与效果进行评价，每个维度再分为3个等级，如积极参与、一般参与和被动参与。学习成果评价见表5-3。

表5–3

评价内容	参与热情	参与效果	综合评定
民族文艺的搜集			
民族服饰的绘制			
民族特色食品的制作			
民族民居的了解			
民族知识的积累			

多元文艺学习单，如图**5–3**所示。

民俗文化学习单

第＿一＿小组

民族	苗族
起源	苗族先民源于4千多年前从黄河流域到长江中游以南被史籍称为"南蛮"的民族和部落。
概况	从苗族的分布情况看，其特点是大散居、小聚居。从人数上看，聚居的人多，散布的人少。现在，国内苗族主要分布在贵州、湖南、云南、四川、广西、湖北、海南等省(区)。
语言文字	苗语属汉藏语系苗瑶语族苗语支，分湘西(东部)、黔东(中部)和川黔滇(西部)三大语言。
艺术（歌舞、绘画等）	器乐分打击乐和管弦乐两类，以木鼓、皮鼓、铜鼓和芦笙最为驰名；此外还有芒筒、飘琴、口弦琴、木叶和各种萧笛。舞蹈有芦笙舞、板凳舞、猴儿鼓舞等，以芦笙舞最为普遍，技巧很高。

民俗文化学习单

第＿四＿小组

民族	蒙古族
起源	蒙古族的起源，多数学者认为：蒙古族属东胡族系，公元一世纪末至二世纪初，匈奴为汉朝所破，东胡人的一支鲜卑人自潢水流域一带转徙其地。
概况	蒙古族主要聚居于内蒙古自治区和新疆、青海、甘肃、黑龙江等省区的蒙古族自治州、县；其余散居于宁夏、河北、四川、云南、北京等省。
语言文字	使用蒙古语，属阿尔泰语系蒙古语族，分内蒙古、卫拉特、巴尔虎—布里亚特3种方言，现在通用的文字是13世纪初用回鹘字母创制的。
艺术（歌舞、绘画等）	代蒙古绘画艺术，是游牧人的岩画，大多数是民间画家所为，反应了当时人们的生产、劳动的形象。21元代蒙古族出现了一批知名画家。如，宫廷画家札種孙，曾画过成吉思汗和窝阔台等祖宗的肖像。

图 5–3

“趣”说汉字

郑银　李碧玉

一、课程开发背景

汉字大约产生于四千多年以前，它经历了漫长的演变过程。汉字是世界上使用人口最多的文字，曾对日本、韩国等国的文字产生过重要影响。现在，国外学习汉字、汉语的人越来越多。汉字书法也是一门独特的艺术。古往今来，我国涌现了很多著名的书法家，他们的书法作品是艺术珍品。我们平时看书、读报、写作等都离不开汉字。汉字是一种很有趣的文字，每个汉字都有它深层的含义，这是其他的表音文字所没有的，这个课程的开发就是让学生能感受到汉字的“有趣”与“神奇”，了解汉字的博大精深，热爱祖国文字，并能为规范汉字的使用做一些力所能及的事情。

《语文课程标准》指出：“语言文字是把民族意识、文化传统和道德观念融合在一起的载体……在文化认同教育的过程中，要把民族语言等作为重点内容，培养学生热爱祖国的语言文字，正确使用祖国的语言文字……感受祖国语言文字丰富的文化内涵和审美价值。”基于此理念，我设计了这个学习主题“‘趣’说汉字”，此为人教版语文第五单元综合性学习的内容，学习紧紧围绕着一个“趣”字展开，通过一系列的学习活动，让学生感受汉字的神奇与魅力，感受祖国汉字文化的丰富多彩。

二、课程目标

（1）通过探究学习，帮助学生了解汉字的起源，感受汉字的有趣和神奇，激发学生学习语文的兴趣。

（2）通过品悟汉字妙趣，增强学生规范用字的意识，努力为传承祖国语言文字做些力所能及的事。

（3）在汉字艺术赏析中，陶冶学生的情操，提升学生的审美能力。

（4）在学习中，学会有针对性地搜集学习材料，并能做一些简单的探究。

三、课程内容

（1）此课程的学习主要引导学生初步了解汉字的演变历史和特点，感受汉字的魅力。

（2）在学习的过程中接受汉字文化的熏陶，提高欣赏汉字艺术的水平，培养学生对祖国语言文字的热爱。

（3）掌握一些收集材料、筛选、运用材料的方法。课程内容的基本框架见表5–4。

表 5–4 “趣‘说’汉字”课程内容的基本框架

教学板块	课题	主要内容	课时
1	探源之趣	① 走近汉字 展示各种有关汉字起源的材料，感受汉字起源之趣 ② 走进汉字 了解汉字的演变历史 欣赏不同字体的书法作品	2课时
2	品悟之趣	① 字谜大擂台，感受汉字的意味 ② 谐音俱乐部，感受汉字的魅力 ③ 小小故事会，感受汉字的神奇 ④ 我有火眼金睛，感受汉字的重要	4课时
3	妙用之趣	① 汉字妙用故事阅读 王安石巧用“绿”字 郑谷“一字师” 贾岛“推敲”故事 毛泽东锤炼“水”字 ② 慧眼识“诗眼”	2课时

四、课程实施

（1）适合范围：五年级，也可做中高年级的综合性学习使用。

（2）课时计划：建议8课时。

（3）教学准备：搜集文字、图片、实物或影音资料等。

五、课例展示

☙ 第一课　探源之趣 ❧

（建议2课时）

【教学内容】

汉字历史知多少。

【教学目标】

（1）了解汉字的起源，感受汉字的有趣和神奇，激发学生探索汉字的兴趣。

（2）初步了解汉字的演变历史，欣赏不同字体的书法作品，陶冶学生的情操，提升学生的审美能力。

【活动资源】

（1）学生通过多途径搜集到的有关汉字起源、造字形式等资料。

（2）搜集的各种字体的优秀书法作品，寻找身边的小书法家。也可聘请有书法特长的教师、家长做指导。

【教学过程】

1. 走近汉字，感受汉字起源之趣

导语：中华民族是一个很伟大的民族，中华文明也是最独特的文明，文字也是最独特的一种文字。世界上所有的国家里，只有中国的文化是始终没有间断地传承下来，也只有我们的“汉字”是世界上唯一的古代一直演变过来没有间断过的文字形式。汉字的起源是怎么样的？汉字有哪些演变的字体？现在就让我们进入神奇的汉字探索中吧！

交流搜集的有关汉字起源的材料：

学生上台展示PPT。（选取有代表性的材料展示）

教师适时做解说，如图5–4所示。（选取3种有代表性的起源说法做交流）。

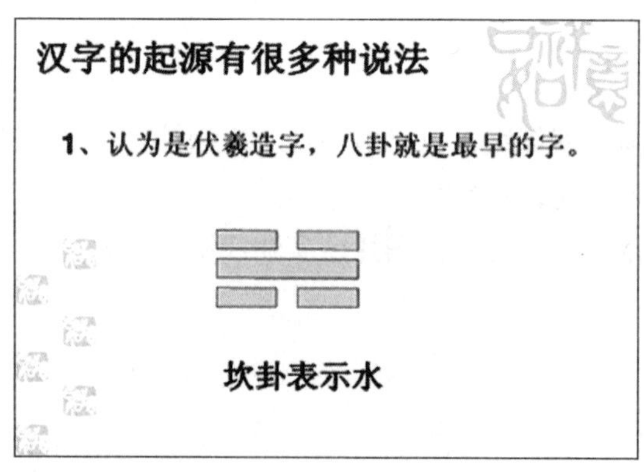

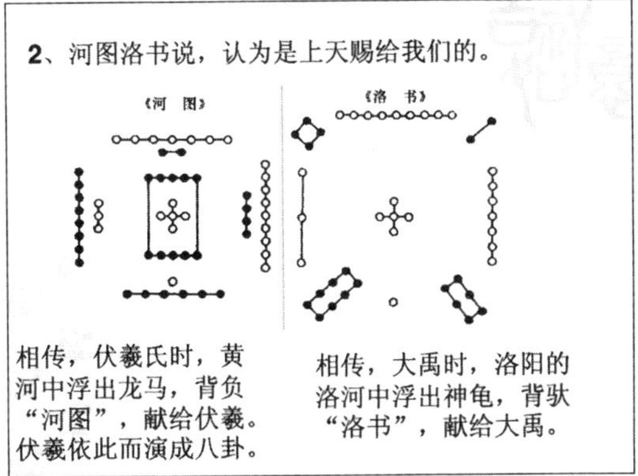

3、仓颉造字说。

说仓颉看一名天神，相貌奇特，面孔长得好像是一幅绘有文字的画，仓颉便描摹他的形象，创造了文字。有的古书说，仓颉创造出文字后，由于泄漏了天机，天落下了小米，鬼神夜夜啼哭。还有一种传说，说仓颉观察了鸟兽印在泥土上的脚迹，启发了他发明文字的灵感。

图 5-4

师小结：从这些传说中，你发现了汉字起源有一个什么规律？

（引导学生关注汉字的“象形”的特点）

2. 走近汉字，感受汉字演变之趣

师导：总体来说中国的汉字的发展，前后经历了六千多年的演变，其演变的过程：

（　　）—（　　）—（　　）—（　　）—（　　）—（　　）

（1）学生毛遂自荐到黑板填写汉字的演变过程。

师小结：“甲金篆隶草楷行”7种字体被称为“汉字七体”，历史上任何一种字体都是经过漫长的历史演变形成。

（2）欣赏“汉字七体”，如图5–5所示：

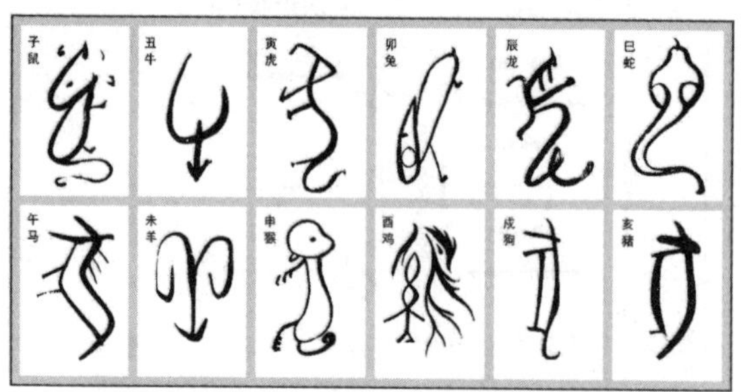

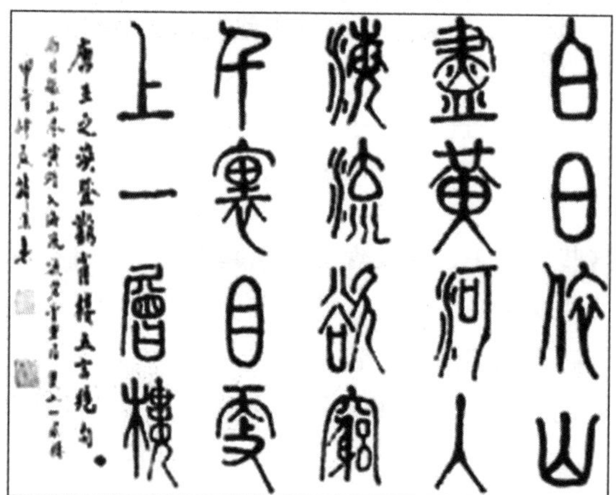

图 5–5

师导：从这演变过程你发现了什么规律?

学生各抒所见（只要言之有理都应该给予肯定）。

师小结：从以上甲骨文、金文、篆书、隶书、草书、楷书、行书7种汉字的演变过程，我们可以看到：汉字字形的总变化是由繁到简，每一种新字的出现，都改变着前一种字形难写、难记的特点；同时，汉字不断趋于定型化、规范化。汉字的发展是逐步从象形走向符号化，从笔画较多走向笔画简单，使书写更加快速便捷。

故事分享：《甲骨文发现的故事》。

3. 走进汉字，感受汉字魅力之趣

（1）师导：中国汉字，已走过几千年的漫长岁月，它是当今世界上唯一留存下来的使用者众多的充满审美韵味与哲理意蕴的象形文字。中国的汉字，可以说是中华民族智慧的一种结晶和象征，在汉字这四四方方的世界里有着说不尽的无穷魅力和神奇力量。

（2）书法作品赏析。

①欣赏教材作品。

阅读课本：欣赏课本上提供的优秀书法作品，说说自己为什么喜欢它们，从这些书法作品中你感受到了什么？

②拓展书法文化。

你知道的书法家有哪些？你了解他们有名的碑帖吗？

王羲之《兰亭序》、颜真卿《勤礼碑》、柳公权《玄秘塔碑》……

读读背背《赞汉字》，结合诗中的词语欣赏搜集碑帖和书法作品，如行书流畅，楷书端庄，草书奔放，篆书隶书，古色古香等。

③举办小型书法展览。

举办书法展览可以欣赏有书法特长的同学的作品，也可邀请同学或老师、家长现场挥毫。

第二课　品悟之趣

（建议4课时）

【教学内容】

汉字趣事知多少。

【教学目标】

（1）通过本课学习，让学生进一步感受汉字文化的丰富有趣和神奇，增强学生对汉字的兴趣，激发学生学习汉字、了解汉字的兴趣。

（2）通过交流学习一些有趣的字谜、谐音歇后语、汉字趣味故事，有关写错汉字或读错汉字而发生的笑话、事故等资料，增强学生认真学习汉字规范用字的意识，为规范祖国语言文字做些力所能及的事。

（4）培养学生小组合作及搜集整理材料的能力，在活动中丰富学生的感受和体验。

【活动资源】

（1）学生多途径搜集与本课内容相关的资料。

（2）组内按活动计划及要求进行展示准备。

【教学过程】

1. 激趣谈话导入

汉字不光神奇、有趣，还有着悠久的历史，蕴含着丰富的文化！有人说，汉字堪称中国的第五大文明。每一个字都有一段故事，记载着我们民族的物质和精神的历史，是蕴涵着中华民族独特审美性格的精灵，不是僵硬的无生命符号。汉字有形象、有色彩、有气味。让我们继续走近汉字，研究汉字，走进汉字的缤纷世界吧！

（交流准备：整理你搜集的材料）

2.交流展示搜集成果

（1）字谜大擂台，见表5–5。

表 5–5

（1）“八一”六十载　　猜一个字	答案是：亲
（2）“七一”直抵花城　　猜一个字	答案是：库
（3）“十三大”，改革之会，团结之会　　猜一个字	答案是：奉
（4）“十一”双方皆怀念　　猜一个字	答案是：喜
（5）“文昭关”选段　　猜一个字	答案是：音
（6）“五一”厂里放影片　　猜一个字	答案是：彦
（7）“五一”前夕何宽松　　猜一个字	答案是：衙
（8）“西出阳关无故人”　　猜一个字	答案是：笙
……	

（2）谐音俱乐部。

谐音歇后语：

小葱拌豆腐—— 一清（青）二白

外甥打灯笼—— 照旧（舅）

嘴上抹石灰—— 白说（刷）

谐音对联：

上联：游西湖提锡壶锡壶掉西湖惜乎锡壶

下联：游西山拿衣衫衣衫落西山惜善衣衫

上联：童子打桐子，桐子落，童子乐

下联：媳妇提锡壶，锡壶漏，媳妇怒

（3）小小故事会。

写错、读错汉字类的笑话展示：

某生爱写错别字，老把歇写成喝。

他有篇日记写道“班长指挥我们抬大粪，大伙干得很起劲，谁都不敢喝一喝。后来我们实在有些累，就背着班长偷偷喝了喝”。

汉字使用不规范现象展示：

修车店门口：补胎“冲”气。

零售店铺门口：“另”售。

家具店门口：家“俱”。

（4）我有火眼金睛、找“茬”大行动（展示的形式多样化）：

实物类：书籍报刊、小型招牌广告、商标……

照片类：大型招牌广告、大型商品的商标、各种食物菜谱、各种商品信息……

记录类：电视字幕、各种公文、信函……

其他形式：

3. 谈感受、体会

说说交流之后你的感受、体会，这次交流你最大的收获是什么？

4. 师小结（规范使用汉字的重要性）

汉字与学习

汉字与性格

汉字与人生

汉字与文化

第三课　妙用之趣

（建议2课时）

【教学内容】

汉字妙用知多少。

【教学目标】

（1）引领学生搜集、了解有关文人琢字炼句的故事，体会文人创作时认真、严谨的态度，领悟汉字的意趣与韵味。

（2）拓展学生视野，引导学生品味汉字使用的精妙，体会锤炼文字的重要性，丰富学生的语言积累。

【活动准备】

课前搜集有关汉字妙用的经典案例。

【教学过程】

1. 故事引入

《泊船瓜洲》——“绿”。

（1）初步体会：创作的时候，一个字的使用往往会使整首诗大为生色，使全诗都鲜活起来。这个字就是后人所说的“诗眼”。王安石巧用“绿”字成为琢字炼句的典范。

（2）初识“诗眼”，感悟文字锤炼的精妙。

2. 品味琢字炼句的妙趣

（1）阅读文人琢字炼句的逸闻佳话。

① 唐朝有位名叫齐已的诗僧，写了一首《早梅》诗，其中有这样的两句："前村深雪里，昨夜数枝开。"郑谷看了，提出不如把"数枝"改为"一枝"，因为"一枝开"与"早梅"的诗意更加贴切。

齐已深以为然，立即下拜，尊奉郑谷为"一字师"。

引导学生体会"一枝"与"数枝"的不同。

② 唐朝的贾岛是著名的苦吟派诗人。什么叫苦吟派呢？就是为了一句诗或是诗中的一个词，不惜耗费心血，花费工夫。贾岛曾用几年时间做了一首诗。诗成之后，他热泪横流，不仅仅是高兴，也是心疼自己。

"推敲"的故事可谓流传久远。诗人贾岛有一次骑着跛驴去拜访朋友李余，一路上搜索诗句，终于得了两句："鸟宿池边树，僧敲月下门。"反复吟诵了几遍，又想将"敲"改为"推"，他犹豫不决，于是在驴背上做推敲的姿势，惹得路上的人又好笑又惊讶。正在他想得入神的时候，跛驴冲撞了时任长安最高长官韩愈的车骑。韩愈知道了原委后，不但不治他的罪，还和他一起想，最后认为还是"敲"字佳。后人就用"推敲"来比喻斟酌字句，反复琢磨。

学生自由交流"推"不如"敲"的精妙。

（2）感悟琢字炼句的妙趣，一字一天堂，一字一世界。

3. 慧眼识"诗眼"

（1）认识"诗眼"。

"诗眼"一词最早见于北宋。苏轼诗云："天工忽向背，诗眼巧增损。"范成大也在诗中写到过"诗眼"："道眼已尽诗眼在，梅花欲动雪花稀。"

诗眼是指在诗歌中起关键性作用的一个字或一个词，用以表达诗人全篇的思想感情，是一首诗的关键所在，是整首诗的精髓，这个字或词是经过诗人反复推敲才得出的，也是一种"炼字"，读者找到了诗眼就等于领悟了大半。

（2）范例展示。

"春风又绿江南岸，明月何时照我还。"——绿

"前村深雪里，昨夜数枝梅。"——数

"孤舟蓑笠翁，独钓寒江雪。"——独

（3）学找"诗眼"。

"大漠孤烟直，长河落日圆。"

"云破月来花弄影。"

"红杏枝头春意闹。"

4. 学习总结

中国汉字博大精深，趣味盎然，是我国古代劳动人民的智慧结晶！它是那么活力无限、魅力奇特，在人类历史的长河中，汉字将越来越受世人所崇敬和珍爱！

六、课程评价

1. 评价原则

语文课程学习评价的目的，既是为了考查学生达到学习目标的程度，也是考查学生的听、说、读、写、思能力是否得到实现，学生参与学习的主动性与有效性是否有提升，更是为了检验和改进学生的语文学习和教师的教学，改善课程设计，完善教学过程，从而有效地促进学生的发展。

2. 评价表（见表5-6）

表 5-6“‘趣’说汉字”课程学习评价表

班级：________　　　　姓名：________

评价内容	评价项目	自评	组评	师评	评价等级
学习表现	参与程度				优秀（A） 良好（B） 合格（C）
	学习兴趣				
	发言次数				
学习能力	搜集整理资料能力				优秀（A） 良好（B） 合格（C）
	质疑与探究的能力				
	交流与合作的能力				
学习成果	与汉字相关的知识				优秀（A） 良好（B） 合格（C）
	汉字鉴赏水平				

电子手抄报：汉字演变，如图**5–6**所示。

邓雅之

图 5–6

东方灵韵——中国戏剧

严唯娜

一、课程开发背景

新课改在目标中提出，改变课程内容“难、繁、偏、旧”和过于注重书本知识的现状，倡导“学生主动参与、乐于探究、勤于动手，培养学生搜集和处理信息的能力、获取新知识能力、分析和解决问题能力以及交流与合作能力”。深圳市颁布的《关于全面深化中小学课程改革的指导意见》中指出，“深入推进国家课程校本化”“构建综合素养培养相适应的新型课程体系”“丰富拓展课程和特色课程”。可见，改变课程内容成为新课改刻不容缓的一个任务，而打造精品校本课程是改变这一现状的一条行之有效的途径。

中国传统文化历史悠久，民族特色鲜明，内涵博大精深，五千年来，它以不同的文化形态传承，如书画、戏剧、雕塑、建筑等。要想让学生热爱中国传统文化，就得从具体内容入手。中国戏剧，特别是中国戏曲，就是一个很好的载体。中国古典戏曲是中华民族文化的一个重要组成部分，堪称国粹。戏剧服饰、戏剧脸谱、戏剧剧本、戏剧舞台等，无不折射出中国传统文化的魅力。本课程旨在以中国戏剧为载体，通过学生主动参与、收集并整理资料、动手创作、倾情演绎中国戏剧，引导学生认识、理解中国传统文化，继承并弘扬中华优秀民族文化，增强民族文化认同感，提高思想道德修养和审美情趣，促使它们全面而和谐地发展。

二、课程目标

（1）了解中国戏剧的概念、剧种，以及各剧种的起源、发展、现状、服装、脸谱、头饰、名家名段等。

（2）运用网络收集并整理信息、设计戏曲服饰、创作剧本、表演戏剧等方式，培养学生的信息处理能力、自主探究和合作的能力、语言口头表达能力、创新能力、敢于探索实践的能力。

（3）在对中国戏剧文化的深入了解中，激发学生热爱祖国优秀传统文化的情感，增强民族文化认同感，继承并弘扬中华优秀民族文化，促进学生全面、可持续发展。

三、课程内容

“东方灵韵——中国戏剧”课程内容的整体设计思路是：以“透过中国戏剧看中国文化”为课程开发的总切入口，拓宽学生的知识面，提升学生自主合作探究能力，以及在课程中产生的民族文化认同感和创新能力。同时，关注多学科的交叉，如影视、音乐、美术、信息技术、语文等，以达到发展学生综合素质的目的。课程内容的基本框架见表5–7。

表5–7 “东方灵韵——中国戏剧”课程内容的基本框架

教学板块	课题	主要内容	课时
1	梨园初探	（1）戏剧“大观园” 中国戏曲（中国传统戏剧）和话剧 （2）中国地方戏曲文化	课前准备 交流2课时
2	梨园漫话	（1）地方戏曲故事 （2）中国四大古典戏剧 《牡丹亭》《西厢记》《窦娥冤》《长生殿》 （3）名段赏析 曹禺话剧《雷雨》片段 郭沫若历史剧《屈原》片段	课前准备 交流3课时
3	梨园“行头”秀	（1）制作服饰 （2）T台服装秀	课前准备 表演1课时
4	开园大吉	（1）创作剧本 （2）排练 （3）表演	课前准备 表演1课时

四、课程实施

（1）适合范围：五、六年级，可单独使用，也可与人教版六年级下册配合使用。

（2）课时计划：建议7～8课时。

（3）教学准备：多媒体教室。

五、课例展示

第一课　梨园初探

（建议2课时）

【教学内容】

（1）中国戏剧概述。

（2）中国地方戏曲文化。

【教学目标】

（1）了解中国戏剧的概念、分类、起源、发展等。

（2）开展分工合作，提高学生自主探究和合作的能力，以及口头语言表达能力。

（3）初步感受中国地方戏曲文化的博大精深，激发学生学习中国传统文化的兴趣。

【教学过程】

第1课时　戏剧“大观园”

1. 预习交流

生：课前自由查阅资料，了解中国戏剧的相关信息，摘录要点，并做成读书卡，课堂上自主交流。

2. 戏剧知识知多少

师：适时评价学生的汇报，引导学生提取重要信息，归纳成知识点。

（1）中国戏剧的概念。

中国戏剧：主要包括戏剧和话剧。

① 中国传统戏剧。中国古典戏剧是中华民族文化的一个重要组成部分，堪称国粹，以富于艺术魅力的表演形式，为历代人民群众所喜闻乐见。在世界剧坛上，与古希腊悲喜剧、印度梵剧并称为世界三大古剧。

② 20世纪引进的西方戏剧形式。

（2）戏剧剧种。

经过长期的发展演变，逐步形成了以“京剧、越剧、黄梅戏、评剧、豫剧”中国五大戏剧剧种为核心的中华戏剧百花苑。据不完全统计，中国各民族地区的戏剧剧种约有360多种，其他比较著名的戏剧种类有：昆曲、坠子戏、粤剧、淮剧、川剧、秦腔、晋剧、汉剧、河北梆子、河南越调、河南坠子、湘剧、黄梅戏、湖南花鼓戏等。

（3）拓展探秘。

①戏剧起源。

戏剧的形成，最早可以追溯至秦汉时代。但形成过程相当漫长，到了宋元之际才得成型。成熟的戏剧要从元杂剧算起，经历明、清的不断发展成熟而进入现代，历八百多年繁盛不败，如今有360多个剧种。

②戏剧基本形式。

中国古典戏剧在发展过程中，曾先后出现了宋元南戏、元代杂剧、明清传奇、清代地方戏及近现代戏剧等4种基本形式。

③近现代戏剧。

中国话剧从西方被引入中国，20世纪初到“五四”前称“文明新戏”，这种早期话剧仍具有一些戏曲的特点。在中西文化的激烈碰撞中，文明戏的形态成为一种“不中不西，亦中亦西，不新不旧，亦新亦旧，糅杂混合的过渡形态”。它在艺术形式上，既不像西方戏剧，又杂以戏曲的表演；在内容上，往往也是中西杂取并收，缺乏自己的东西。“五四”以后重新照原样引进西方戏剧，形式是现实主义戏剧，称“新剧”。1928年起称“话剧”，沿用至今。

3. 课后作业

以自己家乡为背景，选取自己最熟悉的剧种，分小组查阅资料（包括地方戏曲起源、发展、现状、服装、脸谱、头饰、名家名段等），制作PPT或电子小报。

第2课时　中国地方戏剧

1. 课前准备

（1）分小组制作主题为“中国地方戏剧”的PPT。

（2）每个小组选好主讲人，每人准备一支笔、一个摘录本。

（3）每人一张评价表（见表5-8、表5-9）。

表 5-8 最佳主讲人评分表

姓名：________

评分细则	分值	得分
声音洪亮，吐字清楚	2分	
讲述自然大方，有感情，富有亲和力	2分	
服饰得体，上下场致意、答谢	1分	
总分	5分	

表 5-9 最佳 PPT 制作评分表

组别：________

评分细则	分值	得分
内容全面，详略得当	2分	
文字字体、字号适中	1分	
图片具有代表性，穿插得当	1分	
文字、图片设计动画	1分	
总分	5分	

2. 交流展示中国地方戏曲

生：分小组上台汇报，其余学生边听边记录地方戏剧文化要点，听完按评价标准给主讲人和小组打分。

3. 评价小结

（1）每个小组根据组员得分情况，评选出2名最佳主讲人、2个最佳PPT制作小组。

（2）教师小结：中国戏剧是中华璀璨文化宝库中的瑰宝，在世界文艺舞台上占据着重要的一席之地。集中国各民族文化之大成，是经过完无数艺术家继往开来不断创新积累的结晶，是博大精深的艺术体系，其发展体现了中国民族艺术文化发展的过程。作为当代的小学生，更应该勇挑继承和发扬戏剧文化的重担。

第二课　梨园漫话

（建议3课时）

【教学内容】

（1）戏曲故事。

（2）中国四大古典戏剧：《牡丹亭》《西厢记》《窦娥冤》《长生殿》。

（3）名段赏析。

【教学目标】

（1）通过讲故事的方式，了解中国比较经典的戏剧故事内容。

（2）通过朗读，感受经典戏剧故事的人物形象。

【教学过程】

第1课时　戏剧故事

1. 讲故事

（1）学生将收集到的故事名称写在黑板上。

（2）根据故事名，选出5个最想听的戏剧故事。

（3）故事收集者讲故事。

2. 谈感受

生：选一个印象最深的故事，谈谈感受或收获。

师：适时评价，并总结。每个戏剧故事都有一个矛盾冲突，正是这个矛盾冲突，反映出人物的性格。

3. 中国四大古典戏剧

师：推荐中国四大古典戏剧《牡丹亭》《西厢记》《窦娥冤》《长生殿》。

生：课前阅读，根据表格汇报。（见表5–10）

表5–10

作品 赏析	《牡丹亭》	《西厢记》	《窦娥冤》	《长生殿》
作者				
故事梗概				
精彩片段				
人物性格				
写作背景				
写作目的				

牡丹亭

昆剧《牡丹亭》，全名《牡丹亭还魂记》，与《紫钗记》《邯郸记》和《南柯记》合称“玉茗堂四梦”，也叫“临川四梦”。

作者：明代大剧作家汤显祖。

故事梗概：（略）

人物性格：（略）

作品思想内涵：（略）

第2课时　名段赏析

1. 作品介绍：《雷雨》《屈原》

师：出示《雷雨》《屈原》作品介绍、故事梗概、人物、作品思想内涵。

2. 片段赏析

（1）曹禺的话剧《雷雨》（选自第一幕，周朴园逼繁漪吃药。朴指周朴园，四指四凤，繁指繁漪，冲指周冲，萍指周萍）

朴：（四凤端茶，放朴面前）四凤，——（向冲）你先等一等。（向四凤）叫你给太太煎的药呢？

四：煎好了。

朴：为什么不拿来？

四：（看繁漪，不说话）。

繁：（觉出四周的征兆有些恶相）她刚才跟我倒来了，我没有喝。

朴：为什么？（停，向四凤）药呢？

繁：（快说）倒了。我叫四凤倒了。

朴：（慢）倒了？哦？（更慢）倒了！——（向四凤）药还有么？

四：药罐里还有一点。

朴：（低而缓地）倒了来。

繁：（反抗地）我不愿意喝这种苦东西。

朴：（向四凤，高声）倒了来。

（四凤走到左面倒药）

冲：爸，妈不愿意，你何必这样强迫呢？

朴：你同你妈都不知道自己的病在那儿。（向繁漪低声）你喝了，就会完全好的。（见四凤犹豫，指药）送到太太那里去。

……

①自由朗读片断，读通顺、准确。

②看视频，感受人物性格。

③边读边写批注，分析周朴园、繁漪人物性格特征。

④有感情地朗读，读出人物性格特征。

⑤分角色朗读，表演朗读。

（2）郭沫若《屈原》第五幕第二场。

屈原手足已戴刑具，颈上并系有长链，仍着其白日所着之玄衣，披发，在殿中徘徊。因有脚镣，行步甚有限制，时而伫立睥睨，目中含有怒火。手有举动时，必两手同时举出。如无举动时，则拳曲于胸前。

屈原：（向风及雷电）风！你咆哮吧！咆哮吧！尽力地咆哮吧！在这暗无天日的时候，一切都睡着了，都沉在梦里，都死了的时候，正是应该你咆哮的时候，应该你尽力咆哮的时候！

雷！你那轰隆隆的，是你车轮子滚动的声音？你把我载着拖到洞庭湖的边上去，拖到长江的边上去，拖到东海的边上去呀！我要看那滚滚的波涛，我要听那鞺鞺鞳鞳的咆哮，我要漂流到那没有阴谋、没有污秽、没有自私自利的没有人的小岛上去呀！我要和着你，和着你的声音，和着那茫茫的大海，一同跳进那没有边际的没有限制的自由里去！

啊，电！你这宇宙中最犀利的剑呀！我的长剑是被人拔去了，但是你，你能拔去我有形的长剑，你不能拔去我无形的长剑呀。电，你这宇宙中的剑，也正是，我心中的剑。你劈吧，劈吧，劈吧！把这比铁还坚固的黑暗，劈开，劈开，劈开！虽然你劈它如同劈水一样，你抽掉了，它又合拢了来，但至少你能使那光明得到暂时的一瞬的显现，哦，那多么灿烂的，多么炫目的光明呀！

……

思考：

①“风雷电”象征着什么？

②文中运用了哪些修辞手法？有什么作用？

讨论：

①屈原具有什么样的性格？

②联系创作背景，谈谈作者的写作意图。

资料袋

《屈原》写于1942年1月，这时正值抗日战争的相持阶段，也是国民党反动统治最为黑暗的时候。半壁河山沦于敌手，蒋介石集团消极抗日，并且悍然发动“皖南事变”，大肆屠杀爱国抗战的军民，掀起反共高潮。郭沫若面对这样的政治现实义愤填膺，创作了《屈原》，以鞭挞国民党反动派的黑暗统治，他说：“全中国进步人民都感受着愤怒，因而我把这时代的愤怒复活到屈原的时代里去了。”郭沫若借屈原的悲剧，展示了现实世界光明与黑暗，正义与邪恶，爱国与卖国的尖锐、激烈的斗争，起到了“借古讽今，古为今用”的作用。

3. 朗读

①自由朗读，体会屈原的形象。

②表演。

第三课 梨园“行头”秀

（建议1课时）

【教学内容】

（1）学生设计戏曲服装、头饰、脸谱等。

（2）展示戏曲服饰文化。

【教学目标】

（1）加强学生对戏剧服饰文化的理解。

（2）培养学生的合作探究能力、动手实践能力和表演能力。

【教学过程】

1. 制作服饰

（1）小组确定剧种名段。

（2）以环保为前提，设计服装、脸谱（材料：旧布料、卡纸、纸制面具等）。

（3）手工制作（裁剪、彩绘）。

2. 排练

（第一、二部分课前分组完成）

3. T台服装秀

4. 评价

小组投票选出2个最佳设计组（见表5-11）、2个最佳表演组（见表5-12）。

表 5-11 最佳设计组评分表

组别：________

服装创意	服装色彩	服装环保	服装制作工艺	总分
1分	1分	1分	2分	5分

表 5-12 最佳表演组评分表

组别：________

评分细则	分值	得分
表演自然，精神饱满，动作处理得当	2分	
表演姿态符合相应的戏剧文化特点	2分	
表演台风端正，有一定的现场气氛	1分	
总分	5分	

第四课　开园大吉

（建议1课时）

【教学内容】

（1）学会改编、创作剧本。

（2）表演戏剧。

【教学目标】

培养学生创作剧本的能力、合作能力及表演能力。

【教学过程】

1. 课前准备

（1）学生分组选择剧种名段，确定角色及主演。

（2）确定剧本。

①原剧再现。

②中国戏曲加现代元素改编（穿越）、儿童剧改编。

③原创。（传统或儿童剧）

儿童剧推荐题材：《喜羊羊与灰太郎》《小王子》《灰姑娘》《白雪公主》等动画片或童话。

（3）服装及化妆准备。

2. 表演

学生分小组表演戏剧。

3. 评价

（1）邀请教师（音乐、美术、语文教师）和家长当评委。

（2）评出最佳男女主角、最佳配角（见表5-13）、最佳剧本奖（见表5-14）、最佳导演奖、最佳团队合作奖。

表5-13　最佳男女主角、最佳配角评分表

组别：________　　　　　　姓名：________

评分细则	分值	得分
仪态自然大方，符合剧情，能表现人物个性	1分	
语言清晰、流畅，语音、语调和感情基调符合故事发展和人物性格	2分	
服饰、道具符合剧情	1分	
入场、谢幕有新意	1分	
总分	5分	

表 5-14 最佳剧本奖评分表

组别：________　　　　　　　　　　姓名：________

评分细则	分值	得分
剧情完整，主题鲜明	2分	
合理编排，时间长度适中	1分	
剧情具有感染力和创意性	2分	
总分	5分	

六、课程评价

1. 评价原则

形成性评价与总结性评价相结合。学习是一个循序渐进的过程，学生在不同的学习阶段呈现出不同的特点，不同的学生最终的学习效果也会大相径庭。所以，本课程关注学生每个阶段的学习需要，重视其学习过程及在学习过程中的体验，根据学生学习过程中的表现，适时给予评价，有利于帮助学生有效调控自己的学习过程，从中获得成就感，增强自信心。而在每个教学活动告一段落之后，进行总结性评价，能全面鉴定学生是否达到教学目标的要求，以便教师反思，调整后续教学活动。

自我评价和外来评价相结合。心理学认为，人对自己或他人的思想、动机、行为和个性的评价，直接影响学习和参与社会活动的积极性，也影响与他人的交往关系。本课程采用自我评价（学生自评）和外来评价（互评、师评、家评）相结合的方法，有利于学生正确认识、对待和处理自己的优、缺点，在学习中扬长避短。课程评价见表5-15。

表 5-15 “东方灵韵——中国戏剧”课程学生评价表

班级：________　　　　　　　　　　姓名：________

<table>
<tr><th>评价要素</th><th>评价内容</th><th>评价等级</th><th>自评</th><th>互评</th><th>师评</th><th>家评</th></tr>
<tr><td rowspan="3">学习表现</td><td>参与度</td><td rowspan="2">优秀★★★
良好★★
合格★</td><td></td><td></td><td></td><td></td></tr>
<tr><td>合作与交流</td><td></td><td></td><td></td><td></td></tr>
<tr><td>积极探究</td><td></td><td></td><td></td><td></td><td></td></tr>
<tr><td rowspan="3">学习能力</td><td>收集和整理资料的能力，表达能力</td><td rowspan="3">优秀★★★
良好★★
合格★</td><td></td><td></td><td></td><td></td></tr>
<tr><td>表演能力</td><td></td><td></td><td></td><td></td></tr>
<tr><td>创新能力</td><td></td><td></td><td></td><td></td></tr>
</table>

续 表

评价要素	评价内容	评价等级	自评	互评	师评	家评
成果积累	增长了知识，丰富了学习生活	优秀★★★ 良好★★ 合格★				
	提高了思想道德素养和审美情趣，体验了学习乐趣					

1. 学生制作的PPT作品，如图5-7所示。

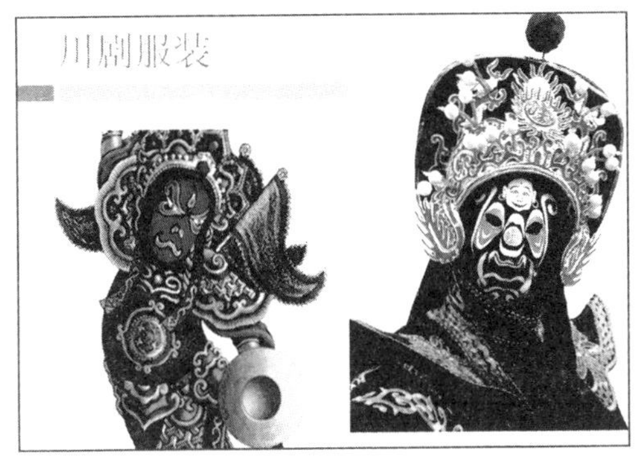

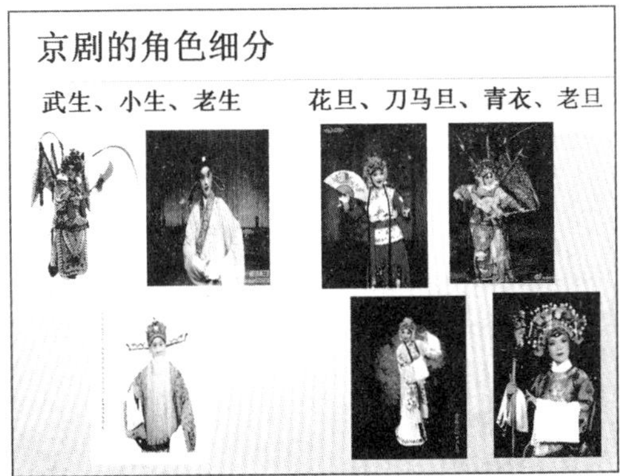

图 5-7

2. 学生戏曲脸谱设计图，如图5-8所示。

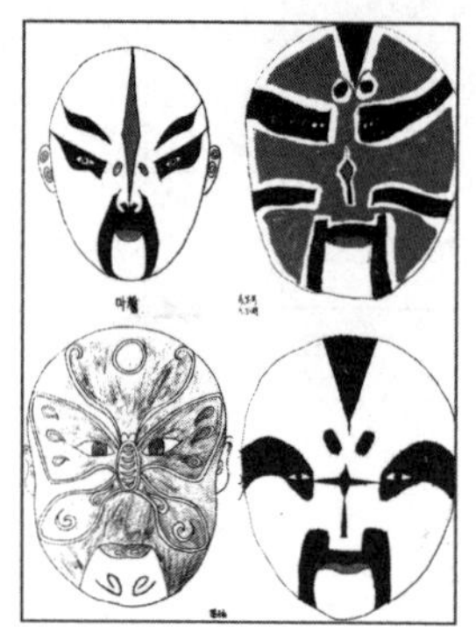

图 5-8

3. 学生戏曲服饰设计图，如图5-9所示。

图 5-8

漫溯“丝绸之路”

王　璐

一、课程开发背景

2015年2月深圳市颁发《关于深化中小学课程改革全面提升教育质量的指导意见》，此指导意见在主要目标中提出：“打造特色鲜明的课程体系。高效落实国家课程，大力丰富地方课程，精品建设校本课程，扩大课程选择性，促进各学段课程有机衔接，形成开放、多元、现代的特色课程体系。”所以，“精品校本课程开发和实践”成为第二轮课改的核心任务，“智慧语文慧思课程”也就应时而生，成为培育智慧之人的3H智慧课程体系内容之一。

五年级下册第一单元的“走进西部”让南国的学生对神秘的西部充满了无尽的向往。西部的自然风光、民族风情、丝路文化向他们叙说着以往未有的情怀。“丝绸之路”是一条东方与西方之间经济、政治、文化进行交流的主要道路。德国地理学家李希霍芬最早在19世纪70年代将之命名为“丝绸之路”，后来被广泛接受。2014年6月22日中、哈、吉三国联合成功申报“丝绸之路：长安延长天山廊道的路网”为世界文化遗产，成为首例跨国合作而成功申遗的项目。同年，在平等的文化认同框架下，国家主席习近平提出的“一带一路”国家战略性决策出台。但是，在当下的小学生看来丝路究竟是一个怎样的历史渊源？“中国梦·丝路情”如何实现？本课程基于学生的视野和知识积累，通过自主选择探究话题，开展故事会、歌曲图片欣赏、演讲赛等多元空间和跨学科整合等综合性实践活动，来初步认识和了解丝路，了解丝路的文化，了解祖国发展的宏伟蓝图，进而培育学生的语文综合素养，培养具有国际视野的中国小公民。

二、课程目标

（1）了解丝路的千年历史、文化宗教交流以及文化与经济的交融现状，初步认识一段历史、一个历史印记，以及文化与经济的发展关系，以丰富阅读和拓展知识面，培养国际视野。

（2）运用网络搜集和整理信息，利用影视、歌曲、社会历史和信息技术等手段进行跨学科整合，培养学生敢于探索实践的能力、自主合作能力、信息处理能力，以及提升学生的分析和思辨能力。

（3）在对丝路千年历史、千年文化的深入了解中获得“中华历史源远流长，华夏文明远播四海”的精神力量的感召，汲取榜样力量、激发民族自豪感和爱国情怀，也在课程实践中发展个性、提升综合素养。

三、课程内容

“漫溯‘丝绸之路’”课程的设计思路是：以丝路千年、丝路交流、丝路重生为主要内容，构建一个立体型的课程框架，可以配合人教版五年级下册教材使用（也可以独立作为认识历史文化遗产课程使用），建议8~10个课时，分别采用了“探究任务设计、历史发展文本阅读、影视观摩和歌曲欣赏”等方式，让学生在学习中循序渐进地了解丝路的历史、领会丝路的文化、感悟历史与当下、文化与经济的大融合。课程内容的基本框架见表5-16。

表5-16“漫溯‘丝绸之路’”课程内容的基本框架

教学板块	主要内容	课时
第一课 丝路千年	一、“丝绸之路”史 （1）“丝绸之路”的千年历史 （2）“丝绸之路”称谓的由来及在东西方的影响 二、“丝绸之路”的地理位置 重点从广义上的丝路（陆上丝绸之路和海上丝绸之路）来看地理变迁史 （1）学生分两组，查阅资料，以“丝绸之路”（陆上丝绸之路和海上丝绸之路）两方面道路发展为基础，了解丝路的走向进而走进丝路历史 （2）以楼兰古城消逝之谜为契机悟丝路之美	2课时
第二课 丝路交流	一、商品交流 （1）了解“丝绸之路”商品交流的主要种类 （2）学生搜集考古故事，推荐代表讲考古故事，谈感受 二、文化交流 （1）“风从海上来” 观看中国老电影《梦断楼兰》，了解丝路历史人物：杰出使者班超和张骞、为国远嫁的文成公主等。重点了解张骞出使西域的历史 （2）“时间的旋律” 了解以马可·波罗、利玛窦和斯文·赫定为代表的西方学者眼中的“丝绸之路”，感受东西方文化的交流和碰撞，理解“丝绸之路”的历史意义与国际意义	3~4课时

续 表

教学板块	主要内容	课时
第三课 丝路重生	一、欣赏徐千雅的歌曲《万山之巅》引出习主席倡导的“一带一路” 歌曲表现从个人到国家到整个民族向上攀登，向前发展的决心和勇气。无论多少的风雨和险阻，我们终将屹立在自己的万山之巅 二、“一带一路”筑梦中国 在世界地图上了解21世纪海上丝绸之路的具体路线 以“新闻播报”的形式，分小组展示21世纪的中国在世界上的影响，以壮国威，激发爱国情 三、开展《中国梦·丝路情》的演讲比赛 （1）最佳播报组 （2）最佳演讲员	3课时

四、课程实施

（1）适合群体：开发的课程内容较适合五年级的学生学习。

（2）课时计划：课下搜集资料与课堂交流展示相结合，预计需要8~9课时。教师根据学生需求、自身特点、课时长度加以取舍。

（3）教学准备：多媒体、相关书籍、视频、图片。

五、课例展示

第一课 丝路千年

（建议2课时）

【教学目标】

（1）通过查阅资料、借助地图和视频，学生能大致说出丝绸之路的历史沿革及路线。

（2）通过探讨张骞出使西域的故事及已消逝的楼兰古城和改革开放的新疆正反对比，学生能够感悟和理解丝路的巨大影响及频繁的战争、掠夺性的洗劫对人类生存的毁灭性的破坏。

【教学重难点】

重点：通过小组讨论和探究丝路的历史沿革，了解丝路的伟大历史意义，感受开放交流对于国家发展的重要性。

难点：已消逝的楼兰古城案例和新疆当前的发展正反对比，通过探讨学生能够感悟友好平等的交流合作是人类和谐发展的关键。

【教学过程】

1. 交流资料，引入丝路千年

课前同学们都收集了有关丝绸之路的资料。你们知道了有关丝绸之路的哪些知识？请拿出来我们一起交流。

（1）小组交流，教师巡视指导。

（2）全班交流，各组互相补充，教师随机给予评价，并对认真搜集资料的学生给予鼓励。

教师出示课前准备的丝绸之路的资料，使学生了解丝路是联系欧亚两洲的一条交通大道。

设计意图： 收集资料，一方面提高学生的查阅课外资料的本领，另一方面，也锻炼学生的动手整理能力。本节课的教学，应该在大量的交流材料中展开，学生可在材料的交流中，初步了解丝绸之路，由抽象变具体。

2. 合作探究，走进丝路千年

（1）观看视频（丝路之路）及地图，填写表5-17：

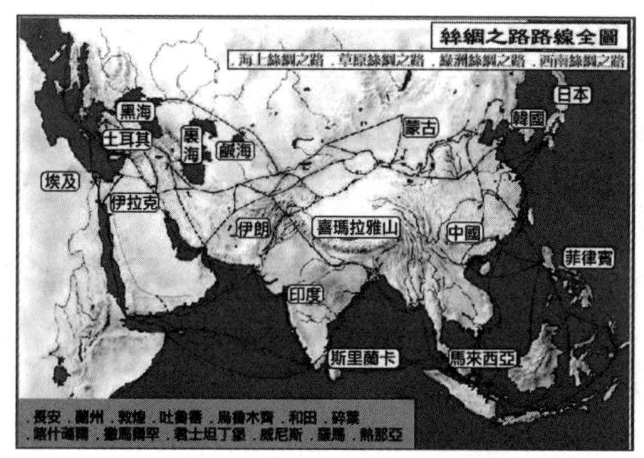

表5-17 观看“丝路之路”总结表

（1）	形成时间	
（2）	沿线国家	
（3）	丝路别称	
（4）	历史遗迹	
（5）	世界遗产	
（6）	轶闻典故	

（2）资料交流，“丝绸之路”德国来。

图 5-10

连接中国与西方的“丝绸之路”在中国几乎家喻户晓，但是这个名称是如何而来？恐怕知道的人就不那么多了。其实，这是100多年前一个德国人的“发明”，而他的名字叫李希霍芬，如图5-10所示。

德国人李希霍芬在1868年和1872年之间，在中国共旅行7次，途经当时中国18个省中的13个。路上惊险重重，当时的中国起义四起，外国人在幸运的情况下会被看作是稀有人种，如果倒霉的话甚至会受到攻击，更别说李希霍芬一句中文也不会讲了。

李希霍芬多年在中国的考察成果彻底改变了西方对中国的认知。他以绘画的方式将自己一路上的所见所闻记录下来。从西部的西藏高原到东部的贸易大都会上海，从北面的蒙古到南部诸省，李希霍芬的足迹遍布全国。

（3）解消逝之谜，悟丝路之美。

消逝已久的楼兰古城——楼兰古城消逝之谜

公元400年，高僧法显西行取经，途经楼兰，他在《佛国记》中说，此地已是“上无飞鸟，下无走兽，遍及望目，唯以死人枯骨为标识耳”。楼兰——这座丝绸之路上的重镇在辉煌了近500年后，逐渐在历史舞台上无声无息地消失了。关于楼兰古城消逝的原因很多，其中有这样的观点：“古楼兰的衰亡是与社会人文因素紧密相连的，我国古书记载楼兰古国的最后存在时间在东晋十六国时期，这正是我国历史上政局最为混乱的时期，北方许多民族自立为藩，相互战争。而楼兰正是军事要冲、兵家必争之地。频繁的战争、掠夺性的洗劫使楼兰的植被和交通商贸地位受到了毁灭性的破坏。而沙漠边缘的古国，丧失了这两个基本要素，也不可能存在下去。于是，它就变成了今天满目黄沙、一片苍茫的景象。”

（1）出示塔里木盆地地图，引导学生找到楼兰古城，介绍它的地理位置。

（2）根据材料可知，楼兰古城消逝的原因是什么？给我们什么启示？

第二课　丝路交流

（建议3~4课时）

【教学内容】

通过查阅资料、阅读经典文学作品及观看经典影视作品的方式让学生全方位了解丝路交流。

【教学目标】

（1）在小组合作探究中深入了解丝路商品、文化等的交流。

（2）以小组讨论、交流并PK的形式培养学生的综合语文素养。

【教学过程】

1. 商品目录

（1）每位同学通过查阅资料在读书笔记本上写出丝路千年东西方商品交流中的商品名称，小组交流后由各小组的小组长整理后把商品名依次抄录在黑板上。

（2）通过比较弄清楚交流此商品的缘由，由此大致了解东西方当时的经济发展。

（3）全班推荐4个拟讲考古故事（关注考古发掘），且用一句话表达自己的感受。

附：星级评价标准

★ 故事演讲完整。

★ 情感丰富，打动听众。

★ 特别能表现故事人物的精神风貌。

2. 经典电影

（1）观看中国老电影《梦断楼兰》，了解丝路历史人物：杰出使者班超和张骞、为国远嫁的文成公主等。

（2）观影后结合查阅的资料填写下表。

下列与丝路有关的历史名人你对哪个更感兴趣？写出简单的理由。

选项	选择	理由
张骞		
班超		
玄奘		
郑和		
马可·波罗		

续 表

选项	选择	理由
利玛窦		
斯文·赫定		

3. 重点赏析

重点了解张骞出使西域的历史。（以小组PK的形式开展）

小组PK，探究张骞丝路开拓。

PK环节一：与西域这个古地名有关的古诗

阳关、玉门关

“春风不度玉门关”……

“西出阳关无故人”……

PK环节二：张骞出使西域的背景

汉武帝时期，国力强盛，决定采用军事手段来解决匈奴问题，另一方面在外交政策上做出了一个大胆的决定，昭告天下，招募大汉使者，出使西域，联合西域夹击匈奴。一纸榜文，引出中华民族历史上一件壮举，成就了一位坚忍不拔开拓进取的民族英雄——张骞。

PK环节三：张骞出使西域

大屏幕展示：“他是一个冒险家、又是一个天才的外交家，同时又是一员战将，真可谓中国历史上出类拔萃之人物也。”（我国著名的史学家翦伯赞称赞张骞的话）

为什么翦伯赞称张骞为冒险家、外交家和战将？请同学们通过演讲，用史实来证明历史学家对他的评价。

（1）之所以是冒险家，是因为：

① 他会遇到匈奴的重重哨卡。

② 对于中原人来说，西域是一个遥远而又神秘、未知和荒凉的地区。大月氏的具体位置也无从知晓。沿途到处是荒漠、流沙、戈壁和恶劣的气候。

③ 学生展示鸣沙山、月牙泉、火焰山、楼兰、雅丹地貌。从历代文人墨客留下的文字中我们也可以感受到当年西域之行的艰辛与苍凉。

黄沙西际海，白草北连天。

上无飞鸟，下无走兽，复无水草。

一川碎石大如斗，随风满地石乱走。

（2）之所以是战将，是因为：

匈奴10年囚禁，始终保持汉节而不失。如：黥面。

（3）之所以是外交家，是因为：

两次出使西域。

时间：公元前138年—公元前119年

成果：第一次出使，此行虽然没有达到联合大月氏的目的，他13年的经历还是使汉朝对西域诸国的情况有所了解。

第二次出使，张骞带着乌孙的使者回到长安，他和他的副使相继出使到大宛、大月氏、大夏、安息等国。足迹踏遍中亚、南亚、西亚各地。汉使最远到达罗马和北非地区。汉朝和西域建立了友好关系，双方使节、商旅来往不断。

3. 西方友人代言丝路千年

（1）意大利人马可·波罗曾在元朝时期来到中国，受到了元世祖忽必烈的接见，并让他在元朝做官。马可·波罗回国后把他在中国的见闻口述成一本书，叫作《东方见闻录》，为中国和欧洲文化交流做出了贡献。

（2）斯文·赫定：做第一个西方发现者。

时值20世纪初叶，赫定五度到达中国，他的足迹遍及古丝路沿途各地。从充满东西方文明碰撞的特殊小城喀什，到连绵险峻的高山雪域帕什米尔，再到杳无人烟的死亡沙漠塔克拉玛干，他撞破了一道道近代西方探险家从没到过的风景线。在他进行第三次亚洲腹地探险旅行的时候，他发现了震惊世界的楼兰古城，还首次转译了维吾尔语对“雅丹”地貌的称谓。斯文·赫定发现了小河墓地，如图5-11所示。

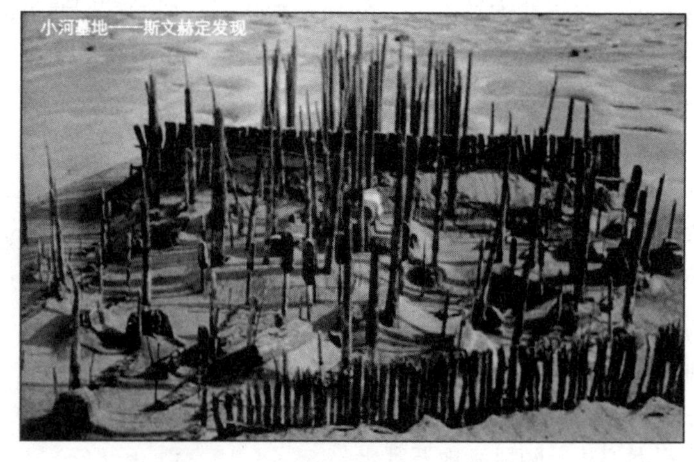

图 5-11

（1）请按人物、事件、意义等选项内容说一说短文的大意。

（2）斯文·赫定的预言现在实现了哪些？

（3）课后探究热点：习主席倡导的“一带一路”指什么？

第三课　丝路重生

（建议3课时）

【教学内容】

欣赏歌曲、了解“一带一路”主要内容，丝路重生筑梦中国。

【教学目标】

（1）内化千年丝路的伟大意义和现实影响。

（2）实践跨学科课程整合，激发爱国热情，提升学生的综合素养。

【教学过程】

1. 欣赏徐千雅的歌曲《万山之巅》，引出习主席倡导的“一带一路”

（1）视频欣赏歌曲《万山之巅》，让学生谈谈听完歌曲的感想。

歌曲表现从个人到国家到整个民族向上攀登，向前发展的决心和勇气。无论经过多少风雨和险阻，我们终将屹立在自己的万山之巅。

（2）歌词欣赏：《万山之巅》。

①哪句歌词最能打动你？

从“每个人心中都有一座山峰”到“原来爱是最高的山峰”“伸手触摸彩虹，低头望你笑容”。

②结合你的阅读经历，说说你听着歌曲脑海中一一闪过的有哪些画面。

③全班同学一起来唱一唱。

2.“一带一路”筑梦中国

（1）查阅有关的资料和新闻报道了解“一带一路”。

“一带一路”是指“丝绸之路经济带”和“21世纪海上丝绸之路”的简称。

2014年博鳌亚洲论坛年会开幕大会上，李克强总理以“共同开创亚洲发展的新未来”为题发表演讲，全面阐述了中国的亚洲合作政策，并特别强调要推进“一带一路”的建设。

央视新闻联播从2015年4月13日晚起推出系列报道《一带一路共建繁荣》，带您走进一带一路沿线国家，感受一带一路建设的新动向，了解中国与沿线国家在政策、设施、贸易、资金等各方面寻求和实现互联互通所做的种种努力。

（2）让学生模拟新闻记者，对“一带一路”筑梦中国进行新闻报道，评出最佳记者。

（3）在世界地图上了解21世纪海上丝绸之路的具体路线。

以PPT的形式，分小组展示21世纪的中国在世界上的影响，以壮国威，激发爱国情。

3. 开展《中国梦 · 丝路情》的演讲比赛

（1）最佳播报组。

（2）最佳演讲员。

（3）每人一张评价表，见表5-17、表5-18。

表5-17 最佳演讲人评分表

姓名：________

评分细则	分值	得分
声音洪亮，吐字清楚	2分	
演讲富有感染力，自然大方	2分	
服饰得体，上下场致意、答谢	1分	
总分	5分	

表5-18 最佳播报组评分表

组别：________

评分细则	分值	得分
内容全面，详略得当	2分	
能否吸引听众	1分	
图片具有代表性	1分	
文字、图片设计动画	1分	
总分	5分	

六、课程评价

1. 评价原则

评价多元化和个性化兼具。21世纪的社会应该是一个宽容的社会。宽容的思想本质就是价值观的多元化，多元化是由丰富的个性化构成的。教育越来越关注人的个性化发展，越来越关注教育发展规律和儿童身心发展规律，儿童的发展存在差异性。所以，在评价尺度上既不宜整齐划一，又不能唯我独尊。

2. 具体评价方式（见表5-19）

表5-19“漫溯‘丝绸之路’”课程学生评价表

班级：________　　　　　　　　　姓名：________

星级评估表（学生）									
评价情况　能力	自己评			伙伴评			老师评		
	真棒	还行	加油	真棒	还行	加油	真棒	还行	加油
学习兴趣与参与度（查阅资料、兴趣、任务的完成）									
乐于和伙伴交流讨论、竞争、合作学习，与老师交流									
勇于提出问题、分析问题、解决问题									
能将知识运用与融合在生活中									
敢于创造与求异									

注：真棒涂5个，还行涂3个，加油涂1个。

说起张骞，学过历史的人都略知其人。可说起了解和崇拜，并非人人能做得到。爱一个人不容易啊，更何况是两千多年前的历史人物呢？我崇拜张骞，是因为他在被匈奴扣押后，并没有气馁。他逃出来后，还坚持西行。没有强大的毅力，他能够成功找到月氏王吗？自信与坚持，也是我佩服张骞的地方。

——刘媛《我选择张骞》

在中国，郑和在人们心目中是一位伟大的航海家，他七下西洋的伟大壮举，妇孺皆知。郑和下西洋就是中国和平友好外交的一个突出例证。明成祖命郑和出使，是为了争取广泛的国外朋友，共同维护东海、南海等海域的和平环境。

——袁婧芳《我崇拜郑和》

马可·波罗拥有坚持不懈的毅力和伟大的探险精神。他是世界历史上第一个将地大物博的中国向欧洲人做出报道的人，被誉为“中世纪的伟大旅行家”，中西交通史和中意关系史上的友好使者。

——鲍明璐《我选择马可·波罗》

生肖文化探源

李丹枫

一、课程开发背景

中华民族传统文化博大精深，源远流长，具有独特的魅力和不朽的生命力，它是我们进行学校文化建设和语文教育的重要资源。同时，它与语文教育亦是密不可分的，传统文化是语文教育的重要工具，更是语文教育的重要材料。《国家“十一五”时期文化发展规划纲要》指出：必须重视中华传统文化教育和传统经典技艺的传承。因此，学校课程的开发也应为弘扬和继承中华民族传统文化搭建良好的平台。

以子鼠丑牛寅虎卯兔等为内容的民俗十二生肖，是中华民族传统的民俗文化之一。从古至今，凡中华民族子孙，从出生的那一刻起就有一个生肖属相伴随一生，可以说是每位孩子所熟悉与喜爱的；同时人教版小学三年级上册及四年级上册的语文课本中也涉及了十二生肖和有关成语的日积月累，在学习的过程中孩子们表现出了极大的兴趣。更重要的是生肖文化内涵丰富而深厚，具有深刻的象征意义，引领孩子们了解并热爱这一民俗文化内容对于我国传统文化的传承有着重大的意义。“生肖文化探源”课程便是以此为目的开发的。让学生在了解的过程中逐步认同并喜爱这一民俗文化，为主动保护和传承我国传统文化打下基础。

二、课程目标

（1）了解十二生肖文化的起源并感受其内涵，积累相关学科知识如字形、成语、歇后语等，学会创编生肖童话故事。

（2）通过跨学科的融汇展演，提高学生的听、说、读、写、演的能力。

（3）在对十二生肖文化的深入了解中增进学生对传统文化的理解和热爱，使其愿意主动保护和传承我国的传统文化。

三、课程内容

“生肖文化探源”课程内容设计的基本思路是：主要以十二生肖的传统文化为依托，引领学生对其进行学习和探索，感受其内涵，形成四个相对独立的教学板块，围绕十二生肖的起源与传说，识本知意的学科知识积累，学精话髓的精神内化和皮影戏展演等内容组织教学，全方位提高学生的语文素养。课程内容的基本框架见表5–20。

表5–20“生肖文化探源”课程内容的基本框架

教学板块	主题	课题	主要内容	课时
1	初步了解十二生肖	追根探源	1.聊聊自己的属相 2.学生搜集了解有关十二生肖的起源和传说，在班上交流	课前搜集交流1课时
2	学习十二生肖的字形与动物的关系；积累有关十二生肖的学科知识	识本知意	1.学习汉字____，了解文字背后的含义。 2.学习有关____的成语，并开展“你讲我猜”的讲述故事，猜一____成语活动。 3.学习有关____的歇后语，并开展歇后语接龙游戏。 4.____成语和____歇后语擂台赛。得分最多的为本次擂主，每周举办一次擂台赛，选出新擂主与上周擂主PK	课前搜集交流4课时
3	了解十二生肖的文化内涵和象征意义，并用创编童话的形式来体现十二生肖精神	学精话髓	1.分组搜集整理关于中华传统所赋予的____特有的精神和品质。 2.推选组长汇报交流。（PPT形式） 3.阅读有关____的童话和绘本，创编自己的关于____的童话故事，要求体现____的精神和品质	课前查阅资料交流3课时 课下进行创编展示1课时
4	用展演的形式展示自己的童话作品	演行传承	以学生创编的童话故事为剧本，以皮影戏的形式，在年级巡回展演	课下训练2课时

四、课程实施

（1）适合群体：三、四年级。

（2）课时计划：课下学习与课堂交流相结合，预计交流汇报11课时。教师根据学生需求、自身特点、课时长度加以取舍。

（3）教学准备：多媒体、相关书籍。

五、课例展示

✉ 第一课　探源追根 ✉

（建议1课时）

【教学内容】

十二生肖的起源与传说。

【教学目标】

（1）了解十二生肖的起源与传说。

（2）激发学生学习本课程的兴趣。

【教学过程】

1. 换位新体验

以第一人称的形式："我是XXX，别看我体型小，在生肖中我可是老大……"说说自己的生肖以及对其的了解。

2. 起源大探究

（1）让学生猜一猜生肖的起源。

（2）出示文献记载的十二生肖的文化源头，古今学者对此众说纷纭：

十二生肖星宿说

古人将黄道与赤道附近的恒星分为"二十八星宿"。二十八宿也分别代表一种动物。古代将周天等分十二分，用十二支表示，而十二支配属生肖，生肖与二十八星宿存在对应关系。明代大学士王鏊认为，二十八种动物配属二十八星宿，并"以七曜统之"，成"女土蝠，虚日鼠，危月燕，子也"的格局。清代李长卿在《松霞馆赘言》认为，二十八宿配动物"即前十二属加一倍者也""亢金龙，辰宫也，角木蛟附焉。蛟，龙类也"，体现十二生肖为基础凑齐二十八种星宿动物。但该说难免有附会，二十八星宿配动物的记载要晚于十二生肖。

十二生肖岁星说

木星十二年运行一周天，从木星位置可确定年度支序。《玉函山房辑佚书》认为每十二年，"三岁穰，三岁毁，三岁康，三岁旱"，另说是"天下六岁一穰，六岁一康，几十二岁一饥"。植物兴衰和动物生活环境存在周期，食草动物（鼠、牛、马、羊）和肉食杂食动物在不同年份的生活条件大不相同，不同年份出生的人如能模仿当年生长旺盛的动物，从而形成生肖动物，以此推定动物兴衰与木星年有关，十二生肖和十二辰相统一。

十二生肖图腾说

原始社会的先民常用某种动物、无生物或自然现象的图形作为本氏族的保护神和标志，即图腾。《山海经》诸如人和野兽的混合形象就是远古各地的图腾神。夏朝的图腾是熊或鱼，商朝的图腾是玄鸟，周朝的图腾则有龙、鸟、龟、犬、虎诸说。十二生肖除龙为虚幻之物，其余皆是日常可见。其中可分两类，即“六畜”（马牛羊鸡狗猪）和“六兽”（鼠虎兔龙蛇猴），前者是人们为了经济目的而驯养，后者则一定程度骚扰人类生活，先民对其心生畏惧的动物。因此这些动物被作为本氏族的名号标记来崇拜。

十二生肖外来说

清代赵翼在《陔余丛考》中，“盖北俗初无所谓子丑寅卯之十二辰，但以鼠牛虎兔之类分纪岁时，浸寻流传于中国，遂相沿不废耳”，认定生肖的外来性质。

（3）辩论：看完文献资料，你觉得哪种说法最有说服力？为什么？

3. 故事总动员

分工安排： 以4人小组为单位，2名组员为故事收集员，1名组员为故事演讲员，另一名组员为评价员和首席听众，既评价故事演讲能力，又谈听故事的感受。

设计意图： 让孩子们以骄傲的口吻，第一人称的形式述说，奠定了学生学习本课程浓厚的兴趣。

第二课　识本知意

——汉字篇（以“鼠”为例）

（建议2课时）

【教学内容】

有关“鼠”的汉字。

【教学目标】

（1）学习汉字“鼠”。

（2）了解“鼠”字字形与老鼠这种动物特点的关系。

【教学过程】

1. 辨形猜“字”

如图5-12所示，出示“鼠”的甲骨文，让学生观察字形与其了解的生肖外貌相似，猜猜是哪个生肖汉字。

图 5-12

2. 推演解“字”

当学生通过甲骨文字形仍未能猜出哪个生肖汉字时，借机出示“鼠”字的演变过程，如图5-13所示：

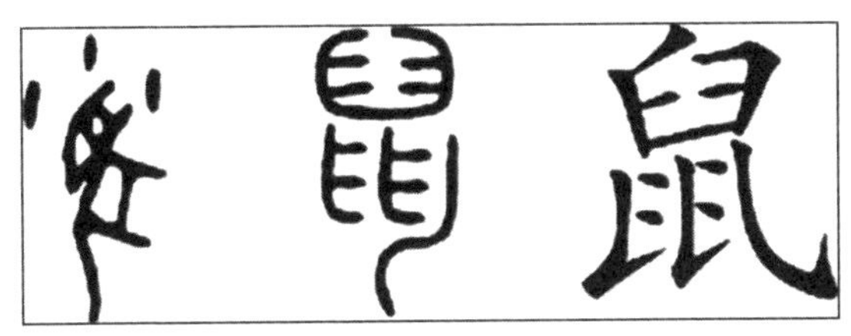

图 5-13

3. 知意识“字”

让学生重新观察字形，透过汉字猜想古人造字时所要传达的文字背后的意义（即生肖汉字背后的生肖特点）。

例：老鼠是啮齿类动物，特征是长着两对长长的门牙，喜欢啃咬东西和钻洞。甲骨文的“鼠”字，用上面的三小点来特别标明老鼠因为钻洞，所以它的头上常常带有泥土。从小篆的“鼠”字可以明显地看出老鼠的样子：上半部分正是老鼠的门牙，下半部分是老鼠的腹部、脚和长长的尾巴。

设计意图：通过观形猜字识意的方式，让学生在观察中思考，在思考中学习。既能学习文字，又能了解文字背后的含义，最主要的是无形中提高了孩子们学习本课程的积极性。

第三课　识本知意

——歇后语（成语）篇

（建议2课时）

【教学内容】

有关“猴”的歇后语（成语）。

【教学目标】

（1）了解“猴”的歇后语（成语）。

（2）积累并会运用“猴”的歇后语（成语）。

【教学过程】

1. 积少成多“猴”满腔

（1）PPT出示资料袋：

歇后语是我国人民在生活实践中创造的一种特殊语言形式。一般由两个部分构成，前半截是形象的比喻，像谜面，后半截是解释说明，像谜底，十分自然贴切。在一定的语言环境中，通常说出前半截，“歇”去后半截，就可以领会和猜想它的本意，所以称它为歇后语。歇后语具有鲜明的民族特色，浓郁的生活气息，幽默风趣，耐人寻味，为广大人民所喜闻乐见。

成语是中国汉字语言词汇中一部分定型的词组或短句。成语是汉文化的一大特色，有固定的结构形式和固定的说法，表示一定的意义，在语句中是作为一个整体来应用的。成语有很大一部分是从古代相承沿用下来的，在用词方面往往不同于现代汉语，它代表了一个故事或者典故。

（2）积累“猴”歇后语（成语）。

师：你们积累了哪些歇后语（成语）呢？

生1：十五个吊桶——七上八下。

生2：竹篮打水——一场空。

生3：孔夫子搬家——尽是书。

师：我们今天学习的是有关“猴”的歇后语（成语），你有这方面的积累吗？（略）

师：了不起，不过我发现大家对于“猴”的歇后语（成语）好像比较陌生，咱们就利用这个机会补充积累。

PPT出示关于“猴”的歇后语（成语），学生快速积累。

2. 你演我猜“猴”添趣

（1）背一背。

快速背诵所积累的有关“猴”的歇后语（成语）。

（2）找一找。

出示所有关于“猴”的歇后语的前半截和后半截，并打乱顺序，让学生通过刚才的记忆连线。（出示所有关于“猴”的成语图片，让学生看图连成语）

（3）猜一猜。

两人为一组，一个人看并表演老师出示的歇后语前半截，另一个人在限定时间内猜出歇后语的后半截。共5句歇后语，猜对一句为本小组加10分。

3. 学以致用"猴"巧智

出示情景故事，让学生快速选取有关"猴"的歇后语（成语）。

（1）有一次，我在家里偷看电视，正看得起劲的时候，妈妈回来了，我可真是——

（2）在篮球比赛中，小明一个人为班级进了20分，小亮说他——

（3）广播说今晚有流星雨，小红早早约了她的好朋友准备观看，可是当夜幕降临的时候，豆大的雨点儿落了下来，她可真是——（此次接龙仍旧采用上边的小组单位，两人皆可抢答，由最先抢答到的小组作答，如回答正确，则加5分，回答错误，则为其他小组加5分，最后两轮分数累计，第一名获得者成为本期"猴"王擂主，其他失败队伍可以重组，下期继续挑战"猴"王擂主）

设计意图：通过游戏和擂台赛的形式，让学生在玩乐中积累并学会运用有关"猴"的歇后语，寓教于乐，轻松活泼，更受学生的喜爱，无形中为孩子们深入了解和传承十二生肖民俗文化奠定了基础。

第四课　学精话髓

——"猴"年为例

（建议4课时）

【教学内容】

十二生肖的精神品质。

【教学目标】

（1）了解中华传统文化赋予猴的特有的精神和品质，为接下来以猴为主题的童话创作奠定基础。

（2）丰富有关猴的阅读，创编有关猴的童话故事。

【教学过程】

1. 设计探究问题

（1）分组探究。（注：把学生分为12个组别，每组负责搜集探究其中一个生肖的精神品质）

（2）完成资料汇报卡。附：生肖文化探源资料汇报卡。

生肖文化探源资料汇报卡

组员：________________

生肖	由来	文化内涵	传说代表人物	推荐绘本	提炼精神

2. 汇报探究结果

附资料：

夸父

“夸父逐日”是中国的神话故事。据《山海经·西次三经》中记载“有兽焉，其状如禹而文臂，豹尾而善投，名曰举父”。古时“举”与“夸”声近，故“举父”又作“夸父”，也说他行状如“禹”（即猕猴）。由此看来，夸父是一个神猴的形象。甘肃泾河镇原是夸父的居住地，世传剪纸“夸父桃都扶桑图”，为夸父桃林生命树，夸父立于八重圭表衍生的树干上，两手扶桃树枝，树上遍生蟠桃，群猴采食，树下夔犬伏兔，树干上夔犬负猴攀援，树顶四猴，共十二只动物。这是夸父氏族后裔对先祖敬祀的遗迹，也是夸父为猴形的见证。

孙悟空

中国古典文学中最光彩夺目的猴形象是孙悟空。小说《西游记》中的孙悟空，号称齐天大圣、美猴王，七十二般变化，一筋斗翻出十万八千里，神通广大，嫉恶如仇，西行取经路上，降妖除怪，化险为夷，顽强坚韧，闪烁着理想主义的光芒。

……

3. 提炼生肖精神

通过资料的搜集和汇报，学生对猴有了深入的了解，提炼猴被赋予的独特精神。

4. 推荐生肖绘本

如图5–14所示，推荐生肖绘本，为童话创作提供素材和灵感。

图 5–14

5. 创编生肖童话

创编关于猴的童话故事，要求体现猴的精神和品质并交流展示。

设计意图： 通过资料的搜集整理和汇报，让学生对猴有了更深入的了解，并且提炼出猴被赋予的独特精神，为下一课时的创作奠定基础。

六、课程评价

1. 评价原则

整个课程的进行过程中，注重学生的过程评价，教师始终是引导者，帮助学生积极参与、主动探究、提问质疑。每个阶段都采用自评、组员互评、组长总评、教师点师评等多元化评价对学生进行评定。评价内容为学生参与活动的积极主动性、小组交流与合作情况、搜集资料的完整性、任务完成质量等。

2. 具体评价方式（见表5–21）

表5–21“生肖文化探源”课程总评价表

评价项目	评价内容	评价结果（1~10分，满分为10分）				
		自评（30%）	组员互评（30%）	组长总评（20%）	师点评（20%）	总计
参与情况	对课程内容感兴趣，能主动积极参与学习探究					
交流合作	乐于表达自己的见解，并善于听取别人的意见，敢于提出问题					
搜集资料	能理解要求并搜集有关资料，搜集的资料完整准确					
完成质量	对于各项汇报积极参与，并按要求完成					

旅程拾贝

制作皮影

准备材料，根据自编的生肖童话制作皮影。

作品展示，如图5–15所示。

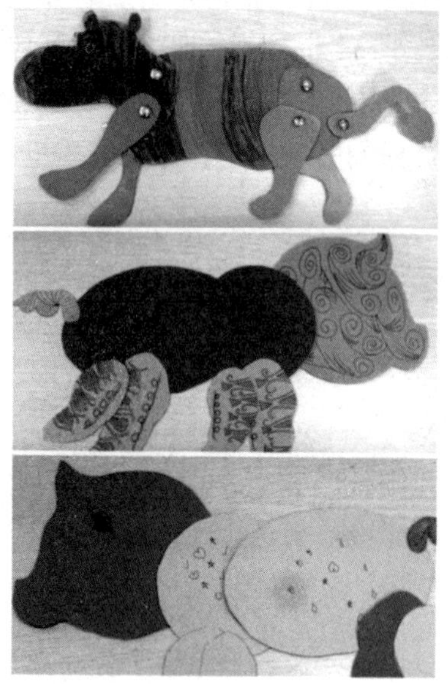

图 5–15

古典文学宝藏——《西游记》

王　丹

一、课程开发背景

阅读能力是考查学生语文素养的一项重要指标，《小学语文新课程标准》关于课外读物的建议中指出，学生九年课外阅读总量要达到400万字以上。

中国古典文化博大精深，其中古典长篇小说四大名著，即《红楼梦》《三国演义》《水浒传》《西游记》这四部巨著是中国文学史中的经典作品，是世界宝贵的文化遗产。

此四部巨著在中国文学史上占有重要的地位，有着极高的文学水平和艺术成就，细致的刻画和所蕴含的深刻思想都为历代读者所称道，其中的故事、场景、人物已经深深地影响了中国人的思想观念、价值取向。可谓中国文学史上四座伟大的丰碑。

《西游记》为明代小说家吴承恩所著。取材于《大唐西域记》和民间传说、元杂剧。其中，唐僧就是以玄奘法师为原型的。作为中国古代第一部浪漫主义长篇神魔小说，该书深刻地描绘了当时的社会现实，是魔幻现实主义的开创作品。《西游记》自问世以来在民间广为流传，各式各样的版本层出不穷，许多故事情节被搬上银幕，学生喜闻乐见，耳熟能详。因此，引导学生深入地了解《西游记》相关背景，阅读原著，对于孩子进一步探寻我国古典文学有着巨大的影响。

二、课程目标

（1）了解《西游记》故事发生的历史氛围、现实背景、社会文化、宗教传播、玄奘其人其事，以及作者吴承恩的相关故事。

（2）通过经典片段赏析，打开阅读之门，深入阅读原著。通过影视舞台剧链接，观赏与《西游记》相关的影视作品，舞台作品以及戏曲作品，了解文艺表达方式的多样性、多元化。

（3）由阅读延伸到故事续写，课本剧创编，撰写作品赏析、评论等，提升学生的思辨能力、写作能力、表达能力。

三、课程内容

“古典文学宝藏——《西游记》”课程内容的整体设计思路是：以“阅读西游，接触经典，传承文化”为课程开发的总切入口，在组织教材内容和框架时，遵循高年级学生的认知特点，以人教版五年级下册第五单元《猴王出世》为依托，进一步阅读整本古典名著。同时，充分开发文本拓展资源和社会资源。利用学校阅览室、网络资源、影视资源等，在学生阅读的过程中，提高读、写、思、说的能力。在收集、交流、探究中发展个性，发挥想象，把目光从文本、故事情节引向更为广阔的社会。课程内容的基本框架见表5-22。

表 5-22“古典文学宝藏——《西游记》”课程内容的基本框架

教学板块	课题	主要内容	课时
1	浅谈西游	（1）《西游记》故事创作的历史氛围、现实背景、社会文化、宗教传播等 （2）“唐僧”原型玄奘其人其事 （3）了解作者吴承恩	2课时
2	一路向西	（1）经典片段赏析 《猴王出世》《三打白骨精》 （2）影视链接 上海美术电影制片厂《大闹天宫》 江苏省动漫企业慈文紫光数字影视有限公司《西游记》 电视剧《西游记》电影《西游记之孙悟空三打白骨精》 京剧《孙悟空三打白骨精》 （3）有计划有步骤地阅读《西游记》	5课时
3	西游人物志	（1）人物性格大探讨——我为师徒四人画像 （2）歌曲欣赏《悟空》演唱：戴荃 （3）诗歌想象创编《假如我是孙悟空》	2课时
4	西游归来	（1）网络链接：《从西游记师徒到现代企业团队管理》 （2）西游赏析：我最喜欢的西游人物 （3）故事续编：《西游归来》 （4）创作课本剧，表演课本剧	4课时

四、课程实施

（1）适合范围：五、六年级，既可单独使用，也可同人教版五年级下册第五单元同步使用。

（2）课时计划：建议13课时。

（3）教学准备：多媒体教室。

五、课例展示

第一课　浅谈西游

（建议2课时）

【教学目标】

（1）了解《西游记》故事创作的历史氛围、现实背景、社会文化、宗教传播等。

（2）了解“唐僧”原型——玄奘其人其事。

（3）认识作者吴承恩，了解他的创作故事。

【教学过程】

第1课时　《西游记》概述

1. 小调查

读过《西游记》相关故事，或者看过相关影视作品、动画片的同学请举手。

2. 介绍《西游记》的写作背景

唐僧取经是历史上一件真实的事。距今大约一千多年前，即唐太宗贞观元年（627），年仅25岁的青年和尚玄奘带领一个弟子离开京城长安，只身到天竺（今印度）游学。玄奘历尽艰难险阻，最后到达了印度。他在那里学习了两年多，并在一次大型佛教经学辩论会任主讲，受到了赞誉。贞观十九年（645）玄奘回到了长安，带回佛经657部。他的弟子慧立、彦琮撰写的《大唐大慈恩寺三藏法师传》，则为玄奘的经历增添了许多神话色彩，从此，唐僧取经的故事便开始在民间广为流传。南宋有《大唐三藏取经诗话》，金代院本有《唐三藏》《蟠桃会》等，元杂剧有吴昌龄的《唐三藏西天取经》、无名氏的《二郎神锁齐大圣》等，这些都为《西游记》的创作奠定了基础。吴承恩也正是在民间传说和话本、戏曲的基础上，经过艰苦的再创造，完成了这部令中华民族为之骄傲的伟大文学巨著。

3.《西游记》的宗教渊源

印度佛教在两汉之际传入我国，而唐朝则是佛教发展的鼎盛阶段。在唐代，全国各地的僧侣已发展到相当可观的规模。与此同时，佛经翻译事业的发达，是唐代佛教发展的一个突出标志。玄奘的一生中共翻译出经论75部，1335卷，占唐代新译书的一半还多。当时的翻译制度已趋完善。朝廷设的译馆，名手云集，并有专职官员协助工作。佛教之所以能在中国扎稳脚跟，蓬勃发展，与统治者的支持密不可分。20个皇帝基本上都倾向于支持佛教事业的发展。政府对佛教寺院的经济扶持，是佛教组织得以生存和发展的基本物质条件。

唐代佛教是中国佛教的黄金时代，佛教在唐代建立了坚实深厚的基础。

4. 作者吴承恩其人其事

吴承恩（约1500年—1582年），男，字汝忠，号射阳山人。汉族，淮安府山阳县（今江苏省淮安市淮安区）人。祖籍安徽桐城高甸，以祖先聚居桐城高甸，故称高甸吴氏。中国明代杰出的小说家，是四大名著之一《西游记》的作者，自幼敏慧，博览群书，尤喜爱神话故事。吴承恩在科举中屡遭挫折，嘉靖中补贡生，嘉靖四十五年（1566年）任浙江长兴县丞。由于宦途困顿，晚年绝意仕进，闭门著述。2004年，江苏省淮安市楚州区政府决定在山上茶庵处建立吴承恩纪念馆并在山下山门处建立其石雕座像，用来纪念他。

5. 课后作业

搜集吴承恩的代表作品，了解他的轶事典故及作品特点。

第2课时　玄奘其人其事

1. 课前布置

全班分成5个学习小组，每组一个学习主题，分别是玄奘的“人物生平”“个人成就”“作品一览”“历史评价”“轶事典故”，进行资料搜集，并用PPT制作汇报材料。

2. 课前交流

上节课，老师让同学们分小组搜集玄奘的资料，现在进行资料的交流分享。

3. 分组交流

4. 教师评价

从资料整理、PPT制作、仪容仪态、声音表达等方面进行综合评价，并选出两个优秀组。

5. 附：玄奘图片、玄奘之路，如图5–16所示。

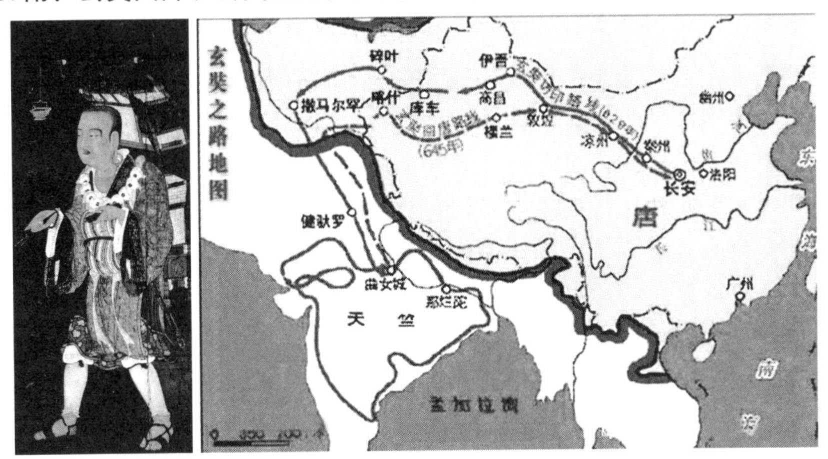

图 5–16

第二课　一路向西

（建议5课时）

【教学目标】

（1）阅读经典片段：《猴王出世》《三打白骨精》，能进行简单赏析。

（2）有计划有步骤地阅读《西游记》整本书。

（3）欣赏影视作品《大闹天宫》《西游记》，戏曲作品《孙悟空三打白骨精》等，了解文艺的多元表现形式。

【教学过程】

第1课时　片段赏析

1. **片段简介**

《猴王出世》《第二十七回尸魔三戏唐三藏圣僧恨逐美猴王》。

2. **片段赏析：《猴王出世》（选文略）**

《西游记》第二十七回　尸魔三戏唐三藏　圣僧恨逐美猴王。

…………

好妖精只见那行者自南山顶上，摘了几个桃子，托着钵盂，一筋斗，点将回来，睁火眼金睛观看，认得那女子是个妖精，放下钵盂，掣铁棒，当头就打。唬得个长老用手扯住道：“悟空！你走将来打谁？”行者道：“师父，你面前这个女子，莫当做个好人。他是个妖精，要来骗你哩。”三藏道：“你这猴头，当时倒也有些眼力，今日如何乱道！这女菩萨有此善心，将这饭要斋我等，你怎么说他是个妖精？”行者笑道：“师父，你那里认得！老孙在水帘洞里做妖魔时，若想人肉吃，便是这等：或变金银，或变庄台，或变醉人，或变女色。有那等痴心的，爱上我，我就迷他到洞里，尽意随心，或蒸或煮受用；吃不了，还要晒干了防天阴哩！师父，我若来迟，你定入他套子，遭他毒手！”那唐僧那里肯信，只说是个好人。行者道：“师父，我知道你了，你见他那等容貌，必然动了凡心。若果有此意，叫八戒伐几棵树来，沙僧寻些草来，我做木匠，就在这里搭个窝铺，你与他圆房成事，我们大家散了，却不是件事业？何必又跋涉，取甚经去！”那长老原是个软善的人，那里吃得他这句言语，羞得个光头彻耳通红。三藏正在此羞惭，行者又发起性来，掣铁棒，望妖精劈脸一下。那怪物有些手段，使个解尸法，见行者棍子来时，他却抖擞精神，预先走了，把一个假尸首打死在地下。唬得个长老战战兢兢，口中作念道：“这猴着然无礼！屡劝不从，无故伤人性命！”行者道：“师父莫怪，你且来看看这罐子里是甚东西。”沙僧搀着长老，近前看时，那里是甚香米饭，却是一罐子拖尾巴的长蛆，也不是面筋，却是几个青蛙、癞虾蟆，满地乱跳。长老才有三分儿信了，怎禁猪八戒气不忿，在旁漏八分儿唆嘴道：“师父，说起这个女子，他是此间农妇，因为送饭下田，路遇我等，却怎么栽他是个妖怪？哥哥的棍重，走将来试手打他一下，不期就打杀了；怕你念甚么《紧箍儿咒》，故意的使个障眼法儿，变做这等样东西，演幌你眼，使不念咒哩。”……

3. 讨论交流

（1）《猴王出世》中美猴王“美”在何处？你觉得他身上具备什么性格特点？

（2）《三打白骨精》中妖精变化了几次？分别变成了哪几个人物？唐僧在悟空屡屡打死妖精后的心理及语言有什么变化？是怎样变化的？

（3）选择一个片段分角色朗读。

第2课时　影视链接

1. 观作品

利用课余时间观看影视戏曲作品，推荐观看：

上海美术电影制片厂《大闹天宫》。

江苏省动漫企业慈文紫光数字影视有限公司《西游记》。

电视剧《西游记》，主演：六小龄童、迟重瑞等。

星皓影业有限公司《西游记之孙悟空三打白骨精》。

京剧《孙悟空三打白骨精》，主演：程和平、张慧芳。

2. 写感受

就自己印象深刻的影视戏曲作品写简单的影评、评论或观后感。

第三课　西游人物志

（建议2课时）

【教学目标】

（1）对西游师徒四人的人物形象、性格特点、人性利弊有较为客观的认识，并能用自己的语言表述。

（2）在了解人物的基础上进行想象创作，创编儿童诗《假如我是孙悟空》，并集结成册。

【教学过程】

第1课时　我为师徒画像

（1）课前交流：《西游记》中的师徒四人可谓是性格迥异，每个人在去西天取经的途中都发挥着不同的作用，现在，我们简单地对他们进行性格总结。

（2）分小组制作人物名片（例）。

姓名：唐僧　　　　　　　　**职位：**师傅

性格特点：诚心向佛，顽固执着，举止文雅，性情和善，佛经造诣极高。

（3）评选优秀名片制作奖。

第2课时　诗歌创编

（1）布置任务。以《假如我是孙悟空》为题，创编诗歌。

（2）教师点评、修改。

（3）集结成册。

六、课程评价

1. 多元化评价

评价主体的多元化。本课程提倡的是既要有教师的评价，也要有学生的自评、互评以及家长的参与。尤其是家长参与学生的日常过程性评价，既能客观真实地反映孩子的进步和成长，也能营造家庭学习氛围。

评价标准的多样化。新课程以学生的发展为本，提倡“儿童在中央”，这样的要求体现在评价上，就不能一味地以统一的尺度去衡量所有的学生，要关注每一个孩子个体的发展，让他们获得成功的喜悦、收获的快乐和探索的自信。这就要求教师为他们设计合理的评价体系，让他们乐于参与，乐于阅读。

2. 评价表（见表5–23）

表5–23“古典文学宝藏——《西游记》”课程学生评价表

班级：________　　　　　　　　姓名：________

评价项目	评价内容	评价等级	学生自评	同学互评	家长评价	教师评价
学习表现	对参与活动感兴趣	优秀★★★ 良好★★ 合格★				
	主动积极投入，乐于合作					
	善于倾听，勇于表达					
学习能力	阅读能力	优秀★★★ 良好★★ 合格★				
	交流、表达能力					
	勤思考、好提问、能质疑					
实践能力	掌握学过的知识，能运用	优秀★★★ 良好★★ 合格★				
	举一反三，能将学过的知识运用到其他学科领域					

1. 学生感悟

这次活动，让我有机会重新翻阅《西游记》原著，原来跟我小时候看的动画片有那么多的不同，对于《西游记》的解读，我又上了一个台阶，又重新认识了唐僧师徒四人。

——尚佳怡

2. 学生制作人物名片，如图5–17所示。

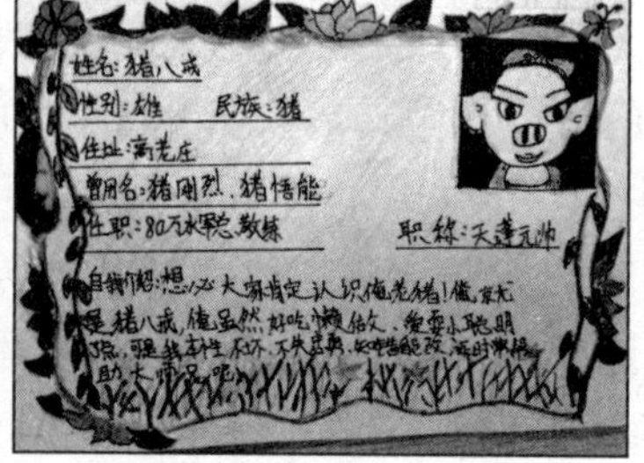

图 5–17

语言的艺术——相声

王 丹 吴凤梅

一、课程开发背景

相声，一种民间说唱曲艺，2008年，相声被国务院列入第二批国家级非物质文化遗产名录。相声在两岸三地有不同的发展模式。然而，在二十世纪晚期，以侯宝林、马三立为首的一代相声大师相继陨落，相声事业陷入低谷。

人教版小学语文五年级下册第三组中，马季和郭启儒的名段《打电话》作为一篇略读课文，既让学生走近了相声这一我国传统语言表演艺术，又让他们通过这种喜闻乐见的形式感受到了相声的艺术形式，语言特色。本课程的开发，旨在为学生补充相声的相关知识，让他们在更丰富的学习活动中，了解相声，喜爱相声，从而更深刻地感受语言表达的艺术，继承和发扬我国的传统文化。

二、课程目标

（1）了解相声的名称由来、发展历史，以及相声的艺术特点、分类、流派等。

（2）运用网络收集素材并整理信息，通过小组合作探究的学习方式，开展名家名段的赏析。练说的活动，在培养学生的信息处理能力、自主探究和合作的能力的同时，培养学生的口头表达能力。

（3）在对中国传统曲艺形式——相声的深入了解中，让学生进一步认识中华文化的丰厚博大，汲取民族文化智慧，热爱祖国优秀传统文化的情感，继承和发扬我国的传统文化。

三、课程内容

“语言的艺术——相声”课程内容的整体设计思路是：以“走进相声艺术，感受语言魅力，继承传统文化”为课程开发的总切入口，在架构课程框架和设计教材内容时，遵循高年级学生的认知特点，以人教版小学语文五年级下册第三单元《打电话》的学习为契机，让学生了解相声这一传统曲艺形式，通过网络查找、信息共享、资源整合、课外拓展等学习形式，提升学生自主合作探究能力，培养学生在课程中产生的民族文化认同感和创新能力。同时，注重语文与生活的联系，使学生在感兴趣的自主活动中全面提升语文素养。课程内容的基本框架见表5-24。

表5-24 “语言的艺术——相声”课程内容的基本框架

教学板块	课题	主要内容	课时
1	相声大杂烩	（1）相声的由来及发展历史 （2）相声的艺术特点 （3）相声的分类、流派等	3课时
2	相声名家秀	（1）了解相声早期代表人物张三禄、朱绍文及其作品 （2）了解中华人民共和国成立后代表人物马三立、侯宝林、刘宝瑞及其作品 （3）了解当代相声演员马季、姜昆及其作品	3课时
3	相声名篇展	（1）侯宝林《醉酒》赏析 （2）马三立《逗你玩》赏析 （3）刘宝瑞《珍珠翡翠白玉汤》赏析 （4）姜昆《虎口遐想》赏析 （5）马季等《五官争功》赏析 （6）李金斗《武松打虎》赏析 （7）郭德纲、于谦《西征梦》赏析	2课时
4	相声新天地	（1）我心目中的相声大师（分小组收集自己喜欢的相声大师、名家的资料和作品，用PPT的形式展示） （2）相声表演的技术与艺术 （3）你逗我捧说相声（选择自己喜欢的相声片段，同学合作排练并表演）	3课时

四、课程实施

（1）适合范围：五、六年级，可单独使用，也可与人教版五年级下册同步使用。

（2）课时计划：建议10课时左右。

（3）教学准备：多媒体教室。

五、课例展示

第一课　相声大杂烩

（建议3课时）

【教学目标】

（1）熟悉相声的由来、发展历史。

（2）了解相声的艺术特点。

（3）了解相声的分类、流派。

【教学过程】

1. 预习交流

师：课前自由查阅资料，了解相声的相关信息：由来、发展历史、艺术特点等。摘录要点，并做成资料卡片，课堂上自主交流。

2. 梳理知识点

师：小结学生搜集的资料，归纳知识点。

（1）相声的由来。

相声，一种民间说唱曲艺。相声一词，古作象生，原指模拟别人的言行，后发展为象声。象声又称隔壁象声。相声起源于华北地区的民间说唱曲艺，在明朝即已盛行。经清朝时期的发展直至民国初年，相声逐渐从一个人模拟口技发展成为单口笑话，名称也就随之转变为相声。一种类型的单口相声，后来逐步发展为多种类型：单口相声、对口相声、群口相声，综合为一体。相声在两岸三地有不同的发展模式。

（2）相声的发展历史。

相声一词，古作象声，原指模拟别人，又称隔壁相声。经华北地区民间说唱曲艺进一步演化发展，并融入了由模拟口技等曲艺形式，一般认为于清咸丰、同治年间形成。是以说笑话或滑稽问答引起观众发笑的曲艺形式。至民国初年，象声逐渐从一个人模拟口技发展为单口笑话，名称随之转变为相声。后逐步发展为单口相声、对口相声、群口相声，综合成为名副其实的相声。经过多年发展，对口相声最终成为最受观众喜爱的相声形式。

（3）相声的艺术特点。

晚清年间，相声就形成了现代的特色和风格。主要用北京话，各地也有“方言相声”。

相声形成过程中广泛吸取口技、说书等艺术之长，寓庄于谐，以讽刺笑料表现真善美，以引人发笑为艺术特点；以“说、学、逗、唱”为主要艺术手段。

（4）相声的分类。

按人数：单口相声、对口相声、群口相声。

按内容功能：讽刺型相声、歌颂型相声、娱乐型相声。

按著作时代：传统相声、新相声、当代相声。

3. 制作相声知识小报（略）

第二课　相声名家秀

（建议3课时）

【教学目标】

（1）通过走近相声名家，了解他们的生平轶事和对相声事业的贡献。

（2）赏析名家作品，体会相声的艺术特色。

【教学过程】

1. 课前准备

分小组搜集整理马三立的相关信息，如人物经历、人物轶事、艺术特色、代表组品等。

2. 学生交流

3. 马三立作品赏析（略）

第三课　相声名篇展

（建议2课时）

【教学目标】

（1）通过观赏相声视频资料、文字资料，感受相声的语言特色。

（2）能听懂相声作品的具体内容，把握相声作品的内涵、思想意义。

（3）能列举相声作品中的一两个“包袱”，了解相声的语言表现特点。

【教学过程】

1. 作品介绍

马三立《逗你玩》、马季《五官争功》。

2. 相声作品赏析

马三立的单口相声：《逗你玩》。

马季等人的群口相声：《五官争功》。

3. 小组交流

（1）单口相声和群口相声在形式上有什么不同？

（2）《逗你玩》想要告诉我们的是什么道理？

（3）你觉得《五官争功》里面哪个地方最可乐？列举一两处“包袱”笑料。

（4）分角色朗读两段相声作品。

第四课　相声新天地

（建议3课时）

【教学目标】

（1）了解喜欢的相声大师的相关资料信息，分小组交流展示。

（2）了解相声表演的技术与艺术特色。

（3）了解相声表演的基本功种类，初步练习相声的基本功——贯口，分小组表演相声选段。

【教学过程】

1. 了解相声表演基本功种类

在传统上，相声艺人把相声的基本功细分为十三门：要钱、口技、数来宝、太平歌词、白沙撒字、单口相声、逗哏、捧哏、群口、相声怯口/倒口、柳活、贯口、开场小唱。

2. 口技欣赏

相声欣赏《洛桑学艺》。

3. 贯口欣赏《报菜名》《地理图》

《报菜名》节选

传统相声中著名的《报菜名》（原名《满汉全席》）早已脍炙人口，也很具“贯口”的特点。请看其中一段：

乙：您慢慢说，后边还有什么菜？

甲：后边头一个就是蒸羊羔儿。

乙：这可是大补的菜！

甲：蒸熊掌、蒸鹿尾儿、烧花鸭、烧雏鸡、烧子鹅、炉猪、炉鸭、酱鸡、腊肉、松花、小肚儿、酱肉、香肠、什锦酥盘儿、熏鸡白肚儿、清蒸八宝猪、江米酿鸭子、罐儿野鸡、罐儿鹌鹑、卤什件儿、卤子鹅、山鸡、兔脯、菜蟒、银鱼、清蒸哈什蚂、烩鸭丝儿、烩鸭腰儿、烩鸭条儿、清拌腰丝儿、黄心管儿、焖黄鳝、焖白鳝、豆豉鲶鱼、锅烧鲤鱼、清蒸甲鱼，抓炒里脊、抓炒对虾、软炸里脊、软炸鸡、什锦套肠儿、麻酥油卷儿、卤煮寒鸦儿、熘鲜菇、熘鱼脯、熘鱼肚儿、醋溜肉片儿、烩三鲜、烩白菇、烩鸽子蛋、炒银鱼儿、烩鳗鱼、清蒸火腿、炒白虾、炝青蛤、炒面鱼、炝竹笋、芙蓉燕菜、炒虾仁儿、烩虾仁儿、炒腰花儿，烩海参、炒蹄筋儿、锅烧海参、锅烧白菜、炸海耳、烧田鸡、桂花翅子、清蒸翅子、炸飞禽、炸汁儿、炸排骨、清蒸江牙柱、糖熘芡仁米、拌鸡丝、拌肚丝、什锦豆腐、什锦丁儿、糟虾、糟蟹、糟鱼、糟熘鱼片、熘蟹肉、炒蟹肉、烩蟹肉、清拌蟹肉、蒸南瓜、酿倭瓜、炒丝瓜、焖冬瓜、焖鸡掌儿、焖鸭掌儿、焖笋、烩茭白、茄干晒驴肉、鸭羹、蟹肉羹是三鲜木须汤。

《地理图》节选

经过整理的传统相声《地理图》有这样一段：

甲：出了门，咱奔东南角。

乙：东南角。

甲：东门官银号、北海楼、龟甲胡同，万寿宫、北大关，河北大街、大红桥、西于庄子、丁字沽、南仓北仓、走蒲口、汉宫、桃花口，杨村、蔡村、河西务、安平码头、张家湾，走通县、过八里桥进齐化门，东四牌楼北京桥，交道口，出德胜门，走清河、沙河、昌平县、南口、青龙桥、康庄子、怀来县、沙城、保安、下花园、辛庄子、宣化、沙岭子、宁远、张家口、柴沟、西弯、天镇、阳高县、聚乐堡、周士庄、大同、孤山、丰镇、集宁、平地泉、三岔口、十八台、桌子山、三道营、旗下营、陶卜旗、呼和浩特、萨拉齐、西包头、过乌拉苏哈、石嘴山、宁夏回族自治区。

4. 分小组练习贯口

六、课程评价

1. 评价原则

注重过程性评价，自主评价，多元评价和交流。

2. 评价表（见表5–25）

表5–25 “语言的艺术——相声”课程学生评价表

班级：________　　　　姓名：________

评价要素	评价内容	评价等级	自评	互评
学习态度	对学习的主题兴趣浓厚	A. 非常好 B. 好 C. 较好 D. 一般 E. 需努力		
	积极参与与主题相关内容的讨论			
学习方法	信息来源渠道多样，获取信息快捷全面	A. 非常好 B. 好 C. 较好 D. 一般 E. 需努力		
	能较熟练地运用略读和浏览的方式阅读大量相关资料			
学习习惯	思维清晰，条理清楚	A. 非常好 B. 好 C. 较好 D. 一般 E. 需努力		
	及时反思，总结经验			
学习能力	善于观察、分析、思考	A. 非常好 B. 好 C. 较好 D. 一般 E. 需努力		
	有独特的见解，获得同伴的认可			

学生的感受

学习了“语言的艺术——相声”，我感到原来相声不仅仅是两个人站在那儿说话那么简单，相声有悠久的历史，需要深厚的艺术功底，里面的学问大着呢，不是每个人都能随随便便说好相声的。

——柯人

学生的相声手抄报展示，如图5–18所示。

图 5–18

第六辑

走向诗情画意

孔子说：不学诗，无以言。诗歌是一种至纯至美的文学样式。诗歌被称为文学之上乘，其语言凝练、含蓄、跳跃、以少蕴多、意境深邃。我们开设诗歌课程，是为儿童的教育生活融入诗歌这一传统文化做好铺垫，让儿童在了解诗歌背景、朗读、解读、创作的过程中提升想象力、语言表达能力、探索事物奥秘等，为儿童教育生活“补钙”。

金波里的阳光丽景

陈淑莹

一、课程开发背景

为深入贯彻十八届三中、四中、五中全会精神和《国家中长期教育改革和发展规划纲要》，教育一线工作者应当坚持立德树人，大力传承和弘扬中华优秀传统文化。《课程计划（修订）》中指出，加强学生核心素养培养、加强以开放性科学实践活动传承中华优秀传统文化，成为我们教育航路上的任务。而小学语文课程的性质及教学理念决定了其课程改革是新课程改革的重点之一。

儿童作家樊发稼说："诗歌的天然和儿童有着契合的关系，他们的想象方式、表达习惯和认知渠道都有着诗的品质，所以儿童诗可以成为儿童认知世界的道路和拐杖。"因此，将儿童诗引入语文课堂具有重要的作用，可以培养学生感受美、欣赏美和创造美的能力，感受语言的魅力，丰富自身的想象力，提高语文素养，达到以美辅德、以美促智、以美健体的目的。于是，我选择了金波。

金波的诗歌优雅而纯净，优美而抒情，而且意境优美，想象丰富，充满童趣，语言规范。诗人用爱与美为儿童营造了温馨的文学世界和成长的诗意天空。他的笔下流淌着一个个充满爱和美的、令少年儿童动情的绚丽世界。基于对金波的文学作品的了解，结合新课改、校本智慧课程的核心理念，我将展示金波的童话诗、童话故事的精选篇目，通过户外实践、摄影、绘本故事、朗诵比赛等形式，让学生获得爱与美的熏陶，德与育的引导，为学生塑造诗意的世界。

二、课程目标

（1）了解金波的人生经历、文学成就和主要艺术特点。让学生积累更多的语文常识，激起学生对金波的兴趣。

（2）运用绘本故事、朗诵比赛、摄影、户外实践等形式，培养学生的探究合作能力、想象能力、朗读能力以及阅读能力。

（3）在对金波文学作品学习的同时，感受诗人用爱与美为儿童营造的温馨的文学世界和成长的诗意天空，激发学生对生活的热爱，能用自己的语言表达内心的美好。

三、课程内容

课程内容的基本框架见表6–1。

表 6–1“金波里的阳光丽景”课程内容的基本框架

课程板块	内容预设	课时
一、对话金波	一、实践篇 （一）团队协作，接触金波 分工合作，10人左右为一组 第一团队搜查队，第二团队走访队，第三团队记者队，第四团队录制队 （二）活动展示，交流分享 每个团队派代表上台展示合作内容，学生课上交流自己对金波的基本认识与印象 （三）展示经典，领悟诗情 教师展示金波的《雨中的森林》，引出金波的几首经典诗歌，引导学生进行朗读和欣赏	1课时
二、走进金波	二、创作篇 （一）读诗歌，听其情 诵诗会。评出最能读出金波内心情感的小夜莺 （二）赏诗歌，观其理 悟诗会。欣赏《当太阳插上翅膀》诗集，引导学生从修辞手法、意象两个方面思考诗歌的特点 （三）写诗歌，创其意 写诗会。用自己的视角，写自己的诗歌 （四）配乐创作，为你读诗 用手机APP为你读诗，配乐朗读自己的作品，录音发到老师邮箱，选取优秀作品在班里进行播放欣赏 四、手绘篇 （一）感受故事魅力 （二）体会独特诗意 （三）手绘心中的乌丢丢	1课时

续 表

课程板块	内容预设	课时
三、宣传金波	五、宣传篇 （一）金波宣讲员 教师与同学们通过商讨，选出一位优秀的学生，去四年级其他班级进行宣讲 （二）金波诗歌秀 选出班级里优秀的诗歌作品，在广播站进行全校朗读 （三）童话DIY 学生自选角度进行童话创作，制作绘本	1课时

四、课程实施

五、课例展示

活动规则

每个课时都会有一个集体活动，每个活动以在集赞卡上点赞的方式进行奖励，评价通过自评、互评、师评的方式展开。课程结束，以累计集赞最多一组获得胜利。

第一课 对话金波

（建议1课时）

【教学内容】

《雨中的树林》《其实我是……》《致老鼠》。

【教学目标】

（1）欣赏金波的诗歌，初步了解金波的诗歌特点。

（2）让孩子自己借助身边的资源：网络、图书馆、同学等，了解金波，学生在实践活动中，提高搜集资料的能力、组织团结、探讨能力。

【教学过程】

1. 全民调查知金波

分组：以8到10个同学为一组，自愿组合，并填好以下表格，上交老师：

组名	成员	任务
搜查队		上网搜索金波的主要事迹，制作PPT
走访队		前去中心书城或者其他图书馆查找关于金波的经典作品集，拍成照片

续 表

组名	成员	任务
记者队		学生自己与中高年级的班主任沟通，自己设计问题，采访读过金波作品的同学
录制队		主要与第三团队合作，将采访过程拍下来，录制成视频

孺子歌导入：经过大家团结协作和课前准备，相信大家对金波先生已经有了很多的认识，那大家可能还不知道，金波从小就受儿歌的熏陶，其中有些非常有趣：

如："有钱的腊八腊八嘴，没钱的腊八腊八腿。"又如："小孩儿，小孩儿，上井台儿，摔了个跟头捡了个钱儿。又打醋，又买盐儿，又娶媳妇，又过年儿。"

但是，金波可不简单，人家不仅听歌，还会写歌嘞，接下来，就让我们来认识一位集美与爱于一身的童话诗人——金波！那么现在有请各小组派代表上台展示成果吧！

2. 八仙过海话金波

（1）展示：每个团队派代表上台展示合作内容，学生课上交流自己对金波的基本认识与印象。

（2）小结：金波，被称为中国文学界"最接近安徒生的人"，美和爱是金波诗歌中常写常新的主题，他的笔下流淌着一个个充满爱和美的、令少年儿童动情的绚丽世界。因此，评论家把金波的儿童诗誉为"美的向导，爱的使者"，是"爱"与"美"的艺术品。

3. 聚焦金波儿童诗

师：他曾经这样评价自己："睁开眼睛看自己，已进入了老年；闭上眼睛看自己，还是那个孩子。从孩子变老人，从老人回到童年……"而他的诗歌真的就有他孩童时的影子，让我们一起走进诗歌，寻找影子吧！

（1）旧知：欣赏四年级上册学过的《雨中的树林》。

欣赏小结：金波的诗歌善于运用比喻、拟人、夸张等修辞方法，营造优美的意境。在诗歌里，看到了快乐的小金波。

（2）拓展：引出金波的几首经典诗歌，引导学生进行朗读和欣赏。

师：多机灵的孩子，发现了金波先生用的这么多的修辞手法，让我们感受到了美丽的森林。那你们知道，这可都是要靠想象力的，不信，你看，金波先生又用他的想象力给我们写了另外几首诗歌

其实我是……

其实我是一朵云，
当我在天空，
自由地飘动时，
我想这样告诉你。

其实我是一只蝴蝶，
当我在花尖飞舞着，
看见了很多昆虫，
我想这样告诉你。

其实我是一片黄叶，
当我从树上飘落了，
把大地染成金色时，
我想这样告诉你。

师：同学们，你们是否也会像作者一样细心观察，想象自己是什么？你们还会往下编吗？

生1：其实我是太阳，当我早晨初醒，把大家都照亮时，我想这样告诉你。

生2：其实我是一滴水，当我一点一滴地滴，想把石头滴穿时，我想这样告诉你。

生3：其实我是一块蛋糕，当我在别人的生日party上，看到寿星闭眼祝福时，我想这样告诉你。

…………

师：天哪，原来我身边竟然卧虎藏龙，隐藏着这么多的诗人。

小结：金波先生还善于在诗歌中发挥奇特的想象。在诗歌里，看到了富有想象力的小金波。

师：看你们接受能力这么强，我再介绍另外一首吧，看看你们会有什么反应！请看：

致老鼠

我喜欢你们——

一双机灵的眼睛，
粉红的耳朵。
虽然爱做坏事
可我还是喜欢你们。
如果我到了你们的王国，
一定要你们，
洗脸、洗手、洗澡、刷牙。
还要教会你们，
自己劳动，做事不要偷偷摸摸。
我还要给你们，
介绍个朋友——
它的名字叫猫。

师：怎么笑得这么开心？

生1：因为猫是老鼠的天敌，金波先生还想介绍给老鼠！这不害了老鼠吗？哈哈。

（3）总结：

只有拥有童心的人，才可以写出幽默风趣的童诗。他的每一首儿童诗都是他不朽的金色童年的一次再生。生生不息，文字有灵。他的诗意境优美单纯，他的诗歌充满想象与幽默。正是如他人评价所说：有童心的生命没有老朽，有诗意的人生没有冬天。

第二课　走进金波之创作篇

（建议1课时）

【教学内容】

《让太阳长上翅膀》（诗集）

【教学目标】

（1）通过赏读诗歌，掌握金波诗歌中的特点，学习写作手法。

（2）通过创作诗歌，提高学生的审美能力和写作水平，学会细心观察生活，热爱生活。

【教学过程】

1.赏诗会

（1）谈诗。

导入：请同学们谈谈，在阅读《让太阳插上翅膀》这本诗集时，最喜欢金波的哪些诗歌？

（引：喜欢《饮一杯月光》，讲的是全家人在夏夜里乘凉时的和谐；喜欢《在校外，我遇见了老师》，很有共鸣）

（明确：学生在交流自己的看法时，学会注意回答问题时说话的完整性）

（2）赏诗。

① 金波先生的诗歌里都出现过什么呀？

生1：经常会写到花、草、树、木。

生2：还会写到风雨，狂风、微风，暴雨、毛毛雨。

师：同学们都观察得很仔细，不仅有自然风光，还有蜜蜂、蝴蝶、鸟儿、萤火，等等，都给我们展现了一幅幅美丽的自然景色，沉醉其中，又回味其中。而这些，正是诗歌中所谓的“意象”。

② 同学们又从这些诗歌意象当中感受到了什么呢？举例说明。

生1：诗集中有一首诗歌《蓝夜》，他写道“或是让人想起妈妈的宝石戒指，或是姐姐闪光的耳环”，读到这里，感觉萤火好像就在眼前一般，特别有趣。

生2：还有另外一首《一朵花是一个家》，“家里常有客人来访，有蝴蝶、有蜜蜂，留下一支歌，留下一个梦”，读起来特别优美，让我忍不住也想有这么一个家。

师：同学们都能够根据诗歌，将自己的想法正确地表达出来。

③ 金波为什么能把诗歌写得生动有趣，把诗歌写得优美如丝，是不是写作手法有什么特别之处？

生1：拟人，这个手法在诗歌中随处可见。

生2：比喻，使诗歌更加生动，让读者能够快速地感受到那样的美景与趣事。

生3：想象、联想、排比、对比，等等。

④ 听同学们讲了这么多，不如一起来亲自感受一下金波诗歌的别样风情。

菜 花

你的微笑如阳光，
把这片菜花点染成一片金黄。

真想变一只蜜蜂，
又想变一只蝴蝶，

飞近那一片花香。

更想轻轻地，
轻轻地飞近你，
沾一身阳光。

流萤

我不给你剪裁天边的晚霞，
我也不给你摘取夜空的繁星，
孩子，让我们一起，
一起去捕捉黄昏的流萤。
晚云烧得紫了，
慢慢融进苍茫的暮色中；
耀眼的小花隐去了，
山只留下它高高的身影。

快看，天边飞来几只流萤，
一会儿灭，一会儿明，
像一颗星，两颗星，
像一颗颗长着翅膀的星。
放萤火在你的枕边，
我再编一个童话给你听；
说在夏天的夜里，
有一个翠绿的梦。

我从菜园里拔一根葱管，
好放进几只流萤，
让它闪出柔和的光吧，
孩子送你一盏翠绿的灯。

①感受《菜花》：别趣生梦。

一个“你”就已经拉近作家与读者的距离感，一片金黄的菜花田野仿佛就在眼前，让人垂涎，无限地把自己想象成“蜜蜂”“蝴蝶”，更是童趣十足，直击孩子内心所想，最后说出了一个美丽的梦，沾满一身阳光的美好期待。

②感受《流萤》：时光犹醉。

两个“不给”使“捕捉流萤”更成为一件美妙的事情，伴随着云停日落，望着景色隐去，“捕捉流萤”更加期待有趣，将天上的星星比作空中的萤火，美得珍贵，美得让人情不由衷。再用“一盏翠绿的灯”诉说着夏夜的美好与捕捉过程中的喜悦。

（明确：通过同学们之间的交流，理解意象的含义、诗歌写作手法，感受金波诗歌中的童真、美好）

2. 写诗会

（1）师：学习完金波的一些描写手法后，相信同学们都会有所收获。接下来我们学以致用，让我们也当一回小诗人吧！

游戏规则：

①每人把自己带来的图片或者展示图片，粘贴在A4卡纸上。

②模仿金波的写作方法，根据图片内容进行诗歌创作，将作品写在A4卡纸的空白处，制作成图文并茂的作品。

③将通过点赞卡的方式给予获胜者奖励。

（2）图片，如图6–1所示。

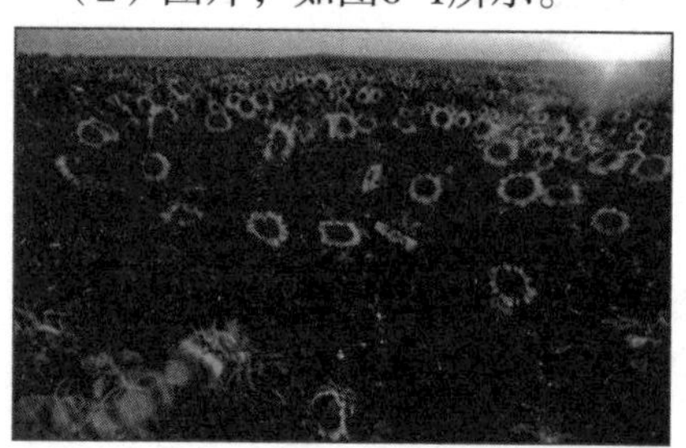

夕阳下的朵朵葵花

初秋的片片落叶

行走逶迤的公路

夏日里的绿荷

图 6–1

（3）展示学生作品。

（明确：让学生利用自己拍摄的图片，通过观察与想象创作诗歌，并且制作成品。让学生在活动中既锻炼了动手能力，又可以巩固前面所学的诗歌知识点）

3. 为你读诗

（1）师：看了同学们的作品，老师心中又惊又喜，我们班里竟有这么多小诗人，谁来跟我们分享一下你的诗歌呢？

（2）师：同学们都写得很好，我们利用iPad教具下载为你读诗，进行配乐，朗读自己创作出来的作品，完成后录音发给老师，老师在课后选取优秀作品在班里进行播放欣赏。

第三课　走进金波之手绘篇

（建议1课时）

【教学内容】

《乌丢丢的奇遇》（小说）。

【教学目标】

（1）读《乌丢丢的奇遇》，学生能够概括课文，并进行批注品读。

（2）利用扇子DIY活动，发挥学生的想象力与创造力。

【教学过程】

1. 感受故事的魅力

（1）师：《乌丢丢的奇遇》受到小朋友的喜欢，蕴含着诗意的哲学，老师也特别喜欢，你们呢？跟我们分享你最喜欢的故事吧！

生1：我最喜欢《重返童年晚会》那一章节，讲了不倒翁、陀螺、鬃人等，给吟老举办了“重返童年”的聚会，吟老回忆起了童年很多事情，场面欢乐、温馨，可是也带着些许悲伤。因为吟老现在独身一人。

…………

（2）师：那大家有没有喜欢故事中的哪个人物，你想对他说什么呢？

生1：我最喜欢吟老了，我想对他说：吟老，您真是学识渊博、心地善良。

师：我也这么觉得，我们要向吟老学习！还有吗？

生2：喜欢乌丢丢，我想对他说：虽然你刚开始不懂感恩、不懂爱，但是最终你牺牲自己，成为珍儿的另一只脚，我很为你骄傲！

师：每个人都会有成长的过程，在这个过程中，就需要我们的包容。

…………

师：同学们都能够各抒己见，慢慢去感受人物身上所特有的闪光点，慢慢去感受这个故事带给我们的心灵启迪。

2. 体会独特的诗意

（1）师：读这部童话，使我想起了法国诗人福兰的诗句："在他那永恒的童年的原野，诗人独自留连，不愿忘记任何点滴。"比如晚会上吟老的回忆，比如乌丢丢对布袋爷爷的怀念。你还在书的哪里感受到了诗意的童年呢？

（2）师：《乌丢丢的奇遇》这本书还跟其他的童话小说不一样，不一样在哪里？

生：十四行诗。

师：没错，小说以"十四行诗"连成奇特的"花环"——故事的十四章，前一章开篇的十四行诗的尾句与后一章开篇的十四行诗的首句是相同的，而尾声的十四行诗又是由前十四章的十四行诗的首句组成。这是一种独特的"诗体童话"，它体现了金波先生创作一以贯之的唯美主义风格和浪漫主义情韵。

师：哪位同学来给我们读一读你最喜欢的诗歌？

（3）展示诗歌：

它知道我的歌应当献给谁，
我不会忘记爱是生命的源泉，
爱还是生存的阳光空气和水，
以爱回报爱回归生命的家园。

我愿像一片雪融进另一片雪，
把我的生命融入另一个生命，
像一片绿叶贴着另一片绿叶，
让我们彼此呵护着慢慢消融。

就把我这些诗献给我的土地，
让诗的种子在土里发芽开花，
就把我这些诗献给至爱的你，
让我的灵魂有一个最后的家。

是无私的爱养育了我这颗心，
告诉我该到什么地方去追寻。

感受：这是最后一章的诗歌，乌丢丢因为救火导致自己变成先前的样子，只有一只腿，没有可爱的脸蛋，没有漂亮的衣服，但是乌丢丢却觉得自己很充实，因为他心里有爱，漫长的旅途让他明白感恩是多么宝贵。作者将乌丢丢的经历写成一首诗，将乌丢丢的所思所想变成诗意的文字，让童话也变成一首抒情诗。

2. 手绘心中的乌丢丢

师：同学们可4人为一个小组，选取十二个篇章里最感兴趣的一个篇章，通过自己的想象，在空白扇子上创作一幅图，并自行为故事内容编诗。

学生作品展示，如图6–2（a）~图6–2（e）所示：

（a） 种鸡蛋的芸儿

（b） 三人讨论

（c） 第一次见到诗篓子

（d） 小木偶与吟老分别

（e） 小木偶冒险记

图 6–2

六、课程评价

1. 评价原则

评价尺度个性化。教育越来越关注人的个性化发展，越来越关注教育发展规律和儿童身心发展规律，儿童的发展存在差异性。所以，在评价尺度上不宜整齐划一，不能只看当下结果忽视未来发展，不能只看单人的或单一的评价，而应综合的、全面地评价。课程改革的目的不是打击人，而是在学习中让学生发现自我、发现自己的特长和兴趣、发展自己的人格和品质，体验失败和快乐，体验成长的滋味，从而获得成长的动力和力量。

过程评价和成果评价相结合。对于评价，斯塔弗比尔姆认为："评价最重要的意图不是为了证明（prove），而是为了改进（improve）。"因此，我们的课程实施评价既观测态度又关注成果、既有动态评价又有档案呈现、既有书面表达又有能力表现，对学生的学习活动做一个中肯清晰的、发展性的评价，以促进学生的身心健康发展。

2. 具体评价方式（见表6–2）

表 6–2"金波里的阳光丽景"课程评价表

评价内容	评价细则	自评	互评	老师的话
调查金波	★团队协作配合紧密			
	★上台交流分享自信大方			
	★能围绕金波展开调查			
创作诗歌	★能完整完成创作过程			
	★主题鲜明，能再现文学作品内涵			
	★诗歌情感丰富感人			
	★团队分工有序，合作成功			
	★准确有感情地朗读			
课程收获	★增长了知识，丰富了学习生活			
	★提升了探究实践和团队合作能力			
	★体验了学习的快乐和成功的自豪			

学生利用树叶、卡纸制作书签，如图6–3所示。

图 6–3

诗韵霓裳——快乐吟诵

赖怡渊

一、课程开发背景

深圳市颁发的《关于深化中小学课程改革全面提升教育质量的指导意见》（2015年2月）在主要目标中提出，“打造特色鲜明的课程体系。高效落实国家课程，大力丰富地方课程，精品建设校本课程，扩大课程选择性，促进各学段课程有机衔接，形成开放、多元、现代的特色课程体系”。

近年来，学校积极探索构建富有校本特色、充满活力的3H智慧课程体系，以满足学生个性化和多元化发展的需要，促进学生多元化、和谐化发展。而吟诵是我国传统的读书的方式之一，也是传统中国人精神世界中曾经拥有的一项重要内容。

本课程旨在应用吟诵法引导学生自然入境，或抑扬顿挫，或长短疾徐，或轻重张弛，力求通过心、眼、口、耳并用的活动，循序渐进、由表及里地体味出诗人独特的情致及韵味，以此获得古诗的音韵美的体验。

二、课程目标

（1）了解吟诵。随着吟诵时声音的抑扬顿挫、语速的急徐变化、腔调的婉转曲折，走进作品的意境中，充分领略古诗的意境之美。

（2）走进吟诵。开设经典诗文诵读活动，增强学生的理解感悟能力，提高学生的语文综合素质和人文素养。

（3）感悟吟诵。通过吟诵方式体会古诗词的美感，使学生获得古诗音韵美的体验。

三、课程内容

课程内容的基本框架见表6–3。

表6–3 “诗韵霓裳——快乐吟诵”课程内容的基本框架

教学板块	课题	主要内容	课时
1	古风诗韵	（1）了解吟诵 （2）吟诵技巧 （3）欣赏《池上》《风》《江雪》等吟诵	1课时
2	吟诵之美	（1）学习吟诵《静夜思》《春晓》，初知吟诵规律 （2）学习吟诵《夏日绝句》，寻找自己的吟诵风格 （3）根据规律，自己创写诗词	4课时
3	霓裳曼舞	配乐开展吟诵展示活动	1~2课时

四、课程实施

（1）适合范围：一、二年级，可以独立使用。

（2）课时计划：6~7课时。

（3）教学准备：多媒体教室。

五、课例展示

第一课　古风诗韵

（建议1课时）

【教学内容】

吟诵知识，欣赏《池上》《风》《江雪》。

【教学目标】

了解吟诵；初感吟诵之美。

【教学过程】

1. 吟诵简介

吟诵，是汉文化圈中的人们对汉语诗文的传统诵读方式，也是中国人学习文化时高效的教育和学习方法，有着两千年以上的历史，代代相传，人人皆能，在历史上起到过极其重要的社会作用，有着重大的文化价值。汉语的诗词文赋，大部分是使用吟诵的方式创作的，所以也只有通过吟诵的方式，才能深刻体会其精神内涵和审美韵味。因而吟诵也是汉语诗文的活态。吟诵是我国优秀的非物质文化遗产代表作，是公认的中国文化所具有的独特魅力之一，在国际上享有很高的声誉。吟诵汉诗在海外一直盛行不衰，不仅在华人中间，而且在日本、韩国等很多汉文化圈国家中，也一直流传，比如日本的吟诗社社员就有百万人以上，他们经常来中国交流访问。

2. 吟诵规则讲解

（1）吟诵者有一些基本调：平长仄短、依字行腔。

（2）吟诵者可以用基本调吟诵任何诗词文赋。

（3）吟诵的要求有高低之别，分低、中、高三级。

3. 初步感受吟诵

欣赏《池上》《风》等吟诵。

池上

小娃撑小艇，
偷采白莲回。
不解藏踪迹，
浮萍一道开。

吟诵建议：这是一首平起五言绝句。吟诵时应拖长：娃、莲、回、踪、萍、开。

风

解落三秋叶，
能开二月花。
过江千尺浪，
入竹万竿斜。

吟诵建议：这是一首仄起五言绝句。句句咏“风”而不见“风”。吟诵时应拖长：秋、开、花、江、竿、斜。

第二课　吟诵之美

（建议4课时）

【教学内容】

学习吟诵《静夜思》《春晓》《夏日绝句》。

【教学目标】

（1）学习吟诵《静夜思》《春晓》，初知吟诵规律。

（2）学习吟诵《夏日绝句》，寻找自己的吟诵风格。

（3）根据规律，自己创写诗词。

【教学过程】

1. 学习吟诵《静夜思》《春晓》，初知吟诵规律

（1）创境导入。

（配乐）中国文字历史悠久，意蕴悠长。这些美丽而又富有魅力的文字生来就给使用它的人带来了诗的灵性，在浩瀚的中华文化中，诗词歌赋让我们体会到了汉字的意蕴之美。而当你读起它们，那变幻无穷而又美妙动听的韵律便会从你的唇齿间缓缓流出，或如昆山玉碎，或如明珠落盘，或轻快明朗，或如泣如诉。今天就让我们一起循着汉字的音韵，探寻古诗文别样的情思与味道。

（2）透过声音品味古诗。

每当夜晚来临，那浩瀚碧空中的一轮明月，总会勾起我们无限的遐思，多少传唱古今的经典佳作就在对月喟叹中吟就而成。今天，我们就来学习一首在月夜写就的古诗。（课件出示《静夜思》，请学生读题目）

① 指导理解“思”，并纠正读音（课件出示）。

② 了解诗歌题目的意思，了解古诗的平仄。

③ 指导学生用手势表示平仄，朗诵古诗。

④ 尝试吟诵。教师示范，学生尝试吟诵。

⑤ 了解李白生平，指导学生融入感情，练习吟诵。

⑥ 学生展示吟诵，师生互评。

（3）拓展练习。

同学们，古诗的吟诵就是这么简单，平长仄短、依字行腔中，你便吟出了有着自己独特味道的诗歌。并通过高低起伏的声音，体会到了诗人的情感。我们也可以把这节课学到的吟诵方法运用到其他古诗的学习中。

① 指导学生运用吟诵符号，标出《春晓》诗句中的平仄。

② 配合手势，师生共同诵出正确的平仄。

③ 学生朗读前两句，尝试用自己的调子吟唱后两句。

④ 教师展示一个快节奏吟诵，一个慢节奏吟诵。

⑤ 体会诗歌中的情感，指导学生随着教师的手势，吟出对春日的喜爱。

2. 学习吟诵《夏日绝句》，寻找自己的吟诵风格

（1）李清照生平简介。

（2）典故。

① 人杰：人中的豪杰。汉高祖曾称赞开国功臣张良、萧何、韩信是“人杰”。

② 鬼雄：鬼中的英雄。屈原《国殇》：“身既死兮神以灵，魂魄毅兮为鬼雄。”

③ 项羽（公元前232—前202）：秦末下相（今江苏宿迁）人。曾领导起义军消灭秦军主力，自立为西楚霸王。后被刘邦打败，突围至乌江（在今安徽和县），自刎而死。

（3）了解《夏日绝句》音韵格律。

① 格律：平平仄平平，仄仄平仄平。仄平平仄仄，仄仄仄平平。

② 押韵：本诗押的是“一东韵”，一个很开阔雄浑的韵。

（4）听录音，正音、掌握诗歌节奏。

① 播放诗歌吟诵录音。

② 教师示范吟诵，同桌练习。

③ 学生展示。

（5）融入感情，进行吟诵。

（6）拓展内容。

① 推荐儿童音韵启蒙书籍《笠翁对韵》。

② 播放《笠翁对韵》“东”韵的录音。

③ 学生谈感受，师示范，学生练习。

④ 学生展示，师生互评。

第三课　霓裳曼舞

（建议1~2课时）

【教学内容】

编排吟诵节目。

【教学目标】

在美轮美奂的节目编排中，让学生初步感受吟诵的音韵美。

吟诵剧本：（30名学生席地而坐，古琴乐起，吟诵声起，灯光渐强）

【教学过程】

1. 集体吟诵《宿新市徐公店》（杨芬调）

篱落疏疏一径深，
树头花落未成阴。
儿童急走追黄蝶，
飞入菜花无处寻。

2.《诗经》之《蒹葭》吟诵

来，我们来吟诵《诗经》。

（乐起，蒹葭调）

领：蒹葭苍苍，白露为霜，

齐：所谓伊人，在水一方。

领：溯洄从之，道阻且长，

齐：溯游从之，宛在水中央。

领：蒹葭凄凄，白露未晞，

齐：所谓伊人，在水之湄。

领：溯洄从之，道阻且跻，

齐：溯游从之，宛在水中坻。

3.《诗经》之《螽斯》吟诵

（乐起，螽斯调，一起击案而歌）

齐：螽斯羽

生：诜诜兮，宜尔子孙振振兮。

齐：螽斯羽

生：薨薨兮，宜尔子孙绳绳兮。

齐：螽斯羽

生：揖揖兮，宜尔子孙蛰蛰兮。

六、课程评价

1. 评价原则

立足过程，促进发展。现代的评价观的目的在于促进学生的发展，淡化甄别与选拔功能，突出评价的激励与调控功能。激发学生、教师内在的发展动力，促进其不断进步，实现自身价值。

全面关注，多元评价。评价内容综合化，评价主体多元化，评价方式多样化，关注过程，将评价过程与评价结果相结合，全面关注。

2. 具体评价方式（见表6–4）

表 6–4“诗韵霓裳——快乐吟诵”课程评价表

评价内容	评价细则	自评	互评	老师的话
个人参与	★积极参与，热情度高			
	★出谋划策，争做领袖			
	★特别能表现故事人物的精神风貌			

续 表

评价内容	评价细则	自评	互评	老师的话
小组合作	★能够主动合作，有竞争意识			
	★主动表达，勇挑重担			
	★团队分工有序，合作成功			
	★创新意识，善于学习			
	★有自己满意的摄影文学作品或者作文呈现			
课程收获	★增长了知识，丰富了学习生活			
	★提升了探究实践和团队合作能力			
	★体验了学习的快乐和成功的自豪			

学生吟诵，如图6–4所示。

图 6–4

与古诗词共舞，触摸经典

王晓英

一、课程开发背景

诗歌是文学宝库中的瑰宝，我们民族文化教育精神的一个庞大载体，是我们民族生存的根基。古今中外的诗人们，用生花妙笔写下了无数优美的诗篇，经过时间的筛选，优秀诗歌已成为超越民族、超越国界、超越时空的不朽经典，叩击着一代又一代人的心灵，给人们以艺术的享受和熏陶。

《义务教育语文课程标准》要求小学生要背诵积累一定的古今优秀诗文。并提出不同年段的学习目标。其目的就是让孩子们在接受优秀传统文化熏陶的同时，养成良好的道德品格。为了能够从小就汲取优秀传统文化中的营养，继承和发扬中华民族的灿烂文明，实现人的全面发展，就需要孩子多背诵积累古诗词。

六年级的学生，在文学积累方面已经有了一定的底蕴，但是对诗歌的欣赏及积累方面还有所欠缺，为了丰富孩子们的精神世界，提升其语文能力素养，激发学生对语言文字的热爱之情，我开发了“与古诗词共舞，触摸经典”课程。

二、课程目标

（1）了解古诗词的起源及发展变化过程，了解诗人的生平经历。

（2）背诵积累古诗词，大体把握诗意，想象诗歌描述的情境，体会不同类型诗歌的感情色彩。

（3）培养学生的古诗词鉴赏能力，激发其对古诗词的热爱。

三、课程内容

课程内容的基本框架见表6–5。

表 6–5 “与古诗词共舞，触摸经典”课程内容的基本框架

教学板块	课题	主要内容	课时
1	探发展，明诗律	（1）探究诗歌起源 （2）了解诗歌发展变化过程 （3）掌握不同类别的诗歌特点	4课时
2	读故事，知诗人	（1）搜集诗人小故事 （2）班内汇报交流	2课时
3	品诗词，悟诗境	（1）按不同的分类标准，搜集整理诗歌 （2）选择比较经典的诗词品析，学会鉴赏诗词，悟诗词之美 （3）背诵积累	8课时
4	试创作，展诗集	（1）学生尝试创作，点评修改 （2）给诗词配画，编辑成集	3课时

四、课程实施

（1）适合群体：开发的课程内容较适合五、六年级的学生学习。

（2）课时计划：课下搜集资料与课堂交流展示相结合，背诵积累与吟诵展示相结合。预计需要近20个课时。教师根据学生需求、自身特点、课时长度加以取舍。

（3）教学准备：多媒体、相关书籍、视频、图片。

五、课例展示

第一课　探发展，明诗律

（建议4课时）

【教学内容】

中国古代诗歌发展及诗歌特点。

【教学目标】

（1）了解中国古典诗歌起源及发展概况，掌握诗歌特点。

（2）培养学生合作探究能力。

（3）培养对中国古典诗歌的热爱之情。

【教学过程】

1. 视频激趣，初知诗韵

同学们，对于古诗的了解与认知，相信你们在学龄前就已经开始了，还记得你会背的第一首古诗吗？你有没有用这种形式来背过古诗呢？

师播放吟诵视频，让学生谈谈，你从中听出了什么？

2. 探究合作，理清脉络

学生按学习小组合作，完成下面的学习单：

（1）诗歌概述。

①什么叫作诗歌？

②诗歌的源头是什么？最早的诗歌集是《　　　　》。

（2）诗歌发展。

诗歌发展经历了几个阶段，每个阶段都有哪些特点？

（3）诗歌分类（每类各举一例古诗做说明）。

①按音律分：

②按内容分：

3. 汇报交流，思维碰撞

孩子们把搜集到的资料以PPT、电子小报、手抄报等形式展示。各小组在与其他小组交流后，修订并完善自己的学习单，理清古诗的发展演变规律。

4. 重吟诗歌，再悟诗韵

学生跟着吟诵视频，再次诵读诗歌，更深入地体会诗歌的韵律。并在反复诵读中，感受诗韵之美，激发对诗歌的热爱。

第二课　读故事，知诗人

（建议2课时）

【教学内容】

阅读与历代诗人有关的故事，了解诗人的生平经历及诗歌写作背景。

【教学目标】

（1）了解诗人的生平，以及诗歌创作背后的故事。

（2）通过故事会的形式，讲述自己喜爱的诗人故事。激发学生对诗人的敬仰之情。

【教学过程】

1. 课前阅读，了解生平

（1）教师推荐一些比较脍炙人口的诗人故事，在班后宣传栏展示，并定期更换，供学生阅读。

（2）课间观看诗人故事视频，寓教于乐，更大地激发学生了解诗人的兴趣。

（3）学生自己购买相关书籍，阅读与诗人有关的故事。

2. 课上展示，明了诗人

以“我心中最伟大的诗人”为主题，采用故事会的形式，学生上台讲述自己最喜欢的诗人故事。通过故事讲述的形式，让学生更多、更深入地了解诗人的生平、诗歌创作背景。激发学生对诗人的敬仰之情。

3. 摘录故事，呈现精彩

李白和孟浩然的故事

唐玄宗开元十三年（公元725年），李白乘船从四川沿长江东下，一路游览了不少地方。在襄阳（今湖北襄樊），他听说前辈诗人孟浩然隐居在城东南的鹿门山中，特地去拜访他。孟浩然看了李白的诗，大加称赞，两人很快成了挚友。孟浩然热情地款待了李白，并留他住了10多天。

公元730年阳春三月，李白得知孟浩然要去广陵（今江苏扬州），便托人带信，约孟浩然在江夏（今武汉市武昌）相会。这天，他们在江夏的黄鹤楼愉快地重逢，各诉思念之情。几天后，孟浩然乘船东下，李白亲自送到江边。船开走了，李白伫立江岸，望着那孤帆渐渐远去，惆怅之情油然而生，便挥就了《黄鹤楼送孟浩然之广陵》。这首诗首句点明送别之地是黄鹤楼，次句点明送别的时间是花开似锦的暮春三月，也暗示了这烟花美景将伴随友人一路直到扬州。扬州当时是繁华之都，这时节肯定也是花团锦簇，春光烂漫。后两句传情达意，诗人将离别之情寄托在碧空与江水之间，言虽尽而意未尽，令人回味无穷，堪称送别佳作。

第三课　品诗词，悟诗境

（建议8课时）

【教学内容】

欣赏、诵读、积累古诗词。以王维的《山居秋暝》展开教学。

【教学目标】

（1）理解诗歌意象，梳理作品脉络，把握作品的内容和主旨；学会联系诗歌创作的时代背景及诗人的人生经历欣赏诗人的代表作品。

（2）培养学生的古诗赏析能力，使其能对诗歌进行多元化的富有创意的解读。并能积累背诵。

（3）诗词的情感体验内化为自己的情感体验，进而陶冶情操，理解人性的丰富、社会生活的多样性，建构其精神生活的基本范式和人文底蕴。

教学策略与手段：朗诵、赏读、吟诵、背诵。

【教学过程】

1. 诗意导入

走进古典诗歌，就是走进了一个神奇的境界。在古典诗歌的清芬中，我们的前人会从一张张薄薄的书页中立起，踏着秦砖汉瓦，穿越唐山宋水，衣袂飘飘地沿着字里行间向我们走来。今天，我们就走进《山居秋暝》，以它为例一起探讨古诗的意境。

2. 鉴赏韵律，感悟诗韵

（1）教师配乐范读诗歌：

山居秋暝

王　维

空山新雨后，天气晚来秋。
明月松间照，清泉石上流。
竹喧归浣女，莲动下渔舟。
随意春芳歇，王孙自可留。

（2）学生自由练习朗读，教师巡视指导。

（3）指一名学生配乐朗读诗歌，其他学生点评。

（4）全班学生齐读。

小结：在诵读中体验，在诗歌的韵律美和语言美中欣赏诗歌，与作者产生共鸣。这是最直接的诗歌鉴赏方法。

3. 鉴赏意象，体味诗境

苏轼称赞王维的诗："味摩诘之诗，诗中有画；观摩诘之画，画中有诗。"本诗即是"诗中有画"的代表作。既然说"诗中有画"，那么全诗向人们展现了哪些美丽的画面呢?

（1）寻读诗歌意象。

意象是指蕴孕着主观情感的客观景物或事物。诗歌最主要的特点是抒情，而情感的载体和媒介是意象。请同学们找出诗中的意象。

景物：月、松、泉、石。

人事：浣女归、渔舟下。

（2）意象解读。

这些意象有哪些特征？又承载着作者怎样的思想感情呢？

教师总结归纳。

明月：皎洁、静谧、安宁——内心平和，情操高尚。

松柏：坚挺、傲岸、耐寒——正直，高洁，坚强。

清泉：清灵、洁净——生命，活力，高洁。

翠竹：本固性直，宁折不弯，心空节贞——积极向上，正直谦虚，气节坚贞，品质高洁。

（3）融入体验，再现诗境。

抓住意象及其特征，通过联想想象，补充形象，用散文化的语言细致描绘，再现诗句画面，并为画面命名。

学生分4个组，每组描绘一句诗。然后全班交流。

（提示：可从光、色、形，静态、动态等方面展开联想）

（4）尝试给此诗加一个副标题。

如：隐居者的恋歌

山间月夜图

4. 诵读积累

（1）学生尝试有感情地诵读。

（2）教师示范吟诵，学生练习。

（3）尝试背诵。

5. 拓展延伸

采用上面的方法学习《竹枝词》《惠崇春江晚景》。

① 找找诗中有哪些意象。

② 这些意象有哪些特征？又承载着作者怎样的思想感情呢？

③ 描绘一下你所想象的画面，并给诗加个副标题。

第四课　试创作 展诗集

（建议3课时）

【教学内容】

学生在掌握古诗平仄及押韵的规律后，尝试创作简单的五言或七言绝句。

【教学目标】

（1）初步掌握古诗创作所应遵循的规律，能创作简单古诗。

（2）激发学生的创作欲望，激发学生对古诗词的热爱之情。

【教学过程】

1. 听吟诵，晓音律

学生听并跟着练习吟诵《枫桥夜泊》和《望洞庭》，在反复的诵读中感受诗歌的音韵美、节奏美。

2. 赏古诗，知押韵

教师出示《枫桥夜泊》。

（1）什么叫作押韵？

师：观察一、二、四句的最后一个字，多读几遍，你发现了什么？

学生在反复吟咏诵读中，感受诗歌韵律美的同时，也发现“天”“眠”“船”这三个字的韵脚相同。

押韵：就是指韵脚的字必须同韵，韵指韵脚字的韵腹、韵尾和声调的平仄相同。

（2）押韵规则：

绝句的第一句可押韵也可不押韵，大多数是押的。二、四句必须押韵，而且一般要押平声韵。第三句最后一个字限用仄声字。

3. 师讲授，明平仄

望洞庭

（唐）刘禹锡

湖光秋月两相和，
　　⊙平⊙仄仄平平，（韵）
潭面无风镜未磨。
　　⊙仄平平仄仄平。（韵）
遥望洞庭山水色，
　　⊙仄⊙平平仄仄，
白银盘里一青螺。
　　⊙平⊙仄仄平平。（韵）

（1）什么叫平仄？

师：古代汉语中，平声字叫平，上声、去声和入声叫仄。现代汉语中，阴平和阳平的声调叫“平”，上声和去声两声调叫“仄”。平仄两声在诗歌中交错出现，就能使声调多样化，达到“谐和”的音韵效果。

（2）关于平仄的规律：

① 一句之内平仄相间，即二、四、六字的平仄要彼此不同。如果二字

仄，四字必平，六字必仄，以相区隔。

② 一三五不论，二四六分明。第一、三、五字的平仄可以不拘，第二、四、六字的平仄必须分明。（对于五言来说，则是“一三不论，二四分明”）

③ 一联之内平仄相对，两联之间平仄相粘（同）：上句（出句）与下句（对句）叫一联。上下句之间的平仄必须相反，根据第2条规律，即二、四、六字的平仄必须相反。相粘，即相同。即上联的下句与下联的上句二、四、六字的平仄应当相同。

4. 生创作，展诗集

（1）学生根据古诗的押韵特点及平仄规律，尝试借助身边的景物，创作简单易懂的绝句。

（2）学生写好后，反复诵读，尝试修改。

（3）选取优秀作品在班内展示，并评选出“天才小诗人”并为其颁发证书及奖品。学生优秀作品如图6–5所示。

图 6–5

六、课程评价

1. 评价原则

多元性评价评价。主体的多元化。评价是教师和学生共同合作进行的有意义的建构过程。本课程既有教师评价，也有学生自评、互评以及家长评价。让家长参与学生的日常过程性评价，既能客观真实地反映孩子的收获与成长，也能积极创建适宜孩子学习成长的家庭文化氛围。

评价尺度多样化。新课程以人的发展为本，这种发展是个性化，而不是千人一面的。这就要求在评价学生时，要关注其在原有水平上的发展。所以就要用多个尺度来衡量学生，让每一个学生体会成功的喜悦、成长的快乐和探索的自信。

2.具体评价方式（见表6-6）

表6-6“与古诗词共舞”课程学习情况记录表

评价项目	评价内容	评价结果 五星——很好；四星——较好；三星——完成； 二星——有欠缺；一星——需努力			
		自评	互评	师评	家评
学习表现	对活动感兴趣，能主动投入、乐于合作，勇于表达、善于倾听				
学习能力	感悟欣赏、背诵积累的能力				
	勤思考，善质疑，有创新的能力				
学习收获	能够以各种形式诵读古诗词，能体会古诗词意境。并尝试创作				

七、课程小故事

与诗同行，尽享诗词之妙

上芬小学　王晓英

诗歌就是用高度凝练的语言，形象表达作者的丰富情感，集中反映社会生活并具有一定节奏和韵律的文学体裁。诗歌是文学宝库中的瑰宝。而中国是诗歌的国度。古今的杰出诗人们，用生花妙笔写下了无数优美的诗篇，这些优秀诗歌脍炙人口、雅俗能赏，叩击着一代又一代人的心灵，给人们以艺术的享受和熏陶。

六年级的学生，在文学积累方面已经有了一定的底蕴，但是对诗歌的欣赏及积累方面还有所欠缺，特别是在感悟诗词意境，体会其中韵味上还不知从何入手。为了丰富孩子的精神世界，提升其语文能力素养，激发学生对语言文字的热爱之情。我特意在班内尝试“与诗同行”这一课程，让学生深入体会诗歌的奥妙。

单凭枯燥的讲解，学生不仅提不起学诗的兴趣，相反，会对这千百年锤炼的精华产生厌倦之心。正巧上学期，学校特意聘请了福田园岭小学的白畠老师来校指导吟诵教学。虽然只是短短的几节课教学，但是白畠老师的借吟诵感悟诗歌的内涵的方法我很感兴趣。何不把此法用到学生的学习当中？

抱着试试看的心情，我把徐健顺老师的吟诵带入了课堂。当徐健顺老师颇有韵味的吟诵调在班里响起时，我以为学生会被他富有磁性的声音所吸引。可是，我错了，我看到的是孩子们各种的笑：有的肆无忌惮，直接笑出声来；有的与同桌相视一眼，含蓄一笑；还有的捂住嘴巴，趴在桌子上偷笑……看到他们这个样子，我顿时有些气恼："这些家伙，太可恶啦！一点儿欣赏水平也没有！"更有些泄气："唉，是不是我的这个方法行不通？实在不行就算了。"但是，心中更有种斗志一下子涌上来："俗话说，'万事开头难'。我这还没开始，怎么可以打退堂鼓呢？行与不行，总要试上一试。再想想，自己当初学吟诵的时候不是也不敢张口吗？第一次接触到吟诵，孩子们的这些反应也是正常的。"

俄国作家车尔尼雪夫斯基曾经说过："要把学生造就成一种什么人，自己就应当是什么人。"自己只是一味地站在高处要求学生怎样做，是没有说服力的。想到这儿，我用目光扫视了一下他们，他们虽然顾忌我的严厉，不敢再这样放肆，但内心仍在抗拒这个对他们来说，既不是朗诵，也不是唱歌的调调。而第一次在学生面前晒自己的吟诵，内心还真是有点儿小紧张。"不管他，先跟着视频来。"于是，我静下心来，在全班同学的注视下，小声吟诵起来："月｜落—乌啼~~霜满∨天——……"。学生一开始，惊讶得睁大了眼睛，窃窃私语；随着吟诵一遍遍反复，我逐渐投入其中，而学生也慢慢坐直了身体，眼神变得专注起来。不知什么时候，有一个声音应和着我，声音虽小，却很坚定；渐渐地，更多的孩子加入到了吟诵中来，第一次接触吟诵，他们还不能充分体会诗中意味，但从孩子们稍显青涩却也抑扬顿挫的音韵中，我听到了诗人的豪迈，诗人的浪漫，抑或是诗人的离愁。

在"与诗同行"的路上，我才开始迈开摸索的第一步，我将会带领学生在诗海中徜徉，充分体会其中乐趣。

捉月亮的网

杨思萍

一、课程开发背景

语文课程应致力于学生语文素养的形成与发展，课程丰富的人文内涵对人们精神领域的影响是深广的，而学生对语文材料的反应又往往是多元的。因此，应该重视语文的熏陶感染作用，注意教学内容的价值取向，同时也应尊重学生在学习过程中的独特体验。

近年来，小语界积极倡导开发校本语文课程资源，主张学校应认真分析本地和本校的特点，充分利用已有的资源，使语文课程和其他课程相沟通，书本学习与实践活动相结合。我校的3H智慧语文的开发和实践已经逐渐成熟，并且颇具成效，在语文教学课堂上，充分发挥学生的主体地位，通过多元的教学手段真正做到语文生活化，生活语文化，使语文成为学生乐学、趣学、好学的一门学科。

小学语文教科书上，几乎每学年都选录了一篇有关月亮的文章，如：《月亮的心愿》《摘月亮》《月亮上的足迹》《月球之谜》等，这些课本上的知识远远不能满足当代学生的求知欲和好奇心。因此，本课程将以教材中有关月亮的篇目教学为依托，以月亮为载体，充分挖掘语文中的月亮文化，从古希腊文化中的月之女神，自古以来月亮的美称与雅号，有关月亮的歇后语，神话故事，儿童文学等全方位立体式地展开语文教学，关注学生的个体差异和不同的学习需求，爱护学生的好奇心，充分激发学生的主动意识和进取精神，倡导自主、合作、探究的学习方式，让学生在综合性学习中全面提高语文素养。

二、课程目标

（1）多渠道，多途径搜集与汇总相关资料，认识关于月亮的神话故事，歇后语，儿歌，古诗等文学表现形式，初步掌握和积累与月亮有关的语文知识。

（2）通过吟诵月亮诗歌，讲述月亮故事，演绎月亮剧本，创绘月亮图片等活动培养学生的口语表达能力，自主探究与合作的能力以及勇于创新、敢于表现的精神。

（3）在对月亮文化的探索—学习—运用的过程中，激发学生学习语文的热情和兴趣，并从中了解和体会古往今来月亮在文学中的文化魅力和独特情怀。

三、课程内容

月亮，高高地悬挂在夜空中，能捉住吗？二年级的学生有着丰富的想象力和好奇心，他们沉浸在浪漫单纯的世界里。这群孩子准备了一张大网，想要把月亮捉住呢！“捉月亮的网”课程内容的设计正是抓住孩子们的心理特征，以月亮这一特定的文化载体为切入口，网状式地拓宽学生语文学习的知识面，通过形式各异的课堂教学方式，满足学生学习的欲望，提高学生的综合素养。课程内容的基本框架见表6–7。

表 6–7 “捉月亮的网”课程内容的基本框架

教学板块	课题	选篇	主要内容	课时安排
1	找找月亮的脚印	《月亮姑娘做衣裳》	课前让学生分别收集关于月亮的诗、词、文，传说、图片等并将所收集资料装在资料袋里，带到班里交流分享，通过学生对月亮初步的认识，引出故事《月亮姑娘做衣裳》，在课堂探究活动中深化学生探月的好奇心和求知欲	课前准备 交流1课时 学习1课时
2	亲亲月亮的脸蛋	《用绳子牵着的月亮》	通过《用绳子牵着的月亮》的教学，引导学生发现身边的月亮，大胆地表达自己与月亮的相关故事，并尝试着用文字亲近月亮，跟月亮做朋友	课前准备 教学2课时
3	织织月亮的大网	《捉月亮的网》	在孩子们对月亮文化有了较为深入的了解后，引导学生分组展开实践活动。鼓励学生用擅长的方式制作一张“捉月亮的网”，如“吟诵诗歌网”“讲述故事网”“演绎剧本网”“创作绘本网”等，充分展示学生对月亮的喜爱之情，检测学生的学习效果，并创造一个同学之间互相欣赏，互相评价的平台	课前准备 学习1课时 交流1课时

四、课程实施

（1）适合群体：此课程内容较适合小学二、三年级。

（2）课时设计：课前准备、课中交流和课堂教学相结合，共计5~6课时。

（3）教学准备：挂图、音乐、多媒体、学习单、评价表。

五、课例展示

第一课　月亮姑娘做衣裳

（建议2课时）

【教学内容】

古今中外月亮名篇欣赏。

童话故事《月亮姑娘做衣裳》。

【教学目标】

（1）以耳熟能详的儿歌和古诗导入，带领学生温习旧知。

（2）通过学习故事《月亮姑娘做衣裳》，激发学生对月亮的兴趣，并自觉主动地关注月亮的变化。

【教学过程】

1. 诗歌导入，名篇激趣

师：今天这节课老师首先来和你们猜谜语，大家来猜猜是什么？这样东西有时挂在山腰，有时挂在树梢，有时像个圆盘，有时像把弯弯的刀。有没有人知道是什么？

生：月亮。

师：真棒。我们学习过有关月亮的诗歌，大家还记得哪些呢？跟着老师一起来回顾一下吧。

出示：《古朗月行》。

生齐读。

师示范吟诵。

生吟诵。

出示《小小的船》。

配乐诗朗诵：

推荐曲目：林海——《月光》。

（通过古诗新唱，让学生在复习旧知的同时产生对新知的求知欲，从而为下面的学习做好铺垫）

2. 听读故事，走近月亮姑娘

（1）师：两首诗歌，一首是古诗，一首是现代诗，我们今天用了两种新的方式去认识月亮，月亮多可爱，接下来我们学习一则故事——《月亮姑娘做衣裳》，深入走近月亮姑娘，看看又会有哪些趣事呢？

（2）朗诵指导。

这则故事语言生动优美，想象神奇有趣，容易激发学生的阅读兴趣，在指导学生的朗读时，能更好地品味对话的魅力，更能使学生在朗诵中积累语言，体会情感。

（3）学生默读文本，思考以下问题：

① 为什么月亮姑娘做的衣裳总是不合身呢？

② 如果你是月亮，你喜欢穿什么样的衣服？

（激发学生观察并发现月亮在不停地变化）

（4）师：月亮姑娘有没有做好衣服？为什么她一连三次做的衣裳都不合身？（因为她总是在不停地变化，所以，裁缝师傅无法量好她的尺寸）

⑤ 引导学生思考：如果你是裁缝师傅，你会用什么方法让月亮姑娘穿上合适的衣裳？

（鼓励学生在了解月亮基本变化规律的基础上做出合理的想象，学生可能会回答“可以不断地做大一号的衣服”，或者“之前做好的衣服不要丢，等下个月变化时还能穿”等）

3. 课后拓展——我眼中的月亮姑娘

师：孩子们，通过学习这则《月亮姑娘做衣裳》你对月亮有什么样的认识呢，赶快和爸爸妈妈分享一下吧！

第二课　用绳子牵着的月亮

（建议2课时）

【教学内容】

学习儿童诗《用绳子牵着的月亮》。

【教学目标】

（1）引导学生发现身边的月亮，激发学生与月亮做朋友的兴趣和热情。

（2）通过学习儿童诗《用绳子牵着的月亮》，感受文字的趣味性，指导学生用手中的笔去表达对月亮的喜爱之情。

（3）通过创编月亮作品，绘制月亮图片，图文并茂地升华学生的知识能力和情感态度。

【教学过程】

1. 再现月亮，激趣导入

（1）师：同学们，你们心中的月亮是什么样子的？有哪些形状？

生：圆圆的、弯弯的。

（2）想象自己心中的月亮。

师：你认为月亮像什么？它会是什么样子？它是什么颜色？它有什么表情？（鼓励学生说出自己对月亮的理解）

2. 我和月亮做朋友，引出诗歌

师：你想到月亮上面去吗？想和月亮成为好朋友吗？你和月亮在一起会做什么？月亮的周围还有什么？（学生小组内自由展开讨论，鼓励学生大胆说一说，教师及时进行总结）

生：踢球、跳舞、上课、拔河、打电话、梳头、跳绳等。月亮周围有星星、云等。

师：同学们的想法很棒，都很有创新。那么今天我们一起来学习一首有趣的诗歌《用绳子牵着的月亮》，一块儿来认识月亮这个淘气的朋友。

板书：《用绳子牵着的月亮》。

3. 走进诗歌，探究释疑

出示诗歌内容（见于《小学语文课外阅读（二年级下册）》）

用绳子牵着的月亮

［意大利］罗大里

我聪明的小宝宝，
月亮和你真要好：
你走，
它也走，
你停下，
它也停下，
它在上面真听话。

它是你用绳子牵着的
一只小白狗，
它是你用线牵着的
一个小气球：
你睡的时候把它栓在枕头边，
月亮一夜之中，
悬在你的小床上空。

（1）师配乐范读诗歌第一节，让学生带着以下几个问题思考：

①月亮是谁的朋友？

②“要好”是什么意思？

③为什么说月亮和小宝宝很要好呢？

（在范读的过程中让学生带着问题把第一节的内容理清楚，并用心体会月亮与人的亲近和友情）

（2）师：小朋友们，你有要好的朋友吗？从哪些细节能看出你们的友好呢？讨论一下跟大家分享好吗？

预设：

生1：我最要好的朋友是XX。有一次放学我没带伞，爸爸妈妈又很忙没人来接我，我很着急，这时候我的好朋友XX二话不说，就主动把伞递过来给我，最后我们肩并肩一起回家了。

…………

（3）在大家分享要好朋友的过程中，老师听出了你们的愉悦和激动，听出了友善和友爱，接下来让我们一起用这种语气读一读第一节诗歌吧！

（4）师：孩子们，月亮这么亮丽，这么璀璨，有时像鸡蛋黄，有时像镰刀，诗歌中把月亮用绳子牵着，别有一番趣味，让我们一起来读读第二节的内容吧！

（5）读后补充两个句子：

①月亮是____________________。（用绳子牵着的一只小白狗）

②月亮是____________________。（用线牵着的一个小气球）

（6）师：月亮高高悬挂在夜空中，我们走一步，它也走一步，诗人的想象多么有趣，他把月亮比喻为“用绳子牵着的小白狗”“用线牵着的一个小气球”，一下子月亮就跟我们拉近了距离，显得那么生动，亲近，谁愿意跟这样的月亮做朋友？一起来读读这一节吧！

4. 仿写诗句，学以致用

与月亮做朋友，如图6–6所示。

图 6–6

师：看来大家真的很喜欢月亮呢！是啊，只要不下雨，月亮就会和我们在一起，只要我们细细观察，月亮还真是有趣呢！

学生讨论分享

师：那么，我们学一学诗人，仿照诗歌尝试着写一段，记录一下我们身边的月亮吧！看谁写得最有趣！

我聪明的小宝宝，
月亮和你真要好：
你走，
它也走，
你停下，
它也停下，
它在上面真听话。
它是____________________
它是____________________
你睡的时候把它栓在枕头边，
月亮一夜之中，
悬在你的小床上空。

5. 作品配图，寓学于乐

师：听完大家的作品分享后，老师的脑海里浮现出一幅幅生动有趣的画面，我们何不把这样栩栩如生的画面记录下来呢？

作业：把你和月亮的故事画下来。

要求：画面主题突出，注意不同形象的色彩搭配，让你的故事中月亮的形象看上去更有趣。

第三课　捉月亮的网

（建议2课时）

【教学内容】

综合实践《捉月亮的网》。

【教学目标】

（1）以诗歌为引子，展开一场月亮的探索之旅，丰富学生的课外知识积累。

（2）组织形式多样的实践活动，让学生在活动中加深对“月”的感知。

（3）提高学生的语言表达能力，团队合作能力，组织策划等能力。

【教学过程】

1. 复习导入，引出新知

（1）师：孩子们，月亮几乎每天都陪伴着我们，就像形影不离的好朋友一样，可是，你们和月亮握过手吗？小猴子跟我们一样想捉住月亮，它捉到了吗？

（2）请学生回忆讲述故事《猴子捞月》。

（3）师：还有希尔沃斯坦，为了捉月亮，他更是出奇招，今天我们一起来学习他的一首诗《捉月亮的网》。

（4）出示诗歌原文：

捉月亮的网

希尔沃斯坦

我做了一个捉月亮的网，
今晚就要外出捕猎。
我要飞跑着把它抛向天空，
一定要套住那轮巨大的明月。

第二天，假如天上不见了月亮，
你完全可以这样想：
我已捕到了我的猎物，
把它装进了捉月亮的网。

万一月亮还在发光，
不妨瞧瞧下面，你会看清，
我正在天空自在地打着秋千，
网里的猎物却是个星星。

2. 走出文本，知识扩展

（1）师：孩子们，月亮真是机灵极了，想捉住它真不容易呢！今天老师根据月亮的有关知识，罗列了一份学习单，以小组为单位完成学习清单，哪个小组编织的网最大，捉到月亮的可能性就越大哦！

（2）出示学习单：

捉月亮的网

① 兴趣组网团：根据自己的兴趣自由组队，选择适合自己的展示方式。

② 在网上绽放：课堂上分小组展示交流，在交流中引导学生了解文本的不同表现形式，并通过这些形式多方面去认识月亮，在此过程中享受获得知识的愉悦感。

③ 网上成果汇：小组成果汇报，每小组派代表汇报学习成果和收获，并引导学生做出相应的评价，在竞争中形成积极向上的学习氛围。

第一张网：吟诵诗歌网，如图6–7所示。

图 6–7

要求：

（1）运用第一课时学过的吟诵方式配乐诵读诗歌《春江花月夜》。

（2）小组编排一个朗诵表演节目并在班级展示。

第二张网：讲述故事网。

要求：

（1）熟读《月亮与云彩》，小组内派代表用自己喜欢方式讲述给大家听，注意讲故事时的表情、神态、动作等。

（2）改编《月亮与云彩》，并把改编后的故事讲给爸爸妈妈听。

第三张网：演绎剧本网。

要求：

（1）熟读剧本《月亮伴我心》，在家长的指导下自行选取角色，准备服装、音乐、道具等。

（2）组织其他学生组成大众评审团，就角色展开讨论和点评。

第四张网：创作绘本网。

要求：

（1）根据与“月亮”有关的素材创作绘本，在班级展览。

（2）要做到图文并茂，表达清晰。

六、课程评价

1. 评价原则

课程评价是课程实施过程中极为重要的环节，结合我校慧思课程主张以学生的发展为根本，让课堂成为学生成长的乐园的课程理念，在教学过程中，鼓励学生主动参与，大胆展示。把教师鼓励性语言的评价、学生自我评价、互相评价和小组合作评价相结合，确保语文课程评价的客观、公正，提高评价的时效性，更重要的是真正确立了学生在学习过程中的主体地位，促进师生课堂的和谐发展。

2. 具体评价方式（见表6–8）

表6–8“捉月亮的网”课程评价表

评价项目	评价内容	评价结果（五星——优秀；四星——良好；三星——合格）			
		自评	互评	组评	师评
学习表现	对课程内容感兴趣，课前能认真准备，课上积极发言，乐于求索，快乐参与				
学习能力	收集、交流、表达绘画、创作、抽象思维能力				
	思考、提问、质疑、创新能力				
课程收获	积极增长见闻、丰富学习生活				
	主动经历探究创作过程，学有所获				

1. 月亮文创作

池塘的月亮

上芬小学　舒思嘉

月亮圆圆的，大大的，给我们带来了许多的美好。

它有时像一面明亮的大镜子；有时弯得像镰刀。你走时，它也走，就像是一只小白狗跟着主人一样，寸步不离地守着你，生怕你被别人抢走。

但是，有人也为它发愁，小鱼儿在水中发现了一面又大又圆又明亮的大镜子，想把它搬回家。可是，这面大镜子一碰就碎，找了许多人帮忙都无济于事。虾公公乐呵呵地笑了，说："傻孩子，这不是镜子，而是天上的月亮在湖中的倒影呀！"

小鱼儿和朋友们看看天，又看看水面，都哈哈大笑起来，连池塘里的月亮都笑弯了腰。

两个月亮

上芬小学　周涵宇

天上挂着一轮弯弯的月亮，
水里也有一轮弯弯的月亮。
两个月亮，
就像是一对双胞胎，
分不清，
哪个是老大，
哪个是老二。

2. 演月亮剧本，如图6-8所示。

图 6-8